**지은이 ¦ 로베르 에르츠 Robert Hertz**

프랑스 사회학자. 1881년 6월 22일 파리 외곽의 생클루에서 태어났다. 1900년 파리 고등사범학교에 진학해 베르그송의 강의를 들었고 1902년 에밀 뒤르켐이 소르본대학에 개설한 되었다. 1904년 철학 교사자격시험을 통과하 뒤르켐의 사회학 연구팀에 합류했으며, 런던 조사할 기회를 얻었다. 이때 보르네오의 다약 수집했다.



영국에서 돌아온 에르츠는 1906년 고등학교 철학 교사직을 그만두고 고등연구원에 들어가 마르셀 모스의 종교사회학과 민족학 강의를 들었고, 뒤르켐이 창간한 『사회학 연보』의 종교사회학 분야 편집진으로 참여했다. 뒤르켐과 모스의 지적 영향하에서 죽음의 표상, 오른쪽과 왼쪽의 종교적 양극성, 죄와 속죄에 관한 연구에 몰두했다. 1907년 첫 저작 「죽음의 집합표상 연구를 위한 기고」를 『사회학 연보』에 발표했고, 1909년 신체 인류학의 선구적 업적인 「오른손의 우월성: 종교적 양극성에 관한 연구」를 『철학 논집』에 발표했다. 에르츠에 대해 모스는 "인간 정신의 어둡고 사악한 측면"을 강조한 학자로 평가했다. 한편, 에르츠는 여러 사회운동에 적극 참여하면서 페이비언 사회주의 활동가가 되었고 모스가 '로베르 에르츠 그룹'이라고 불렀던 사회주의 모임을 결성했다. 이 모임에는 모스를 비롯해 뤼시앵 레비브륄, 마르셀 그라네, 모리스 알박스, 프랑수아 시미앙, 위베르 부르잴 같은 뒤르켐학파 다수가 참여했다.

1912년, 에르츠는 이탈리아의 발레다오스타 지역에 있는 코녜 마을에서 성인 숭배에 관한 현지 조사를 수행하고 이듬해 논문 「베스 성인, 알프스산맥 지역의 숭배에 관한 연구」를 『종교사 논집』에 발표했다. 1914년 1차대전이 발발하자 최전선 전투부대에 자원한 그는 부대를 이끌면서도 전쟁터를 현장 연구의 장으로 활용해, 병사들 출신 지역의 설화와 속담을 수집해 정리했다. 하지만 에르츠는 1915년 4월 13일 프랑스 북동부 전장에서 독일군과 맞서다 만 33세의 나이로 사망했다.

너무나 짧은 생을 살았던 에르츠는 제대로 된 저서를 남기지 못했다. 그의 원고를 다시 정리해 출간하는 일은 모스가 맡았다. 모스는 1922년 에르츠의 미완성 박사학위 논문 원고를 정리해 「미개사회에서의 죄와 속죄」라는 제목으로 『종교사 논집』에 발표했으며, 알리스 에르츠의 도움으로 에르츠의 대표적 논문 네 편을 모아 1928년 『종교사회학과 민속학 논문집』을 출간했다.

**옮긴이 ¦ 박정호**

서강대학교 화학과와 사회학과를 졸업하고, 파리 10대학에서 마르셀 모스의 『증여론』에 관한 종교사회학 연구로 박사학위를 받았다. 현재 대구대학교 사회학과 교수로 재직하면서, 선물과 희생제의의 문화적 담론과 실천을 연구하고 있다. 옮긴 책으로는 미셸 마페졸리의 『부족의 시대: 포스트모던 사회에서 개인주의의 쇠퇴』(공역)가 있다.

# 죽음과 오른손

문학동네

인문 라이브러리

20

# 죽음과 오른손

로베르 에르츠 ¦ 지음 | 박정호 ¦ 옮김

문학동네

**일러두기**

1 이 책에 실린 논문의 최초 판본은 다음과 같다.
Robert Hertz, "Contribution à une étude sur la représentation collective de la mort", *Année sociologique*, première série, tome X, 1907.
Robert Hertz, "La prééminence de la main droite. Étude sur la polarité religieuse", *Revue philosophique*, XXXIV, 1909.
번역 저본은 *Sociologie religieuse et folklore* (PUF, 1970)에 수록된 원문이며, 상세한 주석 표기를 위해 시릴 이스나르Cyril Isnart가 2014년 재편집해 출간한 에르츠 전집(Robert Hertz, *Œuvres publiées*, Classiques Garnier, 2014)에 수록된 원문도 참조했다.
2 원서의 주석은 모두 미주로 처리했다. 각주 및 본문의 [ ]는 옮긴이의 것이다.
3 단행본과 잡지, 신문은 『 』로, 논문은 「 」로, 예술 작품은 〈 〉로 표시했다.

## 차례

# 죽음과 이중 장례식

이 글의 원제는 「죽음의 집합표상 연구를 위한 기고Contribution à une étude sur la représentation collective de la mort」(『사회학 연보*Année sociologique*』, première série, 10권, 1907년)이다. 한국어판에서는 이 글의 전체 내용을 핵심적으로 짚어주는 주제어인 '이중 장례식'을 강조하기 위해 제목을 수정했다.(옮긴이)

우리는 모두 죽음이 무엇인지 잘 안다고 생각한다. 죽음은 익숙한 사건이며 격렬한 감정을 유발하기 때문이다. 이 내밀한 지식의 가치를 의심하고 오직 마음으로 접근할 수 있는 문제를 논리적으로 따지려고 하면 터무니없고 불경스럽게 보이기 마련이다. 그러나 감정으로는 도무지 알 수 없어 그것으로 해결할 수 없는 질문들이 죽음을 둘러싸고 제기된다. 이미 생물학자들에게 죽음은 단순하고 자명한 사실이 아니다. 죽음은 과학적으로 규명되어야 할 문제이다.[1] 그렇지만 인간에게 생리학적 현상만이 죽음의 전부는 아니다. 죽음이라는 유기체적 사건에 믿음, 정서, 행위의 복합체가 덧붙여져 죽음의 고유한 성격을 만들어낸다. 우리는 생명이 소멸하는 것을 보지만 그 사실을 특별한 말로 표현하려고 한다. 영혼이 타계他界로 떠나 조상들을 만난다는 식으로 말이다. 고인의 시신은 동물의 사체처럼 여겨지지 않는다. 시신은 정해진 방식대로 돌보고 올바르게 매장해야 한다. 단지 위생적 조치로서가 아니라 도덕적 의무로서 그렇게 해야 한다. 끝으로 누군가 죽게 되면 살아 있는 자들에게 특별한 의무가 부과되는 장례 기간이 시작된다. 개개인의 감정이 어떠하든, 누구나 일정 기간 슬픔을 표현해야 하고 평소와는 다른 색의 옷을 차려입어야 하며 일상의 생활방식도 바꿔야 한다. 이렇듯 죽음은 사회적 의식意識에 특정한 의미를 제시한다. 그것은 집합표상의 대상이 된다. 그런데 이 집합표상은 단순하거나 불변하는 표상이 아니다. 따라서 죽음의 집합표상을 이루는 요소들을 분석하고 그 기원을 탐색할 필요가 있다. 우리가 여기서 시도하려는 것은 바로 이 두 가지 연구이다.

일반적으로 우리 사회에서는 죽음이 한순간에 일어난다고 생각한다. 사망에서 매장까지 2~3일이 걸리는 것은 장례에 필요한 물품을 준비하고 친척과 친구들을 불러모으기 위해서일 뿐 그 외의 다른 목적은 없다. 앞으로 다가올 삶과 이제 막 끝난 삶을 구분하는 어떠한 간격도 없다. 마지막 숨을 내쉬고 나면 영혼은 심판자 앞에 출두해 선행의 결실을 거두거나 악행에 대해 속죄할 준비를 한다. 이렇게 죽음의 변고가 닥친 후에는 일정 기간 이어지는 애도가 시작된다. 특정 날짜, 특히 '연말' 추도식이 고인을 기리기 위해 열린다. 이러한 죽음에 대한 관념, 그리고 죽음을 구성하고 그 뒤를 잇는 사건들의 전개 방식은 우리에게 너무나 친숙해서 그것들이 필요 없다고는 거의 상상할 수 없다.

그러나 우리보다 덜 발달한 많은 사회에서 나타나는 사실들은 이러한 틀에 들어맞지 않는다. 라피토Lafitau가 지적했듯, "대다수의 야만스러운 민족에게 시신을 처음 묻은 매장지는 그저 시신을 보관하는 장소에 불과하다. 일정한 시간이 지난 후 사람들은 장례식을 새로 치르고, 이렇게 두번째 장례의 의무를 완수하면서 죽은 자에게 진 빚을 갚는다."[2] 앞으로 살펴보겠지만 이 관습의 차이는 단순한 우연이 아니다. 그것은 죽음이 항상 우리와 같은 방식으로 표상되고 느껴지지 않는다는 사실을 밝혀준다.

이제 우리는 죽음에 관한 믿음과 이중二重 장례식이 한 부분을 이루는 죽음의 의식 전체를 규명할 것이다. 이를 위해 우선 인도네시아의 여러 민족에게서 수집된 자료만을, 특히 우리가 규명하려는 현상을 전형적으로 보여주는 보르네오섬의 다약족Dayak에 관한 자료[3]를 이용할 것이다. 그리고 다른 여러 지역의 민족지 자료를 참조해 이 현상이 한 지역에만 국한된 것이 아님을 보여줄 것이다. 이 논문에서 우리는 사실들이 전개되는 순서에 맞춰 먼저 (보통 사용되는 의미의) 죽음에서 최종 장례식에 이르는 기간을 다루고 그다음으로 최종 의식을 살펴볼 것이다.

## 1. 중간 단계 기간

우리는 죽음을 둘러싼 관념과 관습을, 그것들이 고인의 시신에 관계하는지, 영혼에 관계하는지 아니면 살아 있는 자와 관계하는지에 따라 세 가지로 구분할 수 있다. 물론 이 구분이 절대적인 것은 아니지만 사실들을 쉽게 진술하게 해준다.



### a) 시신: 임시 매장

아직 외래 문명의 영향을 심하게 받지 않은 말레이제도 민족들 사이에서는 시체를 최종 매장지로 단번에 옮기지 않는 관습이 남아 있다. 시체는 일시적인 거처에 다소 긴 시간 동안 안치된 후에야 최종 매장지로 이장된다.

족장과 부유한 자가 죽으면 최종 장례식을 거행하기 전까지 시신을 집 안에 안치하는 것이 다약족의 일반적 관습이었던 것 같다. 이때 사람들은 시체를 관에 넣고 그 틈에 수지樹脂를 발라 관을 봉했다.[4] 네덜란드 당국이 위생학적 이유를 내세우며 몇몇 지역에서 이 관습을 금지했는데, 사실 이런 외부의 간섭 말고도 다른 몇몇 이유로 임시 매장 방식은 억제될 수밖에 없었다. 살아 있는 사람들은 그들 가까이에 머무는 죽은 자에게 온갖 세심한 주의를 기울이지 않으면 안 되었다. 빈소에서 밤새우는 일이야 아일랜드에서나 프랑스 농민들 사이에서나 줄곧 지켜지는 관습이지만, 다약족에게는 훨씬 더 오랫동안 많은 소란과 큰 비용이 뒤따르는 불편한 일이었다.[5] 게다가 집 안에 시체를 두면 그곳에 거주하는 이들에게 엄격한 금기가 부과된다. 다약족에게는 기다란 집 한 채가 단독으로 부락을 형성하는 경우도 적지 않아서, 이들의 불편함은 한층 더 가중될 수밖에 없었다.[6] 따라서 장기간 시체를 전시하는 것은 오늘날 오히려 예외적 현상이 되었다.

반면 그만큼 커다란 희생을 들이지 않아도 되는 죽음도 있다. 이때는 며칠 동안 시체를 전시한 후 기둥 위에 세워진 작은 나무집이나[7] 지붕 위에 단순하게 얹어놓은 단壇 위에[8] 관을 안치하는 방식으로 죽은 자들에게 일시적 거처를 제공한다. 이런 임시 매장지는 때로 상가喪家 바로 옆에 마련되기도 하지만, 보통 멀리 떨어진 숲 한가운데 고립된 장소에 위치한다.[9] 이처럼 고인에게는 살아 있는 자들의 커다란 가옥은 아닐지언정 작은 집 하나만큼은 주어지는 셈인데, 그 작은 집은 다약족이 벼농사 때 넓은 지역으로 흩어져 잠시 지내는 집들[10]과 매우 흡사하다.[11]

말레이제도에서는 이 임시 매장 방식이 가장 널리 퍼져 있는 것처럼 보인다. 하지만 그 지역에 현존하는 유일한 방식은 아니다. 심지어 그보다 더 오래된 방식도 여러 곳에서 보고되고 있다.[12] 시신을 나무껍질로 감싸 나뭇가지 위에 놓고 전시하는 관습이 바로 그것인데, 아마 이 관습에서 임시 매장 방식이 파생된 것 같다. 또한 관을 공기에 노출하는 대신 나중에 다시 파내더라도 다소 깊게 묻어두는 방식을 선호할 때도 있다.[13] 이런 관습들은 보통 한 지역에서 동시에 관찰되며 하나가 다른 하나를 대신하기도 한다. 그런데 그 관습들이 아무리 다양하더라도 의례로서 지니는 본질만큼은 변함없이 일정하다. 즉 죽은 이의 시신은 두번째 장례식을 치르기 전까지 일시적으로 한 곳에 놓이는데, 그곳은 최종 매장지와 분리된 곳으로서 거의 예외 없이 고립된 장소라는 것이다.

[최종 장례식까지] 대기하는 기간은 정해져 있지 않다. 올

로응아주족만 보더라도, 일부 저자들에 따르면 사망한 날짜부터 마지막 의식인 티와가 거행되기까지는 7~8개월에서 1년이 걸린다.[14] 그런데 하르델란트에 따르면,[15] 그 기간은 그저 최소한일 뿐이며 그 기간 안에 티와가 거행되는 경우는 거의 없다고 한다. 보통은 대략 2년이 걸리지만, 종종 그 기간을 넘어서고 많은 경우에는 시신을 마지막으로 예우하기까지 4~6년[16] 또는 심지어 10년[17]이 걸리기도 한다.[18] 이 의식은 살아 있는 자를 위한 평화와 안녕뿐 아니라 고인을 위한 구원에도 필수적이다. 그런데도 이처럼 비정상적으로 지연되는 것은 그 의식에 의무적으로 동반되는 연회가 엄청난 규모로 이루어지기 때문이다. 연회에 쓰일 매우 복잡한 물자를 조달하는 데만 대체로 1년 혹은 그 이상이 소요된다.[19] 게다가 현금과 현물(희생제의에 쓸 재물, 음식, 음료 등)로 된 재원도 어지간히 많이 들어가는데, 그 정도 재원은 즉시 구할 수 없기에 일가친척을 동원해서 모아야 한다. 이뿐만이 아니다. 내륙에 거주하는 많은 부족이 따르는 옛 관습 때문에 티와가 지연되기도 한다. 이 관습에 따르면, 이제 막 잘라낸 사람 머리를 구하기 전에 티와를 거행해서는 안 된다. 사람 머리를 구하려면 가뜩이나 한참 걸리는데, 유럽인들이 이 일에 성가시게 간섭하는 바람에 더 많은 시간이 필요해졌다. 티와를 거행하는 데 오랜 시간이 걸리는 것은 이런 외적 요인으로 설명할 수 있다. 그러나 대기 기간이 왜 필요한지, 그리고 그 기간이 언제 끝나는지를 설명하는 데는 충분하지 않다.[20] 실제로 최종 장례식에 필요한 물질적 조건이 다 충족되었더라도, 사망 직후에 최종 장례식을 치를 수는 없다. 시체가 완전히 부패해 뼈만 남을 때까지 기다려야 하기 때문이다.[21] 바로 이것이 최종 장례식이 지연될 수밖에 없는 근본적인 이유다. 다만 올로응아주족과 다른 인도네시아 민족들에게는 장례 연회의 규모와 비용이 워낙 엄청나고 물품 준비에도 상당히 긴 시간이 필요하기 때문에,[22] 이 이유가 전면에 드러나지 않을 뿐이다. 반면 다른 부족들에게 뼈가 건조될 때까지 기다려야 하는 의무는 확실히 최종 장례식을 지연시키는 직접적인 원인이다. 또한 언제까지 대기해야 하는지도 그 의무가 결정한다.[23] 따라서 이렇게 생각해볼 수 있다. 일반적으로 사망과 최종 장례식 사이의 기간은 시체가 순전히 뼈만 남은 상태에 도달하는 데 필요한 시간에 해당하며, 다만 부차적인 이유로 인해 이 기간이 무한정 연장될 수도 있다.

시체의 상태가 장례식에 영향을 미친다는 사실은, 살아 있는 사람들이 관 틈새를 일일이 밀봉하면서도 그 안의 부패물은 관 밖으로 잘 배출되게끔 주의를 기울이는 데에서 분명히 드러난다. 부패물을 땅으로 흘려보내거나 단지에 담아둘 수 있게 해주는 장치가 있는 것이다.[24] 물론 이렇게 하는 이유는 (우리가 이해하는 의미에서) 위생에 대한 염려 때문이 아니며, 심지어 악취 제거를 위해서만도 아니다. 우리가 가진 악취에 대한 감정과 거리낌을 이들도 갖고 있다고 생각해서는 안 된다.[25] 이 관행의 진짜 이유는 티와가 열리는 동안 여러 번 구술되는 문구를 통해 알 수 있다. 이 문구에서 부패한 시체는 “사람을 마비시키는 벼락”에 비유된다. 마치 집을 내려치는 벼락처럼, 부패한 시체도 집을 덮치면 그 안에 있는 사람들이 급사할 정도로 위협적이라는 뜻이다.[26] 그래서 사람들은 시체가 밀폐 상태에서 완전히 썩기를 간절히 원한다. 시체에 깃든 악한 기운이 악취와 함께 밖으로 퍼져나와 살아 있는 사람들을 해쳐서는 안 되기 때문이다.[27] 그렇다고 해서 관 속에 부패물이 그대로 남아 있어서도 안 된다. 고인도 자신의 뼈가 건조됨에 따라 치명적인 감염으로부터 차츰 벗어나야 하기 때문이다.[28]

이처럼 인도네시아인들은 시체의 부패를 절대적으로 중요시하는데, 이는 시체의 부패 생성물을 다루는 관행에서도 잘 드러난다. 올로응아주족은 부패물을 모아둔 단지를 이차 장례식 때 깨뜨리고, 그 파편을 모아 뼛조각들과 함께 최종적으로 매장하는 관습을 따른다.[29] 올로마아난족의 관습은 더 주목할 만하다. 이들은 시체를 집에서 보관하다가 사후 49일째 되는 날, 관에서 단지를 떼어내 그 안의 내용물을 살펴본다. "이때 만약 단지에 부패물이 가득차 있으면 벌을 받는다.[30] (죽은 자의) 친척들이 자기 의무를 다하지 않았기 때문이다." 단지를 살펴봤으면 다시 조심스럽게 관에 부착하고 마지막 의식 때까지 그대로 집에 보관한다.[31] 그런데 분명히 이 관습도 고대의 관습에서 유래한 잔재에 지나지 않는다. 이 점을 확인하려면, 이 관습을 말레이제도 다른 지역에서 관찰된 관습과 비교해보면 충분하다. 가령 발리섬의 경우에는 힌두교의 영향을 크게 받았어도 시신을 수주일 동안 집에 보관한 후 화장하는 관습이 유지되고 있다. 이곳에서는 관 하단에 구멍을 뚫어 "부패한 체액을 밖으로 흘려보내 대야에 담고, 매일 의식을 치르면서 그 대야를 비워나간다."[32] 또다른 예로 보르네오 카푸아스강 유역에 거주하는 다약족의 관습을 들 수 있다. 이들은 시체가 부패하면서 나온 액체를 토기 그릇에 받아놓는다. 그리고 이 액체를 쌀에 섞어 고인의 근친近親이 상중에 먹는 음식물로 제공한다.[33] 이 관습들을 해석하는 일은 뒤로 미루는 것이 좋다. 이 지역 말고도 이와 비슷한 관습이 더 넓고 더 복잡하게 퍼져 있기 때문이다. 다만 여기서는 인도네시아인들이 시체에서 일어나는 변화에 특별한 의미를 부여한다는 점만 지적하도록 하자. 이 변화를 둘러싼 그들의 표상 때문에 장례식은 즉각 거행될 수 없고 살아 있는 자들에게는 배려 사항과 준수 사항이 부과되는 것이다.

마지막 의식을 치르지 않는 한 시체는 심각한 위험에 노출된다. 특정한 시기에 몸이 악령을 비롯해 인간을 위협하는 온갖 해로운 힘에 노출되어 있다는 믿음은 민족지학자와 민속학자라면 누구나 잘 알고 있다.[34] 이때 인간은 주술적 수단을 통해 몸의 쇠약해진 저항력을 다시 강화해야 한다. 특히 죽은 직후의 기간이 매우 위험하다. 따라서 시체를 정화하고 사악한 힘으로부터 보호하는 조치를 수행해야 한다. 누군가 죽으면 곧장 시신을 씻는 세

정식洗淨式을 비롯해 시신을 대상으로 하는 다양한 관습, 가령 시신의 눈을 감기거나 몸의 구멍을 동전이나 구슬로 막는 관습은 적어도 부분적으로는 이런 염려 때문에 생겨난 것이다.[35] 또한 살아 있는 자들이 그 위험한 기간에 시신 곁에 머물면서 악령이 접근하지 못하도록 징을 울려가며 밤새우는 것도 이 염려 때문이다.[36] 이처럼 시체는 무슨 특별한 병원균을 가진 것처럼 여겨져 살아 있는 사람들에게 배려의 대상이자 두려움의 대상이 된다.

### b) 영혼: 지상에서 일시적으로 머묾



시신이 '최후의 안식처'에 곧장 이르지 못하는 것처럼, 영혼도 죽은 뒤 바로 최종 목적지에 들어설 수는 없다. 그전에 먼저 일종의 수습 기간을 거쳐야 한다. 그동안 영혼은 시신 주변에 머물면서 숲을 배회하거나 죽기 전 살았던 장소를 들락날락 오간다. 이 기간이 끝나는 이차 장례식이 돼서야 영혼은 특별한 의식을 통해 죽은 자들의 세계에 들어갈 수 있다. 바로 이것이 영혼에 관한 믿음의 가장 간단한 형태이다.[37]

그런데 영혼의 행방에 관한 표상은 원래 모호하고 유동적이다. 따라서 거기에 너무 뚜렷한 윤곽을 부여해서는 안 된다. 사실 올로응아주족에게 가장 널리 퍼져 있는 표상[38]은 더욱 복잡하다. 이들에 따르면, 사람이 죽었을 때 영혼은 두 부분으로 나뉜다. 하나는 사룸포크 리아우salumpok liau라고 불리는 부분으로, 이는 '영혼의 진수', 즉 인격의 본질적 요소를 뜻한다. 그리고 리아우 크라앙liau krahang이라고 불리는 다른 한 부분은 신체적 영혼으로서, 뼈와 머리카락, 손톱 등의 영혼들로 이루어져 있다.[39] 티와가 거행되기 전까지, 이 신체적 영혼은 의식 없이 무감각한 모습으로 줄곧 시신 곁에 머문다. 반면 엄밀한 의미에서 영혼, 즉 사룸포크 리아우는 계속 살아 있게 된다. 하지만 상당히 불안정한 존재로 표상된다.[40] 죽음 직후 이 영혼은 천상에 있는 '영혼들의 마을'에 도착한다. 그러나 아직 정식으로 마련된 자리가 없어, 그 높은 곳에서도 편안함을 느끼지 못한다. 영혼은 슬픔에 잠겨 이리저리 떠돌며 다른 한쪽 절반을 그리워한다. 영혼은 종종 그곳을 빠져나와 지상을 헤매다가 자기 시신을 가둔 관을 지켜보곤 한다. 그러므로 마지막 연회를 성대히 치러야만 영혼은 엄숙하게 죽은 자들의 세계로 인도되어 그곳에서 리아우 크라앙과 결합해 확고하고 실질적인 자기 존재를 되찾을 수 있다.[41]

셀레베스섬 중부에 거주하는 알푸루족도 마찬가지다. 마지막 의식tengke을 치르기 전까지 영혼이 시신과 함께 지상에 머문다는 믿음은 이들에게서도 찾아볼 수 있다. 하지만 가장 일반적인 믿음은 영혼이 죽은 직후 저승으로 간다는 것이다. 다만 저승에 도착하더라도 영혼들의 공동 거주지에는 곧장 들어갈 수 없다. 그래서 영혼은 외딴집에 머무르며 텡케tengke가 거행되기를 기다려야 한다. 이 표상의 의미는 이들이 따르는 다른 관습과 비교해보면 분명히 드러난다. 아이를 잃은 부모는 가끔 아이의 시신을 (매장하는 대신) 간직하길 원한다. 이 경우 부모들은 계속 마을kampong에서 살 수 없기에 어느 정도 떨어진 곳에 집을 지어야 한다. 이런 식으로 이 종족은 자신의 고유한 감정을 타계의 영혼들에게 돌린다. 마지막 의식을 치르기 전까지는, 저승의 영혼들보다 이승의 사람들이 죽은 자의 존재를 더 견뎌내지 못한다. 죽은 자를 일시적으로 배척하는 이유는 다음과 같이 명시적으로 언급된다. "라모아(하느님)는 시체에서 풍기는 악취를 견디지 못한다." 비록 이 표현에는 외래적 요소가 포함되어 있겠지만, 그것이 나타내는 생각만큼은 확실히 독자적이다. 즉 시체의 분해가 다 끝나고 나서야, 죽은 자들 가운데 들어온 신참자는 자신의 불순함에서 벗어나 조상들의 세계에 입회할 자격을 획득한다는 것이다.[42]

하지만 몇몇 부족의 경우 사제들이 죽은 지 얼마 되지 않아 영혼을 저세상으로 인도하는 의식을 치른다.[43] 하지만 이때도 영혼은 자신의 새로운 삶을 쉽게 받아들이지 못한다. 처음에는 이승을 떠났다는 사실도 알아차리지 못한다. 영혼은 음침하고 불쾌한 집에 머문다. 그리고 저세상에서는 금지된 음식을 구하기 위해 자주 지상으로 되돌아오게 된다. 따라서 살아 있는 사람들은 특별히 인간의 머리를 제물로 바치는 등 몇 가지 의식을 통해 이 고통스러운 상황을 조금이나마 누그러뜨려야 한다. 하지만 영혼이 스스로 자신의 필요를 충족하고 죽은 자들의 세계가 제공한 기쁨을 온전히 누리게 되는 것은 오직 마지막 의식이 끝나고 나서야만 가능하다.[44]



따라서 이상하게 들리겠지만, 영혼은 자신을 시신에 잡아매고 이 세상에 묶어두는 끈을 결코 단번에 끊어내지 않는다. 시신이 임시로 매장되어 있는 한,[45] 죽은 자는 거의 전적으로 그가 방금 떠난 세상에만 속해 있다. 동시에 살아 있는 자들은 영혼을 부양할 책임을 진다. 마지막 의식을 치르기 전까지 올로마아냔족은 관례대로 하루에 두 차례씩 영혼에게 음식을 제공한다.[46] 어쩌다 음식을 받지 못하는 일이 생겨도, 영혼은 자기 몫의 쌀과 음료를 스스로 챙겨 먹는 법을 잘 알고 있다.[47] 한편 임시 매장 기간 내내, 죽은 자는 지상의 삶을 완전히 끝내지 못했다고 여겨진다. 실제로 티모르에서는 대족장rajah이 죽었더라도 시신이 최종 매장되기 전에는 후계자를 공식적으로 지명하지 않는다. 최종 장례식이 끝날 때까지 고인은 실제로 죽은 게 아니라 "집에서 자고 있을"[48] 뿐이기 때문이다.

이 전이 기간에는 영혼의 생전 상태가 연장된다고 할 수 있다. 다만 그 상태는 불안하고 불길하다. 산 자들 사이에 영혼이 머무는 것은 뭔가 부당하고 비밀스러운 일처럼 여겨진다. 이를테면 영혼은 두 세계의 주변부에 사는 셈이다. 위험을 무릅쓰고 저승에 들어서면 침입자로 취급된다. 반면 이승에서는 사람들이 가까이하기를 꺼리는 귀찮은 손님이 된다. 이렇듯 영혼은 쉴 곳이 없어 여기저기 떠도는 운명을 떠안고 이 불안정한 처지를 끝내줄 장례 연회만 초조하게 기다리게 된다.[49] 그러므로 전이 기간에 영혼이 악한 존재로 여겨진다고 해도 딱히 놀랄 일은 아니다. 가령, 영혼은 자기에게 들이닥친 고독을 견디지 못해 산 자들을 옆에 끌어들이려고 한다.[50] 죽은 자들에게 응당 제공되는 일정한 생계수단이 없는 탓에, 자기 친척들로부터 필요한 것을 강탈하기도 한다. 이렇게 곤란을 겪으면서, 생전에 타인이 자기에게 범한 온갖 잘못을 기억해내고 복수할 방도를 찾기도 한다.[51] 친척들이 잘 애도하는지 악착같이 지켜보기도 하는데, 만약 친척들이 자기에 대한 의무를 소홀히 하거나 적극적으로 자신을 궁핍에서 구해내려 하지 않으면 격분하면서 그들에게 질병을 퍼뜨린다.[52] 영혼은 죽음이 부여한 마법의 힘으로 자신의 사악한 의도를 실행에 옮길 수 있기 때문이다. 그러나 훗날 죽은 자들 사이에서 자리를 잡으면, 공식적인 초대가 있을 때에만 산 자들을 방문할 것이다. 하지만 당장은 필요에 따라 혹은 악의를 품고 산 자들의 세계에 자력으로 '돌아온다'. 이런 식으로 예상치 못하게 출현하는 영혼 때문에 세상에는 공포가 퍼진다.[53]

힘겨운 전이 기간을 거치면서 영혼은 가련하고 위험한 상태에 처한다. 그런데 이는 연민과 공포가 다양한 비율로 섞여 있는 산 자들의 복잡한 태도를 설명해준다.[54] 산 자들은 죽은 자를 보살피며 그의 딱한 처지를 어떻게든 달래려고 애쓴다. 그러나 동시에 방어태세를 갖추고 자신들에게 해가 될 접촉을 피하려고 주의를 기울인다. 죽음이 발생한 직후 사람들은 영혼을 죽은 자들의 세계로 인도하는데, 그렇게 하도록 이끈 동기가 무엇인지는 알 수 없다. 그것은 영혼이 겪을 고통스러운 기다림을 덜어주겠다는 희망일 수도 있고 아니면 가능하면 빨리 영혼의 불길한 출현에서 벗어나려는 욕망일 수도 있다. 사실 산 자들의 의식 속에는 이 두 가지 동기가 섞여 있다.[55] 어쨌든 영혼이 죽음 이후 나타내는 고통스럽고 불안한 성격이 사라져야만 산 자들의 두려움도 완전히 없어질 수 있는 것이다.

c) 살아 있는 사람들: 애도

중간 단계 기간에 죽은 자의 친척은 시신을 정성껏 돌봐야 할 뿐 아니라, 고통에 빠진 영혼이 원한을 품고 자신에게 덤벼드는 일까지 감수해야 한다. 그뿐만이 아니다. 그들은 애도 기간 금기를 죄다 지켜야 할 의무도 진다.[56] 사실 죽음이 엄습하면 당사자에게는 새로운 특성이 부여된다. (특별한 경우를 제외하고) 평범한 영역에 속했던 그의 몸이 갑자기 거기에서 벗어난다. 이제 그의 몸은 위험을 각오하지 않고서는 만질 수 없다. 그것은 혐오와 공포의 대상이 된다. 우리는 '미개인'이 종교적 또는 주술적 특성을 가진 사물을 얼마나 전염되기 쉬운 것으로 생각하는지 잘 알고 있다. 올로응아주족이 죽은 자를 둘러싼다고 믿는 "불순한 구름"[57]이 그 한 사례다. 이 구름은 시체와 접촉하는 모든 것, 즉 물리적으로 접촉했던 사람과 사물뿐 아니라 심지어 산 자들이 마음속에서 죽은 자의 이미지로 떠올린 것까지 전부 오염시킨다. 그가 썼던 물건들은 더이상 일상적 용도로 사용될 수 없다. 그것들은 전부 부수거나 죽은 이에게 바쳐야 한다. 아니면 적절한 의식을 거쳐 거기에 달라붙은 악한 기운이라도 제거해야 한다. 죽은 이가 가꿨던 과실수도 그가 낚시하던 하천도 엄격한 금기의 대상이다. 사람들이 이를 어기면서까지 과일을 따고 물고기를 잡는다면, 그것은 오직 성대한 장례식 때 쓰일 음식물로 충당하기 위해서일 뿐이다.[58] 마찬가지로 상갓집도 상당 기간 불순한 상태에 놓여 그 부근의 하천마저 금기시된다.[59]

죽은 자의 친척은 그들 가운데 한 명이 입었던 타격을 몸소 느끼게 된다. 일단 관례에 따라 그들은 공동체의 다른 사람들과 분리된다. 그들은 마을을 떠날 수도 없고 다른 곳을 방문할 수도 없다. 죽은 이와 가장 가까웠던 친척의 경우, 집구석에 갇힌 채 꼼짝하지 않고 앉은 자세로, 아무 일도 하지 않으면서 몇 개월을 보내야 할 때도 있다. 이때 외부의 방문객을 맞이해서는 안 되며, (만약 허용된다고 해도) 그 어떤 질문에도 대답해서는 안 된다.[60] 수호 정령조차 그들을 돌보지 않는다. 불순한 상태가 계속되는 한, 신적인 힘으로부터 어떤 도움도 기대할 수 없기 때문이다.[61] 이런 고립무원 신세는 그들 삶의 모든 방식에 영향을 미친다. 상중에 오염된 탓에 그들은 이전과 달라지고 나머지 사람들로부터 격리된다. 그래서 더이상 다른 사람들처럼 살아갈 수 없다. 식사 방식은 물론 옷을 입고 장식하고 머리카락을 매만지는 방식도 남들처럼 해서는 안 된다. 이런 방식은 사회적으로 정상적인 개인들에게 적합한 것으로, 그들이 (당분간) 속할 수 없는 공동체의 표식에 해당한다.[62] 바로 이로부터 상중에 있는 사람들이 지켜야 할 수많은 금기와 특별한 관습이 나온다.[63]

죽음이 죽은 자의 친척과 상갓집에 거주하는 사람 모두를 오염시킨다고 해도, 그들이 전부 똑같은 정도로 오염되는 것은 아니다. 따라서 애도 기간이 촌수에 따라 달라지는 것은 당연하다. 올로응아주족의 경우, 먼 친척은 사후 단 며칠 동안만[64] 불순하다고 여겨진다. 그들은 닭 몇 마리를 희생제물로 바치는 의식을 통해 일상을 회복할 수 있다.[65] 그러나 가장 가까운 친척이라면,[66] 그들이 처한 특이한 상태는 그렇게 빨리, 그렇게 쉽게 사라지지 않는다. 애도 금기에서 완전히 벗어나려면 긴 시간이 지나야 하는데, 그 기간은 시신의 임시 매장 기간과 정확히 일치한다. 이 기간 내내 그들은 금기를 지켜야 한다. 가령 홀아비나 과부는 재혼할 권리가 없다. 죽은 이와 살아 있는 배우자의 관계는 마지막 의식을 거쳐야만 끊어질 수 있기 때문이다.[67] 사실 근친近親은 죽은 자와 일체를 이루므로 그들 역시 죽은 것이나 마찬가지다. 따라서 그들은 죽은 자가 공동체에 불러일으킨 감정에 뒤덮이고, 죽은 자가 그러하듯 사망일과 두번째 장례식 사이 기간 내내 금기 대상이 된다.

하지만 올로응아주족의 전형적인 사례들처럼, 모든 사실이 반드시 그렇게 단순하게 나타나는 것은 아니다. 장례식 준비는 상당히 오랜 기간 지연되는 고된 일이므로, 날짜를 앞당겨 기간을 단축하려고 했을 것이다. 만약 그렇게 했는데도 상황이 나아지지 않았더라면, 애도로 인한 궁핍과 고난이 무한히 연장되는 결과를 초래했을지도 모른다.[68] 따라서—비록 우리가 다루는 사회에서 역사적으로 입증할 수 없더라도—애도 기간을 줄이려는 시도가 꽤 자주 있었으리라고 충분히 짐작할 수 있다. 더욱이 빌켄이 보여주었듯,[69] 최종 장례식을 대신해 애도의 끝을 알리는 날짜를 임의로 정할 필요는 없었다. 실제로 중간 단계 기간에 죽은 자의 상태가 불변하는 것은 아니다. 죽은 자는 시체와 영혼의 위험한 특성이 점차 약해지는 변화를 겪는다. 또한 이 변화는 사람들을 정해진 날짜에 특별한 의식을 치르도록 강제한다. 처음에 이 날짜는 애도자들의 금기를 한 단계 풀어주는 날에 불과했지만, 훗날 그들의 불순함이 사라졌음을 표시하는 날로 바뀌게 된다. 올로마아냔족의 애도가 그런 식으로 끝난다. 그들의 의무적 애도는 올로응아주족처럼 최종 장례식 때 끝나는 것이 아니라 49일째 열리는 의식을 통해 끝난다.[70]

다른 방식으로 애도의 금기가 풀릴 때도 있다. 많은 문헌에 따르면 죽은 자의 친척이 사람 머리를 구해올 때, 그리고 이 상서로운 일을 계기로 연회가 열릴 때 애도의 금기가 해제된다.[71] 이 관습 역시 몇 가지 주요 단계를 거쳐온 진화의 산물로 보인다. 앞으로 살펴보겠지만, 올로응아주족에게 (사람 머리를 잘라 바치는) 인신 공양은 장례식의 필수 행위 중 하나이다.[72] 다만 이 희생제의가 애도 기간을 끝내기 위한 필수 조건이라고 해도, 그 자체는 복잡한 전체의 일부이며 최종 장례식과도 결부되어 있다. 그러나 사라왁 해안에 거주하는 다약족의 경우, 이 의식은 전체에서 분리되어 독립적으로 행해진다. 물론 애도 기간의 금기인 울리트ulit는 죽은 자를 위한 연회 때에만 완전히 끝난다. "하지만 그동안 사람 머리를 구해와 마을에서 축제가 열리면 부분적으로 금기가 풀려 다시 장식품 착용이 허용된다."[73] 이런 과정이 계속되든 아니면 마침내 이중 장례 관습이 중단되든,[74] 죽은 자의 상태와 관계없이 우연찮게 생겨난 이 상서로운 '머리 사냥'만으로도 금기를 해제하는 데 충분할 것이다.

요컨대 인도네시아인들에게 근친들이 따르는 장시간 애도는 죽은 자의 시체와 영혼이 중간 단계 기간에 어떻게 표상되는가라는 문제와 연관되어 있다. 일반적으로 애도는 이차 장례식까지 계속된다. 물론 이러한 관계가 나타나지 않는 관습들도 있는데, 이는 원래 관습이 훗날 완화되면서 파생한 것으로 볼 수 있다.

마지막 장례식은 사망 직후가 아니라 어느 정도 긴 기간이 지나야 거행될 수 있다는 것은 인도네시아인을 비롯한 이런저런 인종 특유의 관념이 아니다.[75] 이는 임시 매장 관습이 매우 일반적이라는 사실로 입증된다.

당연히 이 관습의 형태는 매우 다양하다. 민족적·지형적 요인들로 인해 어느 한 관습이 특정 문명권에서 우세해졌을 가능성도 매우 크다.[76] 하지만 이는 별도의 문제라서 여기서 논하지는 않겠다. 사실 우리의 관점에서 보면 오히려 각지의 다양한 관습들 사이에는 엄밀한 의미의 상동성이 성립한다. 중앙 오스트레일리아 부족들이 실행하는 것처럼[77] 나뭇가지에 시신을 전시하는 방식, 특정 파푸아인[78]과 반투족 일부[79]에서 찾아볼 수 있듯 산 자들의 집 안에서 시신을 전시하는 방식, 폴리네시아인[80]과 북아메리카의 여러 부족[81] 사이에서 행해지는 것처럼 높은 곳에 특별히 단을 만들어 그 위에 시신을 전시하는 방식, 남아메리카 인디언 대다수[82]가 따르는 임시 매장 방식 등, 이 모든 일차 매장 형태들을 기술적으로 분류하면 틀림없이 제각각 다른 항목들 아래 나타날 것이다. 그러나 우리는 이 형태들이 서로 다르지 않다고 생각한다. 죽은 자에게 임시 거처를 제공하고 거기서 시체가 자연분해되어 뼈만 남게 되기를 기다린다는 점에서, 그것들 모두 같은 목적을 지닌다.

그러나 이러한 일반적 유형으로 환원할 수 없는 장례 관습도 있다. 방부 보존과 화장火葬이 바로 그 예외에 속한다. 방부 보존의 목적은 살이 썩어 해골만 남는 시체 변형을 막는 것이다. 반면 화장의 목적은 신속하고 완전하게 시체를 파괴함으로써 시체의 자연적 부패를 방지하는 것이다. 그런데 이 인공적인 시체 처리 방식도 우리가 앞에서 열거한 임시 매장 형태와 본질적으로는 다르지 않다. 이 점을 완벽히 증명하는 것은 주제에서 벗어나므로 여기서는 그 근거만 간략하게 지적하기로 한다.

시체의 미라화momification 현상부터 살펴보자. 사실 시체를 일정 기간 전시하거나 매장하기만 해도 어떤 경우에는 미라화가 진행된다. 이는 주변 토양과 공기의 건조한 특성 때문에 생기는 단순한 결과일 따름이다.[83] 더욱이 시체를 인위적으로 보존할 의도가 없는 사람들도 썩어가는 시체를 그냥 내버려두지는 않는다. 시체의 변형은 죽은 당사자는 물론 그 주변에 있는 사람들에게도 고통스럽고 위험하기 때문이다. 그래서 사람들은 부패를 앞당기거나 불길한 영향력의 강도를 약하게 하거나 무력화하는 수단을 찾는다. 예를 들어 죽은 이의 잔해 옆에 불을 피워서, 악한 기운을 물리치고 떠도는 영혼을 따뜻하게 해줘 시체에 이로운 작용을 일으키려고 한다.[84] 또는 향기 나는 연기로 시체를 감싸려고도 하며, 시체에 향연고香軟膏를 발라주기도 한다.[85] 이러한 관습이 시체를 나무로 만든 틀 위에서 훈증燻蒸[86]하는 관습으로 이행했는지 아니면 초보적인 미라 제작법[87]으로 이행했는지는 알 수 없다. 사실 시체에 뼈만 남기는 자연적인 건조 방식에서 시체를 미라로 만드는 특수한 건조 방식으로 이행하려면, 시체를 가급적 부패되지 않은 상태로 최종 매장하려는 욕망이 커지기만 하면 충분하다.[88] 이런 점에서 이집트 장례식의 본질적 특성들은 인도네시아인들의 믿음과 관습에 부합한다. 이집트에서 방부 처리하는 사람들은 70일 동안이나 시체에 파고드는 부패와 맞서야 했다. 마침내 이 기간이 끝나면 시체는 불멸의 존재가 되어 무덤에 안치되고 영혼은 이아루Ialou로 떠난다. 살아 있는 자들의 애도가 풀리는 것도 이때부터다.[89] 그러므로 미라화도 임시 매장에서 유래한 특수한 경우로 볼 수 있다.

이제 화장[90]을 살펴보자. 일반적으로 화장은 그 자체로 충분한 최종적 행위가 아니다. 화장 후에는 보충적 의례가 뒤따르기 마련이다. 가령 고대 인도의 의식에서는 화장 후 타고 남은 시신의 유골을 재와 함께 조심스럽게 모아 장례 기념물 안에 일정 기간 보관한다.[91] 따라서 화장과 남은 뼈의 매장은 각각 인도네시아의 일차 매장과 이차 매장에 해당한다.[92] 물론 수행되는 의례의 특성 자체로 인해 화장 의식과 매장 의식 사이의 기간이 딱히 정해져 있지는 않다. 심지어 종종 두 의식이 하나의 연속된 전체를 이룰 정도로 그 기간이 단축되기도 한다.[93] 그렇다고 해도 화장이 어디까지나 예비적 작업으로서 장례 체계에서 시신의 일시적 전시와 같은 위상을 차지한다는 사실은 뒤바뀌지 않는다.[94] 게다가 이러한 외형상의 상동 관계는 실은 더 깊은 내적 유사성에 부응하는 것이다. 앞으로 살펴보겠지만, 임시 매장의 즉각적 목적은 뼈가 완전히 마를 수 있는 시간을 확보하는 데 있다. 그런데 '미개인들'에게 이 변형은 시체의 단순한 물리적 분해가 아니다. 그것은 시체의 성격이 바뀌어 새로운 몸으로 변하는 과정, 즉 시체를 영혼의 구제에 필요한 조건으로 만드는 과정이다. 바로 이것이 화장의 정확한 의미다. 화장은 죽은 자의 시신을 파괴하는 것이 아니라 그를 다시 태어나게 하는 것, 그래서 새로운 삶을 개시할 수 있게 만드는 것이다.[95] 따라서 화장은 시신의 일시적 전시와 같은 결과에 도달한다.[96] 단지 차이가 있다면 화장이 훨씬 빨리 도달한다는 것뿐이다.[97] 활활 타오르는 불은 죽은 자와 산 자 모두를 시체 변형과 관련된 고통과 위험에서 구해내거나, 또는 단번에 시체의 살을 태워 없애[98] 불변의 뼈만 남김으로써, 자연적인 부패에 맡겨두었더라면 느리고 완만하게 진행되었을 시체 변형을 신속히 끝낼 수 있게 해준다.[99] 그러므로 화장과 다양한 임시 매장 방식 사이에는 시체 변형의 시간과 방식의 차이만 있을 뿐 그 본질은 모두 같다고 말할 수 있다.



지금까지 살펴본 모든 의례에서, 시체의 부드러운 부분은 인위적인 수단으로 보존될 때를 제외하면 조건 없이 파괴된다. 살은 부패하기 쉬운 불순한 것으로 뼈와 반드시 분리해야 한다. 그런데 더 복잡한 표상이 엔도카니발리즘endocannibalisme[100]에서 나타난다. 이 관습은 친척들이 죽은 자의 살을 의례적으로 먹는 족내식인 행위로 알려져 있다. 그것은 분명히 뼈의 정화만을 목적으로 삼지 않는다. 보통 식인풍습에서 나타나는 극도의 잔인함이나 생리적인 식욕의 충족과도 무관하다. 그것은 부족 구성원 중 특정 집단[101]만 참석하는 성스러운 식사이다. 적어도 빈빈가족族의 경우 여성은 이 식사에서 엄격히 배제된다. 이 관습을 통해 사람들은 죽은 자의 살에 남아 있는 생명력과 특성을 자기 몸 안에 통합한다. 만약 살을 부패하도록 내버려두면 공동체는 응당 자기에게 귀속될 힘을 잃고 만다.[102] 엔도카니발리즘은 죽은 자에게도 도움을 준다. 동시에 엔도카니발리즘 덕분에 죽은 자는 느리고 역겨운 부패 과정에서 벗어나며 그의 뼈는 거의 즉시 살이 다 떼어진 상태에 이르게 된다. 다른 한편, 그의 살은 [산 자들의 몸에 묻히는] 가장 명예로운 매장을 보장받는다.[103] 어쨌든 이러한 관습이 있다고 해서, 우리가 구축하려는 일반적 유형을 근본적으로 수정해야 하는 것은 아니다. 살을 소비하고 나면 친척들이 뼈를 모아

마지막 장례식 때까지 장기간 보관하기 때문이다. 이 기간에 영혼은 뼈와 그 옆에 지펴놓은 성스러운 불 주위를 배회하므로 [영혼이 이 일을 알지 못하도록] 죽은 이의 근친들에게는 철저한 침묵이 요구된다.[104] 이렇게 해서, 엔도카니발리즘이 생겨난 직접적 원인이 무엇이든 간에, 그것은 죽음에서 마지막 장례 사이의 기간에 죽은 자의 뼈를 노출하는 다양한 관습 중 하나로 자리잡는다.

앞서 살펴봤듯, 많은 경우 대기 기간은 시체의 부패가 다 끝나는 실제 혹은 예상된 기간과 일치한다. 다 말라 더는 썩을 리 없는 유해를 놓고 최종 장례식을 치러야 하는 게 일반적이다. 따라서 임시 장례식 제도와 시체 부패가 일으키는 표상 사이에는 모종의 관계가 있다고 가정할 수 있다. 시체가 부패하는 와중에 최종 매장한다는 건 생각할 수 없는 일이기 때문이다.[105] 이 해석은 근거 없는 가정이 아니다. 『젠드아베스타 *Zend-Avesta*』에도 이 해석은 기본 교리로서 글자 하나 안 바뀌고 등장한다. 조로아스터교의 신자들은 시체를 특별히 손꼽히는 불결한 대상으로 여긴다.[106] 그들이 따르는 수많은 규율의 목적이 증명하듯, 신의 선한 창조물에 속하는 모든 것을 죽음의 전염력으로부터 지켜야 한다. 땅과 물, 불을 시체와 불결하게 닿게 하는 것은 그것들이 지닌 신성함을 침해하는 짓이다.[107] 그러므로 시체를 멀리 떨어진 황폐한 고지대에, 그것도 가능하다면 돌로 만든 울타리[108] 안에 처박아두어야 한다. 거기는 "살을 뜯어 먹는 개들과 새들이 늘 찾아오는 곳이다."[109] 파르시교도는 시체를 정화하는 중요한 동물로 독수리와 맹수를 꼽는다. 나수Nasu로 불리는 악마적 전염력이 썩기 쉬운 살 안에 숨어 있기 때문이다. 마침내 일 년이 지나 뼈가 다 드러나 완전히 건조되면, 오르마즈드Ormazd가 단호하게 말했듯, 뼈가 놓였던 땅은 순수함을 되찾고[110] 사람들은 전염될 위험 없이 뼈를 만질 수 있게 된다.[111] 뼈가 최종 매장지인 납골당에 안치될 수 있는 것도 바로 이때다.[112] 이렇듯 시체를 일시적으로 전시하는 조로아스터교의 관습은, 위험하다고 여겨진 시체를 격리하고 동시에 정화하는 기능을 수행한다. 그런데 아베스타어로 써진 경전인 『젠드아베스타』는 후대에 정교하게 다듬어진 신학적 사변의 결과만 보여주는 것 같다. 따라서 이보다 더 늦게 탄생한 사회들이 시체의 해골화骸骨化에 어떤 의미를 부여했는지도 살펴봐야 한다.

인도네시아 자료에도 시체와 영혼의 두 상태 사이에 일종의 대칭 또는 병행 관계가 나타난다. 시체가 한동안 대기하고 나서야 최종 매장지에 들어가듯, 영혼도 최종 장례식이 끝나야만 죽은 자들의 세계에 들어갈 자격을 얻는다. 그런데 다른 지역의 민족지를 보면 두 상태가 더 직접적으로 연결되어 있다. 예를 들어, 프랑스령 기아나에 사는 카리브인 일부는 죽은 자를 의자에 앉혀 그가 쓰던 모든 장식품과 무기와 함께 구덩이 안에 일정 기간 놓아둔다. 그리고 뼈가 완전히 드러날 때까지 마실 것을 제공한다. 죽은 자의 영혼은 "살이 붙어 있는 한 저 높은 곳으로 올라갈 수 없기"[113] 때문이다. 보토쿠도족도 마찬가지다. 이들에 따르면 시체가 완전히 부패할 때까지 영혼은 무덤 근처에 줄곧 머무른다. 그 사이 무덤에 함부로 접근하는 사람이 있으면 겁을 줘 쫓아낸다고 한다.[114] 이렇게 이 부족들은 영혼이 잠시 지상에 머무른다는 믿음, 그리고 이로 인해 생기는 의무와 두려움 모두를 숨김없이 시체의 부패와 결부시키는 것이다.

시체가 완전히 부패할 때까지 영혼은 불귀객이 될 수 없다는 것은 터무니없는 생각이 아니다. 이런 생각은 잘 알려진 일반적 믿음과도 연관되기 때문이다. 즉 이 세상의 물체나 생명체를 저 세상으로 보내려면, 또 그렇게 해서 그 영혼을 풀어주거나 다시 만들어내려면, 우선 그것을 파괴해야만 한다. 희생제의 때처럼 단번에 파괴될 수도 있고 신성한 장소나 무덤 위에 쌓인 봉헌물처럼 천천히 닳아 없어질 수도 있다. 가시적인 대상이 파괴됨에 따라 영혼은 저세상에서 다소나마 모습을 바꿔 자신을 복원한다.[115]

이러한 믿음은 죽은 자의 시신과 영혼에 관해서도 성립한다. 아이누족에 따르면, '죽음은 한순간의 사건이 아니다.' 부패가 끝나지 않는 한, 생명도 영혼도 얼마간 무덤 안이나 그 근처에 머무른다. 그리고 '점차 영혼은 지상의 감실龕室에서 해방된다.' 그때까지는 영혼이 홀로 있도록 내버려두어야 한다.[116] 같은 표상이 북서 아메리카 일부 부족에게는 더 자세히 나타난다. 이들에 따르면, 시체가 점차 부패해가는 동안 앞서 죽은 사람들의 영혼이 밤마다 시체를 찾아온다. 그리고 뼈에 붙은 살을 떼어내 대지 한가운데 있는 영혼의 집으로 운반해간다. 이 운반 과정이 끝나면, 죽은 자는 지상에 남아 있는 뼈만 제외하면 살아 있을 때와 별반 다르지 않은 새로운 몸을 저승에서 갖게 된다고 한다.[117]

그런데 몸의 영적 복제로서 존재하는 영혼 말고도 인간에게는 영혼이 하나 더 있다. 이 영혼은 움직임이 잦고 비교적 몸에 덜 매여 있다. 생전에도 이따금 몸에서 빠져나와 홀로 살아가는데, 죽은 후에는 완전히 따로 떨어져 살 수 있다. 이때는 영혼이 몸을 떠났다는 사실 자체가 바로 시체 부패의 원인이 된다. 하지만 몸과 영혼은 이전처럼 여전히 연결되어 있다. 죽은 자들의 세계에 단번에 도착하더라도, 영혼은 부패하기 시작한 시체의 여파를 피하지는 못한다. 몇몇 멜라네시아 섬에서는 시체가 부패하는 동안 영혼은 줄곧 힘없는 상태로 있다고 믿는다. 저세상에 도착한 후에도 영혼은 꼼짝하지 않으며, 그가 가진 주술적 힘도 일시적으로 마비된다. 하지만 온갖 악취가 사라지면 영혼은 한층 강해진 힘과 활력을 얻고 사람들이 숭배하게 될 수호 정령 린달로lindalo가 된다. "영혼은 인간이기를 멈추었다."[118] 이 문장은 문자 그대로 해석해야 한다. 왜냐하면 종종 멜라네시아에서는 죽은 자들의 영혼들, 적어도 그중 상당수는 인간이 아니라 동물 안에 살고 있다고 여겨지기 때문이다. 특히 상어와 군함새가 그 대표적인 동물이다.[119] 어쨌든 죽음이 완전히 이루어지려면 부패가 끝나야 한다. 고인이 이 세상에서 벗어나 다른 존재가 될 수 있는 것도 오직 그때뿐이다.

마다가스카르에서도 비슷한 관념을 찾아볼 수 있는데 이는 놀랄 만한 것이 아니다. 이 섬에 사는 사람들은 인도네시아인들과 인척 관계를 맺고 있기 때문이다. 예를 들어, 시하나카족은 살이 뼈에서 분리되는 동안 영혼은 끔찍한 고통을 느낀다고 상상한다. 이 고통을 극복하면 영혼은 정령이 되어 영원히 살아갈 수 있지만, 고통에 굴복하면 나비의 몸 안에 들어가야 한다.[120] 아마 외부에서 유래한 어떤 요소가 원래의 관념에 덧붙여져 이런 생각을 낳았을 것이다. 그렇다고 해도 중간 단계 기간이 시련의 시간으로 여겨진다는 점, 그리고 영혼의 고통이 시체에서 일어나는 변화와 관련된다는 점은 주목할 만하다. 하지만 마다가스카르 사람들 사이에서는 오히려 동물이 영혼의 새로운 화신이라는 믿음이 가장 널리 퍼져 있다. 이들에 따르면 살이 부패하면서 흘러나온 액체에서 신비로운 동물이 태어난다. 그래서 이 액체를 조심스럽게 질그릇에 담아놓는다. 때로는 죽은 이의 재생을 더욱 확실히 보장하기 위해 질그릇에 소의 피를 쏟아붓기도 한다. 베칠레오Betsileo족의 경우, 죽은 이가 작은 벌레의 모습으로 '돌아오기' 전까지는 유해를 매장하거나 들판에서 일하는 것이 금지된다.[121] 이렇듯 형태는 다르더라도 항상 같은 관념이 다시 나타난다. 즉 이전의 몸이 부패해야만 영혼이 앞으로 살아갈 새로운 몸이 생성된다.

하지만 이 다양한 표상에 그것이 원래 갖고 있지도 않은 일반성과 설명적 가치를 부여해서는 안 된다. 특정 믿음을 보편적 진리로 승격하거나, 혹은 죽은 이의 사라진 살이 항상 새로운 몸을 만든다는 식으로 단정하면 독단에 빠지게 될 것이다.[122] 앞으로 살펴보겠지만, 오히려 뼈가 영혼의 물질적 기반이 되는 경우도 빈번하다. 하지만 이렇게 상반되는 표상들도 본질적인 면에서는 일치한다. 다양한 방식이긴 해도 그것들은 모두 일관된 주제를 나타낸다. 이 주제는 두 가지 상호보완적 관념으로 구성된다. 첫째, 죽음은 즉각적인 행위에 의해 완결되지 않는다. 죽음은 지속적인 과정으로서 많은 경우 시체의 부패가 끝나야 비로소 완결된다. 둘째, 죽음은 단순한 파괴가 아니라 과도기다. 죽음이 진행됨에 따라 재탄생도 진행한다. 낡은 몸이 파괴되는 동안 새로운 몸이 형성된다. 이제 필요한 의식이 행해지기만 하면, 영혼은 새로운 몸과 함께 이전보다 더 뛰어난 존재의 차원으로 들어갈 것이다.

죽음이 완결되기 전까지 죽은 자는 마치 살아 있는 것처럼 취급된다. 사람들은 그에게 먹을 것을 가져다주고, 친척들과 친구들은 그의 곁에 머물며 말을 건넨다.[123] 그는 아내에 대한 모든 권리를 유지하는데, 질투심으로 그 권리를 포기하려 들지 않는다. 과부는 말 그대로 죽은 사람의 아내, 즉 죽음이 나타나 계속되고 있는 한 개인의 아내이다. 따라서 과부는 불순하고 저주받은 존재로 여겨지며, 많은 사회에서 비천하고 버림받은 삶을 살아가도록 강요받는다. 오직 최종 장례식을 치르고 나서야 이 상황에서 벗어날 수 있고, 죽은 이의 친척들 허락 아래 재혼하거나 아니면 자기 가족에게 돌아갈 수 있다.[124] 마찬가지로 유산도 때로는 죽은 이가 이 세상을 완전히 떠나는 날까지 그대로 둔다.[125] 그런데 이 점을 이해하는 데 가장 도움이 되는 사실은 왕이나 추장의 계승과 관련된 것이다.

최종 장례식이 끝나야 비로소 왕위 계승자를 선포하는 관습은, 앞서 언급한 티모르섬뿐 아니라 다양한 인종에 속한 민족들 사이에서도 찾아볼 수 있다.[126] 우리는 이러한 공위 기간이 사회를 위태롭게 만든다는 사실을 알고 있다. 즉 왕의 죽음은 사회를 깊은 충격에 빠뜨리는데, 이 충격이 길어지면 심각한 결과가 발생한다. 공동체의 생명이 왕이라는 성스러운 인물 안에 집약된 경우, 그 수장이 죽음의 일격을 당하면 도덕적·정치적 규범이 일시 중단된다. 또 그에 따라 사회 질서가 평소 억누르던 정열이 폭

발하는 사태도 비일비재하게 발생한다.[127] 그래서 왕의 죽음을 대체로 오랜 시간 감추는 관습을 자주 볼 수 있다. 고인의 최측근들만 진실을 알고 있고, 권력은 여전히 왕의 이름으로 행사된다. 다른 이들은 그가 그저 병든 줄로만 알고 있다.[128] 피지에서는 왕의 죽음이 4일에서 10일까지 비밀에 부쳐진다. 그후 사람들은 무슨 일이 있지 않았나 의심하기 시작한다. [왕이 죽었다면] 온갖 것을 약탈하고 파괴해도 된다는 생각에 안달이 나서 생사를 물어본다. 이때 '왕의 몸은 이미 다 썩어버렸다'라는 대답이 돌아온다. 속았지만 순순히 발길을 돌리는 수밖에 없다. 너무 늦게 오는 바람에 호기를 놓쳐버린 것이다. 이 이야기를 들려주는 저자는 다음과 같이 덧붙인다. 부패가 충분히 진행되지 않는 한 왕과 맺은 관계를 끊을 수 없고 그의 권위도 후계자에게 전승될 수 없다는 관념이 이 사회를 지배하고 있다. 왕의 손은 통치권을 더이상 붙잡을 수 없지만 아직 내놓지는 않는다.[129] 왕이 완전히 죽을 때까지 기다려야 한다. 그러고 나서야 "국왕 폐하 만세!"라고 외칠 수 있다.

죽음이 완결되는 데 오랜 시간이 걸리는 만큼, 죽음이 일으킨 사악한 기운도 단번에 물러가지는 않는다. 사악한 기운은 산 자들의 공동체에 버젓이 나타나 누군가를 또 희생시키겠다고 위협한다. 물론 일정한 의식을 치러 시체의 불순함이 퍼뜨리는 위험을 어느 정도 약화시킬 수는 있다.[130] 그래도 퍼지기 쉬운 전염의 진원지는 변함없이 남아 있다. 임시 매장지에서 퍼져나온 사악한 기운[131] 때문에 사람들은 그곳을 피해 다닌다. 죽음과 근접해 있다는 두려움이 너무나 큰 나머지 실제로 이주하는 일도 종종 벌어진다. 예를 들어, 안다만군도의 원주민들은 매장이 끝나면 마을을 버리고 멀리 떨어진 초막으로 거처를 옮긴다. 몇 개월 후 시체의 뼈를 모아 마지막 의식을 치를 때가 되어야만 이전의 주거지로 되돌아갈 수 있다. 죽음이 완결되는 동안 개인에게 부과된 금기는 죽은 이가 있던 곳뿐 아니라 그에게 속한 것들에게도 미친다.[132] 가령, 멜라네시아의 여러 섬에서는 최종 장례식을 치러 죽음과 관련한 금기가 해제될 때까지는 죽은 자의 카누, 나무, 개를 만져서는 안 된다.[133]

애도哀悼 제도[134]도 이와 같은 관념들과 연관시키는 것이 타당하다. 죽음의 불순함이 일정 기간 연장된다면, 그것은 죽음 자체가 마지막 의식이 끝날 때까지 지속하기 때문이며 또한 산 자와 죽은 자 사이에 긴밀하고 의무적인 연대가 맺어지기 때문이다. 중간 단계 기간 내내 고인의 상태와 근친들의 상태 사이에는, 인도네시아와 관련된 자료에서 나타나는 것 이상의 내적 연관성이 성립한다.[135] 특히 마오리족들 사이에서 전승되는 한 이야기가 이를 분명히 보여준다. 어느 추장이 아들에게 다음과 같은 유언을 남긴다. "3년 동안 너는 세상사와 거리를 두어야 한다. 부족과도 떨어져 지내도록 해라. ……왜냐하면 나는 그동안 두 손으로 흙을 긁어모아 끊임없이 벌레들을 잡아먹을 것이기 때문이다. 비록 지저분한 음식이더라도, 이것이 지하의 정령에게 바치는 유일한 음식이다. 그런 다음 내 머리가 몸에서 떨어져나가고 4년째가 되었을 때, 나를 잠에서 깨워 얼굴을 빛 쪽으로 돌려다오. 내가 일어나게 되면 너는 노아noa, 즉 자유롭게 될 것이다."[136] 이렇듯 애도는 고인의 상태 자체가 살아 있는 사람들에게 그대로 투영된 것뿐이다.[137]

죽은 자와 근친들 사이의 연대성을 나타내는 관습은 여러 사회에서 나타나지만, 우리는 이미 인도네시아인들 사이에서도 그 흔적 몇 가지를 찾을 수 있었다. 여기서 근친들, 특히 과부는 매일 혹은 정해진 날짜에 부패한 시체에서 흘러나온 액체를 모아 담아야 한다. 그 액체를 몸에 바르거나 음식에 섞어야 하기 때문이다.[138] 고인을 향한 애정과 고인을 잃은 슬픔을 내세우면서 이 관습을 정당화하는 이들도 있지만, 사실 그런 동기만으로는 충분히 설명되지 않는다. 실제로 따져봐야 할 것은 이 의례가 대체로 엄격한 강제성을 띤다는 점이다. 이 일을 맡아야 함에도 따르지 않는 여성은 사형을 당할 수 있다.[139] 따라서 개개인의 감정을 자발적으로 표현하는 것만이 문제가 아니다. 산 자들 가운데 일부가 죽은 자의 현상태에 강제로 참여하는 것이 관건이다. 죽음이 집단 내부에서 계속 맹위를 떨치는 일을 원치 않으면, 죽음이 자기 몫을 챙기도록 해주어야 한다. 죽은 자와 어떻게든 소통함으로써, 그들은 죽음에 대한 면역력을 확보하고 다시 닥칠지 모르는 불행으로부터 사회를 지켜낸다. 때때로 죽은 자의 특성을 자기 것으로 만들거나[140] 시체에서 발원한 신비한 힘을 흡수하려고도 한다.[141] 의무 때문이든 이해관계 때문이든 그들은 죽음과 계속 은밀히 접촉하며 살아간다. 그렇기에 나머지 살아 있는 사람들이 그들을 공동체 밖으로 몰아내는 것이다.[142]



하지만 이 격리가 산 자와 시체의 물리적 접촉을 반드시 전제하는 것은 아니다. 죽음이 진행되는 동안 고인의 직계 가족은 "악한 세력이 음험하게 꾸미는 행위"의 표적이 된다. 문명화되지 않은 사회에서는 불행과 불순함이 뚜렷이 구분되지 않는다. 따라서 애도의 슬픔은 그 당사자들을 심하게 오염시킨다.[143] 그들의 온전한 신체마저 시체와 거의 구별할 수 없을 정도로 상처투성이가 된다. 한 후파족은 상중喪中에 이렇게 말한다. "사람들은 내 몸을 몹시 싫어한다. 그래서 남들이 불을 피울 때 나는 그렇게 할 수 없다. 남들이 먹는 것도 나는 먹지 못한다. 내 몸은 그들을 불안하게 한다. 그래서 나는 그들을 쳐다보지 않는다."[144] 상중인 사람들은 문자 그대로 "죽은 사람들"[145]이다. 그들은 사회적으로 죽은 채로 암흑 속에서 살아간다.[146] 집단적 삶에 적극적으로 참여하면 각자가 지닌 저주를 외부에 퍼뜨리는 결과만 초래하기 때문이다.[147]

우리는 최종 장례식 이전에 애도와 영혼의 상태, 시체의 상태 사이에 어떤 관계가 있는지 살펴보는 데 집중했다. 그렇지만 우리는 이 세 가지 개념이 불가분하게 연결되어 있다거나, 혹은 어느 하나가 없으면 다른 하나가 나타나지 않는다고 주장하지 않는다.

만약 그렇게 독단적으로 주장하면 곧장 반대되는 사실에 부딪힐 것이다. 굳이 말할 필요도 없지만, 이중 장례식과 관련해 어떤 흔적도 보고되지 않은 사회라 해도 영혼이 일시적으로 지상에 머무른다는 믿음과 애도 기간을 연장하는 제도가 나타나기 때문이다. 애도 기간의 끝이 관례로 정해질 때도 있다. 예를 들어 남아메리카의 몇몇 인디언 부족은 시체에 끈을 묶어 곧장 매장하는데, 이때 끈의 한쪽 끝이 잘 보이도록 무덤 표면에 놓아둔다. 이 끈이 비에 젖거나 마모되어 없어지면, 죽은 자의 영혼이 그때까지 시체 곁에 있다가 마침내 저세상으로 떠났다는 표시로 여겨진다.[148] 그런데 죽은 이를 곧장 최종 매장할 때, 애도의 의무를 끝내는 것은 시간의 흐름에 관한 표상일 경우가 대부분이다.[149] 꽉 채워야 할 기간이 모두 지나가야만 죽음은 완전히 이루어지고 영혼은 지상을 떠나고 산 자들의 애도도 종료될 것이다. 이 기간은 몇 개월 또는 몇 년이 될 수도 있다. 어쨌든 그날이 오면 불길한 시기는 끝나고 다른 삶이 재개된다. 때로는 특정 숫자를 탁월하고 성스럽게 여기는 믿음이 효력을 발휘하기도 한다. 북아메리카의 여러 사회에서 영혼이 지상에 머무르거나 저세상으로 여행하는 기간을 그토록 빈번하게 4일로 제한했던 사실은 그런 식으로 설명해야 할 것이다.[150] 그런데 이런 사실들을 우리가 분석했던 복잡한 전체에서 분리되어 변형된 일부분으로 간주해야 하는가? 이 질문에 뭔가 확신을 갖고 답하는 것은 거의 불가능에 가깝다. 다만 시체의 부패와 영혼의 운명, 그리고 바로 그 기간 살아 있는 자들의 상태에 관한 표상들 사이에 자연스러운 연관성이 있다는 우리의 견해가 받아들여지면, 이 질문에 긍정적으로 대답할 수 있을 것이다.

## 2. 최종 의식

일반적으로 인도네시아인들은 최종 장례식 때 대연회를 펼치는 관습을 따른다. 명칭은 다 달라도, 서쪽 니코바르에서 동쪽 할마헤라까지 말레이제도의 섬들 대부분에서 이 연회를 볼 수 있다. 그것은 보통 며칠 내지 이따금 한 달이나 계속될 만큼[151] 현지인들에게는 매우 중요한 의식이다.[152] 연회를 치르는 데 필요한 고된 준비과정과 막대한 비용 때문에 상갓집 형편이 극히 나빠지기도 한다.[153] 도살해 먹어 치우는 동물의 양도 어마어마해서[154] 연회가 어쩌다 난장판으로 변할 때도 있다. 인근 마을 전체가 연회에 초대되는데, 이를 거절할 수는 없다.[155] 따라서 연회는 집합적인 특성을 띠며, 들어가는 비용도 보통 각 가정에서 충당할 수 있는 범위를 넘어선다. 하지만 이렇게 일상생활을 중단시키는 일을 자주 반복할 수는 없는 노릇이다. 그래서 일반적으로 올로응아주족은 티와를 죽은 자 여럿을 위해 동시에 치르며 그 비용도 당사자 가족 모두가 함께 분담한다.[156] 반면 정기적으로 연회를 치르는 곳도 있는데, 가령 3년 주기로 치른다면 바로 그 기간에 죽은 이 모두를 위한 합동 연회가 열린다.[157] 이렇게 연회는 이제 특정 가족이 아니라 마을 전체가 직접 참여하는 일이 된다.

최종 의식에는 세 가지 목적이 있다. 첫째는 고인의 유해를 최종 매장하는 것이고, 둘째는 그의 영혼에 안식을 주어 죽은 자들의 세계로 들여보내는 것이며, 셋째는 살아 있는 자들을 애도 의무에서 풀어주는 것이다.

### a) 최종 매장

보르네오 남동부에 사는 다약족에게 시신의 마지막 안식처는 단단한 나무로 만든 작은 집이다. 그들은 이 집을 매우 정교한 조각으로 장식하고 같은 재질의 나무로 만든 높은 기둥 위에 올려놓는다. 이것을 산동sandong이라 부르는데, 산동은 많은 시신을 수용해도[158] 수년간 버텨낼 수 있는 가족 매장지다. 산동에는 두 가지 종류가 있는데, 내용물과 크기로만 구별된다. 하나는 산동 라웅sandong raung으로, 죽은 이의 건조된 유해를 담은 관들이 모이는 집합소로 쓰인다. 다른 하나는 산동 툴랑sandong tulang으로, 보통 화장하고 남은 뼈를 천으로 감싸거나 단지에 넣어 보관하는 매우 작은 산동을 가리킨다.[159] 이 매장지의 위치는 따로 정해지지 않는다. 보통 바로 집 근처, 즉 마을을 지키는 울타리 안쪽에 산동이 세워진다.[160] 하지만 꽤 멀리 떨어진 곳, 일가에게 특별히 할당된 땅 위에 세워질 때도 있다.[161]

이 두 종류의 최종 매장지는 남동부 다약족에게서만 볼 수 있는 것이 아니다. 그것은 보르네오의 다른 부족뿐 아니라 다른 섬에서도 발견된다.[162] 아마도 이 두 종류의 매장지를 같은 민족 집단에서 발견되는 더 원시적인 매장 형태와 연관짓는 것이 타당할 것이다. 이런 점에서 산동 툴랑은 보르네오 내륙에 거주하는 부족들 사이에서 아직도 엄격히 행해지는 관습에서 유래한 것으로 보인다. 이 관습은 속을 파낸 (적철과赤鐵科) 나무줄기 안에 죽은 사람의 유해를 넣고 봉인하는 게 특징이다.[163] 한편 산동 라웅은 말레이제도에서 매우 널리 퍼진 관습의 한 변형으로 보인다. 이 관습에 따르면 뼈가 담긴 관들은 최종적으로 바위틈이나 지하 동굴 안에 모이게 된다.[164]

하지만 최종 매장 방식이 다양하더라도[165] 우리에게는 부차적인 문제일 뿐이다. 중요한 것은 매장 방식 대부분이 집합적 성격, 적어도 가족적 성격을 띤다는 점이다. 반면 이미 살펴봤듯 임시 매장에서는 보통 시체가 고립되어 있다. 바로 이런 점에서 최종 매장은 임시 매장과 뚜렷이 대조된다. 최종 의식에서 유해를 수습해 이전하는 것은 단순한 장소 변경이 아니라 죽은 이의 상태에 중대한 변화를 일으키는 일이다. 유해를 옮김으로써 죽은 이는 사후부터 처해 있던 고립 상태에서 빠져나와 조상의 몸과 재결합할 수 있다.[166] 이 점은 이차 장례식에서 행해지는 의식을 검토해 보면 더 분명히 드러난다.

우선 장례 연회를 치러야 할 죽은 자(들)의 유해를 임시 매장지에서 다시 거둬들인다. 그리고 마을의 호화롭게 장식된 '남성 결사체의 집'이나 연회를 위해 특별히 마련된 집으로 유해를 옮겨,[167] 그곳에 설치된 일종의 영구대靈柩臺 위에 올려놓는다.[168] 그런데 그전에, 한 저자가 연회의 필수 행위라고 일컬었던 의식부터 실행해야 한다.[169] 먼저 뼈를 조심스럽게 씻는다.[170] 시체가 완전히 육탈肉脫되지 않을 때도 종종 있는데, 이때는 뼈에 붙어 있는 살부터 다 제거한다.[171] 그후 새로 준비한 값비싼 천으로 뼈를 감싼다.[172] 이 의식이 무의미하다고 볼 수는 없다. 시체를 정화하고[173] 새 옷을 입힘으로써, 산 자들은 한 시기의 끝과 다른 시기의 시작을 표시한다. 그들은 불길했던 과거를 없애고 죽은 이에게 새롭고 영광스러운 몸을 부여한다.[174] 그 덕에 죽은 이는 조상들의 세계로 당당히 들어서게 된다.

그러나 죽은 이에게 엄숙하게 고별하고 지상에 머무르는 마지막 날들을 최대한 화려하게 장식해주지 않으면, 죽은 이는 저세상으로 떠나지 않는다. 올로웅아주족의 경우 영구대에 관이 놓이면 마을의 홀아비들 또는 과부들이 관을 둘러싼다. 그리고 죽은 이에게 이렇게 말한다. "당신은 잠시 우리와 함께 있다가 곧 우리 조상들이 사는 아늑한 곳으로 떠날 것이다." 그들은 뼈 옆에 성스러운 단지나 가족의 가장 귀중한 보물을 전시해 죽은 이의 기분을 가라앉히려고 한다. 이러한 전시물은 죽은 이가 생전에 누렸던 것으로 저세상에서도 그의 윤택한 삶을 보증해준다.[175]

술라웨시 중부의 알푸루족들 사이에서는 연회에 앞서 한 달 동안 죽은 자들의 유해를 둘러싸고 춤판이 벌어진다. 마침내 연회가 열려 문상객들이 도착하면, 여사제들이 천에 싸인 뼈를 품에 안고 노래를 부르며 연회장에서 이틀 동안 장례 행렬을 이어간다. 이런 식으로 산 자들은 죽은 자들을 마지막으로 환대하면서 생전에 품었던 애정을 그대로 재현해 보여준다. 그후에야 비로소 그들의 유해와 영혼에게 최후의 작별을 고할 수 있다.[176]

(올로응아주족들 사이에서 흔히 있는 것처럼) 매장지가 멀리 떨어진 강가에 있을 때는 화려하게 장식된 배에 관을 싣고, 다른 한 척의 배에는 여사제들과 친척들이 탄다. 산동에 도착해 그 안에 뼈를 안치하면, 여사제들은 산동을 에워싸고 춤을 추면서 "앞서 봉안된 영혼들이 새로 도착한 영혼을 맞이해달라고 빈다." 그런데 이것을 정말 기도로 봐야 하는가? 그렇지 않다. 사실 춤과 노래는 그 자체만으로 이제 막 완료된 물리적 행위에 의미와 완전한 효능을 부여한다. 산동에서 죽은 이의 뼈가 조상들의 뼈와 이제 막 합쳐지는 순간, 춤과 노래는 죽은 이를 조상들의 공동체에 들어갈 수 있게 해준다. 그제야 산 자들은 죽은 이에게 진 빚을 모두 청산했다고 느끼며 그곳을 떠난다. 장례식 음악에 맞춰 조용히 들어왔다가 노래를 부르고 술을 마시면서 즐겁게 나가는 것이다.[177] 이러한 대조는 이차 장례식의 의미를 명확히 보여준다. 즉 죽음이 지배했던 어두운 시기가 끝나고 새로운 시기가 열리는 것이다.

이러한 의식들이 끝나면 사람들이 뼈에 품는 감정도 이전에 시체가 불러일으켰던 것과는 달라진다. 물론 아직은 뼈와 너무 가까이 접촉하면 위험하다고 여겨지므로 대개 죽은 자들의 집과 상당한 거리를 두려고 한다.[178] 그러나 이제 반감과 혐오가 아니라 오히려 경외와 신뢰가 지배적이다. 사람들은 뼈 더미에서 길운이 퍼져나와 마을을 불행으로부터 지켜주고 산 자들의 일을 돕는다고 믿는다.[179] 그런데 [뼈에 대한] 이러한 표상과 감정이 발전하여 그 성격이 더욱 분명해지면, 말 그대로 영락없는 유골 숭배가 생겨난다. 그리고 그에 따라 최종 장례식의 성격에도 중대한 변화가 일어나게 된다.

실제로 특히 추장이나 중요한 인물이 죽었을 경우, 사람들은 그들의 유골이 지닌 미덕을 높이 평가하고 그 혜택을 독차지하고 싶어한다. 그래서 몇몇 부족은 사람이 사는 집에 유골을 영구히 안치하려고 한다. 말레이제도에서는 보통 두개골만이 이런 특권을 누린다.[180] 머리는 몸의 필수 부분으로 그 안에 죽은 자의 힘이 모여 있기 때문이다. 이 두개골을 잘 단장한 후에 집 안이나 주변에 있는 조그마한 오두막에 보관한다. 때로는 두개골에 음식을 제공하거나 특별한 액체를 바르기도 한다. 이제 그것은 성스러운 가보로서 집안의 번영을 보장한다고 간주된다.[181] 따라서 죽은 자의 유해가 반드시 조상들의 유해와 함께 공동 매장지에 봉안되지는 않는다. 한편 의식이 이렇게 변한다고 해서 본래의 그 의미가 심각하게 손상된다고 볼 수는 없다. 유골 숭배 그 자체는 산 자와 죽은 자의 집단들 사이에 절대적인 연속성이 없다는 관념을 전제로 한다. 아니나 다를까 이 특별난 고인들도 숭배받는 조상이자 수호신의 자격으로 집안에 다시 돌아와 자리를 차지하고 산 자들과 가족적인 교류를 한다. 다만 이들이 죽은 자들의 무리 속에서 자취를 감추기에는 너무나 저명하고 강력해서 가까운 곳에 이들을 위한 명예로운 안식처를 마련하는 것뿐이다. 이런 점에서 유골 숭배는 최종 의식에서 일어났던 유골의 변화 과정을 매우 두드러지게 나타내는 셈이다.

이차 장례식으로부터 죽은 자와 산 자 모두에게 유익한 결과가 기대된다고 해도, 이 의식을 완수하는 것은 여전히 고되고 위험이 따르는 일이다. 죽음의 전염이 퍼져나오는 근원 자체와 밀접히 접촉하기 때문이다.[182] 따라서 많은 부족이 스스로 진화하면서, 혹은 외부의 영향을 받아 이 의식의 번거로움과 위험에서 벗어나게 되었다. 가령 몇몇 부족은 죽은 자를 위한 연회를 앞당기다못해 결국 일차 장례식에 맞춰 거행했는데, 그 결과 일차 장례식을 최종 장례식으로 삼게 되었다.[183] 반면 연회는 예전처럼 제

때 열리지만, 매장지를 바꾸는 과거 관습은 사라져 그 흔적만 남아 있는 곳도 있다. 예를 들어 셀레베스섬 중앙의 알푸루족은 이슬람교도가 된 이후부터는 무덤에서 시체를 꺼내는 관습을 지키지 않는다. 최종 의식 때 그들이 하는 일이라고는 무덤에서 온갖 잡초를 뽑아내고, 무덤을 감싸는 작은 집을 제거해 그 자리에 나무껍질 옷과 식량을 올려놓아 영혼이 완수해야 할 대여정을 돕는 것뿐이다.[184] 그런데 이런 잔재마저 사라진다면, 최후 의식의 필수 목표 중 하나가 정화된 뼈를 임시 매장지에서 집합적 성격을 띤 최종 매장지로 옮기는 일이었다는 사실마저 잊히고 말 것이다.



### b) 죽은 자의 세계로 들어가는 영혼

죽은 자의 물질적인 유해를 둘러싸고 행해지는 이러한 의식과 함께, 영혼의 상태를 변화시키는 또다른 장례가 치러진다. 이 장례의 목적은 영혼의 불안한 조바심을 해소해 죽은 자들의 세계에 엄숙하게 인도하는 데 있다. 그런데 이는 쉽지 않은 일이라서 유력한 조력자가 필요하다. 타계로 이르는 길에는 온갖 위험이 도사리고 있어서,[185] 영혼이 여정의 끝에 도달하려면 올로응아주족의 템폰 텔론[186] 같은 유력한 영혼 인도자(영혼을 인도하는 정령)의 도움과 보호가 반드시 요구된다. 영혼에게 꼭 필요한 이 원조를 위해 유족들의 초청으로 남녀 사제가 도착한다. 그리고 북소리에 맞춰 긴 주문을 암송한다.[187]

먼저 사제들은 구름 너머로 올라가 천상의 정령들을 불러내 영혼들이 기다리고 있는 지상에 내려오라고 청한다.[188] 정령들은 순순히 내려와서 죽은 이들의 친척들 간청에 따라 배를 띄울 준비를 한다. 배에는 죽은 사람의 영혼뿐 아니라 장례 연회 때 희생된 동물의 영혼 그리고 그때 전시된 보물의 영혼까지 모두 올라타게 한다. 이윽고 북소리와 총소리에 맞춰 템폰 텔론이 이끄는 배가 빠른 속도로 항해를 시작한다.[189] 이 드라마가 절정에 도달할 수록 감정은 더욱 격렬해진다. 참석자들이 조용히 주문을 경청하는 동안 의식을 집행하는 사제는 광란에 사로잡혀버린다. 이목구비는 뒤틀리고 입에서는 거품이 나오고 온몸은 땀에 흠뻑 젖는다. 그는 자신을 템폰 텔론(또한 템폰 텔론이 가지고 있는 속성)과 동일시한 것처럼 보인다. 그래서 배가 침몰할지 모르는 위험한 순간이 다가왔다고, 저 불길처럼 휘감는 회오리바람을 통과해야 한다고 중얼거린다. 마침내 '영혼을 구해냈다! 죽은 자들의 마을에 도착했다!'라는 승리의 외침이 터져나온다. 이내 참석자 모두는 불안했던 마음을 내려놓는다.[190] 배에서 내린 영혼들이 새로 마련된 집을 둘러싸고 춤을 추기 시작한다. 그리고 서로 축하 인사를 나눈다. "그날이 왔도다, 우리가 승리한 날이! 템폰 텔론이 사람들의 창槍이 모여 있는 지상 연안에서 이 먼 곳까지 우리를 인도했다. 이제 우리 앞에는 황금빛으로 번쩍거리는 부유한 마을이 있다……." 영혼들은 연회 때 제공되는 푸짐한 식사를 마친 후, 노예[191]를 불러 몸을 치장하고 머리에 기름을 바르고 이를 검게 만든다. 이제 다시 심장이 뛴다! 죽은 자들의 세계에서 오래전부터 살아왔던 조상들이 이제 막 도착한 이들을 맞이하러 모여든다.[192] 그러나 이들이 완전히 회복된 것은 아니다. 뼈의 영혼과 머리카락의 영혼, 손발톱의 영혼이 여전히 잠들어 있기 때문이다. 이 영혼들도 오랜 마비 상태에서 깨어나 천상의 마을에 도착해 주인의 영혼과 다시 결합하려면, 또하나의 새로운 여정(그리고 특별한 노래)[193]이 필요하다. 마침내 이 모든 과정이 끝나면, 그림자는 몸을 되찾고 추방당해 떠돌던 영혼은 동료들 사이에서 제자리를 갖게 된다.[194] 사후 줄곧 처했던 영혼의 불안정한 상태를 대신해 호화로운 삶[195]이 시작된다. 그것은 장례 연회 자체의 화려함과 엄청난 풍요가 무한히 연장된 삶과 같다. 간단히 말해서 이러한 마지막 시련을 거쳐야 영혼의 해방과 구원이 이루어진다.[196]

선교사 브라케스의 말을 믿는다면, 영혼의 여정과 천상의 마을에 관한 묘사는 영혼 인도자로서 사제들이 제멋대로 지어낸 신화에 불과할 것이다. 하지만 영혼이 시신의 유해에 달라붙어 산동 내부나 근처에서 살아간다는 것은, 다약족에게도 사제들에게도 꾸며낸 이야기가 아니다.[197] 실제로 뼈의 집합소와 "죽은 자들의 마을" 사이에는 밀접한 연관이 있다. 산동과 그것을 감싸는 화려한 장신구들의 영혼 혹은 영적 실체는 천상에 올라가 일정한 변형을 거쳐 각각 죽은 자들의 집과 보물이 된다.[198] 이런 점에서 주술적 노래는 뼈에 수행된 의례를 신화의 언어로 번역한 것에 불과하다. 그렇다고 해도 이렇게 번역된 신화를 거짓된 허구로 치부할 수는 없다. "다약족은 언젠가 조상들과 재결합할 수 있다는 생각을 유일한 위안으로 삼는다"[199]라는 말은 거짓이 아니다. 죽은 자에게는 조상들과의 재결합이 최종 의식의 본질적 목적이다. 그런데 이 재결합은 두 가지 방식을 통해 동시에 이루어진다. 하나는 공동 무덤에 유해를 안치하는 것이고, 다른 하나는 영혼을 조상들의 공동 거주지에 들여보내는 것이다. 이 두 방식은 서로 밀접히 연관되며 둘 다 필수불가결한 것들이다. 즉 의례는 표상에 물질적 기반을 제공하며, 상상력은 의례가 대략 묘사만 해놓은 것을 물고 늘어져 완성한다.

영혼은 결코 영원한 안식을 찾아 천상의 마을로 들어가는 것이 아니다. 저세상의 영혼들도 이 세상 사람들과 마찬가지로 불멸을 획득하지 못한다. 영혼은 천상에 일곱 세대 동안 머무른다. 그런데 한 세대가 끝날 때마다 다음번 재생을 위해 죽어야 한다.[200] 일곱번째 죽고 나면 지상에 다시 내려와 마을 근처에 있는 버섯이나 열매 속으로 들어간다. 여자가 이 버섯이나 열매를 먹으면 영혼은 그녀 몸 안에 들어가 머지않아 인간으로 다시 태어난다. 하지만 물소나 사슴, 원숭이 같은 동물이 이 열매를 먹으면 영혼은 동물의 몸으로 환생한다. 이 동물을 인간이 잡아먹는 식으로 우회해야만 영혼은 다시 인간으로 태어날 수 있다.[201] 반면 열매나 동물이 인간에게 먹히지 않고 그냥 죽게 되면 영혼도 영원히 사라지게 된다.[202] 이 마지막 경우는 올로응아주족에게 흔치 않은 일이다. 따라서 이 예외적인 경우를 제외한다면 영혼은 죽음과 재생의 순환을 끝없이 반복하도록 운명지어졌다고 볼 수 있다. 조상들과 함께 천상에 있는 것도, 알고 보면 지상에서 인간이나 동물로 육화하는 두 가지 경로가 갈라지는 중간 단계에 머무는 것에 지나지 않는다. 그러므로 다약족에게 죽음은 개인사에서 단 한 번만 발생하는 사건이 아니다. 그것은 무한히 반복되는 에피소드이자 하나의 존재 형태에서 다른 존재 형태로의 이행을 표시하는 에피소드일 뿐이다.



최종 의식은 영혼의 고통을 끝내면서 영혼이 사후부터 산 자들에게 품었던 악의적 성향의 온갖 원인도 제거한다. 물론 장례연회가 끝난 후에도 죽은 자들은 타계에 속하며 그들과 너무 친밀히 접촉하면 산 자들에게 위험이 닥친다는 것은 여전히 사실이다.[203] 하지만 친척들이 자기에 대한 마지막 의무를 다하면, 영혼은 보통 그들을 귀찮게 하지 않고 내버려둔다.[204] 그런데 '내버려둔다'라는 소극적 표현은 많은 경우 불충분하다. 연회 이후에도 산 자들의 공동체와 죽은 자들의 공동체 사이에는 특별한 교류와 공조 관계가 맺어지기 때문이다.[205] 인도네시아 몇몇 사회에서는 분노를 가라앉힌 영혼을 실제로 숭배하기도 한다. 이때 영혼은 집 안 화로 근처에 있는 성화된 물건이나 자신을 본뜬 작은 조각상 안에 자리잡는다. 영혼의 이러한 현전이 이제는 정식으로 숭배 대상이 되어 산 자들의 번영을 보증한다.[206] 따라서 죽은 자의 영혼과 조상의 영혼들이 결합하는 행위를 통해 죽은 자는 수호신의 성격을 부여받고 엄숙하게 가정의 중심으로 들어서는 것이다.[207]

c) 살아 있는 사람들의 해방

지금까지 살펴본 여러 가지 의례는 죽은 자의 행복을 직접적인 목적으로 삼았다. 의례가 산 자들에게 도움이 되었다고 해도, 그것은 단지 부수적인 효과에 지나지 않았다. 하지만 장례 연회를 지켜보면 그에 못지않게 중요한 일련의 관행을 관찰할 수 있다. 그것은 죽은 자의 친척들이 애도를 끝내고 사회생활로 복귀하는 것을 직접적인 목적으로 삼는다.[208]

티와의 첫날, 여자들만 참여하는 연회가 끝난 후 그들 가운데 한 명이 죽은 자의 영혼을 위해 작은 쌀 꾸러미 일곱 개를 준비하고, 악령을 위해서도 똑같이 일곱 개를 준비한다. 그리고 관례적인 말 한마디를 덧붙이는데, 그 안에 이 행위의 분명한 의미가 담겨 있다. "나는 당신에게 음식을 바칩니다. 이것으로 나를 가로막았던 것은 모두 없어집니다. 불순한 것도 악령도 악몽도 모두 사라집니다. 나는 이제 눈물도 흘리지 않습니다."[209] 이 공물은 산 자들이 죽은 자들과 결별할 때가 왔다는 신호, 즉 애도 기간에 그들을 감쌌던 음산한 분위기를 해소할 때가 왔다는 신호이다. 사실 그것은 장례 연회 중 몇 번이고 되풀이될 주제의 첫번째 표현일 뿐이다. 여사제들이 영혼을 천상의 마을로 인도할 때 부르는 노래에도 산 자들, 특히 죽은 이의 친척들이 중심을 차지한다. 주문을 외는 동안, 여사제들은 마치 어린아이를 안은 것처럼[210] 옷 주름 사이로 연회 주최자들의 영혼을 끌어안는다. 그리고 선한 정령들에게 도움을 청하기 위해 천상에 올라갈 때마다 이 영혼도 함께 데리고 간다. 한편 산 자들의 영혼마저 천상으로 끌어당기는 일종의 매혹도 존재한다. 따라서 저세상까지 죽은 자를 따라간 친척들의 영혼이 그곳에 머물지 않게 하려면 그들의 이름을 불러 지상으로 돌아오게끔 신경을 써야 한다.[211] 그렇다고 해서 이러한 영적 여행이 헛되이 마무리되지는 않는다. 여사제들 덕분에 천상의 정령들이 연회 주최자들을 반드시 주목하기 때문이다. 여사제들은 가장 강력한 정령에게 외친다. "어서 일어나서 여기 있는 자의 몸을 눌러[212] 그 안에 있는 불행을 몰아내소서. 그리하여 벼락 맞은 듯이 몸을 굳게 만드는 악취를 없애고, 죽은 자의 불결한 구름을 쫓아내고, 생명을 꺾고 단축하게 하는 운명을 물리치소서……."[213] 산 자들을 억눌렀던 "역경을 죽이는 것"[214]만으로는 충분하지 않다. 템폰 텔론이 그들을 재생시키고[215] 그들의 몸에 생명수를 뿌려 장수를 보증해야 한다. 또한 "부, 교역의 성공, 영광의 광채를 안겨다주는 강렬한 매력"[216]도 그들에게 전달해야 한다. 당연히 여사제들도 노래를 통해 천상의 정령들에게 부과한 행위, 혹은 부탁한 행위를 동시에 수행한다.[217] 말과 동작을 함께 쓰는 이러한 의례에 힘입어 살아 있는 자들은 깊은 변화를 겪게 된다.[218] 즉 그들은 자신을 사로잡고 있던 악에서 벗어나 새로운 사회적 활력을 얻어 정상적인 삶으로 복귀하는 것이다.[219]



그런데 산 자들이 불순不純에서 벗어나려면 희생제의가 필수적이다. 특히 다약족과 인도네시아인 대다수는 불가항력의 효능을 지닌 희생제의를 선호한다. 이런 이유에서 사람 머리를 잘라 제물로 바친 후 머리를 따로 보관해두는 인신 공양이 선택된다.[220] 티와를 수행하는 동안 하루 온종일을 이 필수적 의례에 바친다. 먼저 주술을 걸어 죄수나 노예의 영혼을 미리 제거하고 희생제의 때 사용하는 기둥에 묶어놓는다. 고인의 부계 쪽 친척들이 희생제의 집전자 역할을 공동으로 도맡는다. 이들은 희생제물이 된 사람 주위에서 춤을 추고 뛰어오르다가 창으로 마구 찌른다. 고통의 울부짖음에 환희의 함성이 답한다. 더 잔인하게 고문할수록 천상의 영혼들이 더 행복해지기 때문이다. 마침내 희생제물이 땅에 쓰러지면 격렬한 환희 속에서 엄숙히 참수된다. 이때 여사제가 나서 피를 모아 살아 있는 자들에게 뿌리는데, 이는 "그들과 죽은 친척들을 화해시키기 위해서"이다. 잘려나간 머리는 고인의 뼈와 함께 놓아두거나 산동 근처에 세운 기둥 꼭대기에 매달아놓는다.[221] 당연히 장례식에 따른 희생제의가 고인의 가족을 금기에서 풀어주기 위해서만 쓰이는 것은 아니다. 희생제의는 장례 연회에서 결정적 행위를 담당하지만, 그 기능은 장례 연회의 목적만큼이나 복잡하다. 희생제의 집행인들의 신비로운 광기는 살아 있는 자들을 탈신성화하는 반면, 고인의 영혼에게는 평화와 복을 주고 (틀림없이) 그의 몸을 재생시킨다.[222] 희생제의의 효력으로 동시에 야기된 이러한 상태 변화 가운데, 애도중인 사람들의 해방만이 가장 분명하다. 이것이야말로 가장 직접적으로 살아 있는 자들의 관심을 끄는 것이다.[223]

모든 종교의식에는 몇 가지 의례가 뒤따르기 마련인데, 그중에는 참여자를 위험한 힘에서 구해내 세속적 세계로 되돌아갈 수 있게 해주는 의례가 포함된다. 이런 의례는 장례 연회 때 특별히 중요하게 취급된다. 그래서 종종 장례 연회에 이어 별도로 치러야 할 두번째 연회가 되기도 한다. 실제로 티와 같은 장례식을 치를 때는 유달리 강력한 위험이 발생한다. 물론 그런 의식도 결과적으로는 이로운 것이어서 불행에 대한 일종의 승리를 의미한다. 하지만 다른 한편 그것은 죽음의 영역과 접촉하면서 산 자들이 악한 세력 및 저세상 영혼들과 친밀한 관계를 맺도록 강요한다. 그러므로 죽은 자의 친척은 물론 장례식을 준비했던 사람 모두는 자신을 정화해야 한다. 그들은 강에서 목욕하는 것으로 정화 의례를 수행하는데, 그 효력을 높이기 위해 때로 희생된 동물의 피를 강에 뿌리기도 한다. 그들이 뭍으로 헤엄쳐 되돌아가면 여사제들이 배를 타고 뒤따라가 불타는 횃불이나 성스러운 빗자루로 그들 몸에 남아 있는 사악한 기운을 쓸어낸다.[224] 이렇게 모든 의례를 정확히 지켜야 산 자들은 온갖 오염물을 씻어내고 죽음의 전염에서 해방되는 것이다.

이러한 의례는 상을 당해 사회에서 배제된 사람들을 다시 사회로 엄숙하게 복귀시키지만, 그렇다고 이들이 의례가 끝나기만을 마냥 기다리는 것은 아니다. 이들은 입던 옷을 평소에 입는 새 옷으로 바꿔 입으며, 각자 몸을 씻고 몸단장을 한다. 남자들은 화려한 단검을 차고 여자들은 장신구로 다시 치장한다. 문상객 모두 각자 한몫을 맡아 치르는 성대한 연회, 그리고 거기서 펼쳐진 즐거운 춤은 죽은 자의 근친들을 짓눌렀던 금기가 해제되었음을 표시한다. 이제부터 그들은 자유롭게 타인들과 어울리며 평범한 생활을 재개할 수 있다.[225] 따라서 한편에는 죽은 자를 씻기고 새 옷을 입혀 조상들의 세계로 보내는 의례가, 다른 한편에는 죽은 자의 가족을 산 자들의 공동체로 복귀시키는 의례가 존재한다. 또한 이 양자 사이에는 완전한 대칭성이 성립한다. 아니 그보다는 오히려 단 하나의 해방 행위가 [죽은 자와 산 자라는] 서로 다른 두 범주의 사람들에게 적용되었다고 보는 편이 낫다.



지금까지 살펴본 사회는 모두 상대적으로 진화한 문명에 속한다. 그 사회 어디에서도 토테미즘의 흔적을 찾아볼 수 없다. 그러나 토테미즘처럼 사회조직과 사회생활에 깊은 영향을 미치는 종교 시스템이라면, 죽음과 내세와 관련된 신앙, 나아가 장례 의식에 자신의 흔적을 분명히 남기기 마련이다. 따라서 토테미즘이 아직 살아 있는 제도로 존재하는 사회에서 최종 장례식은 어떤 성격을 지니는지 규명해보는 것은 우리에게 특별히 흥미로운 일이다. 이런 점에서 스펜서와 질렌이 중앙 오스트레일리아 여러 부족을 관찰한 결과물이 우리에게 필요한 자료를 제공해준다.

이 부족들의 토템 조직이 어떤 신앙에 기반을 두고 있는지 간략히 되돌아보자. 현존하는 각각의 토템 집단은 아주 오래전 땅에서 나왔고 반인반수半人半獸 형태를 띤 하나 혹은 여러 조상으로부터 유래한다.[226] 이 조상들은 부족의 영토를 사방으로 돌아다니다가 특정 장소에 멈춰 야영하고 신성한 의식을 수행한다. 결국에는 다시 땅속으로 들어가지만 완전히 사라진 것은 아니다. 이들은 머물렀던 곳마다 그리고 그중 일부가 죽었던 곳마다,[227] 자신의 영혼을 비롯해 함께 데리고 다녔던 영혼 일부를 남겨두기 때문이다. 그래서 이들이 거쳐갔던 곳에는 나무나 바위 같은 특정 자연물과 긴밀한 관계를 맺는 영혼의 식민지 다수가 만들어진다. 그리고 이 영혼들이 차례로 환생하여 그 이름을 시조始祖로 삼는 인간 토템 집단이 만들어진다.[228] 그러므로 부족의 살아 있는 구성원 각자는 자기 이름의 원래 소유자인 특정 토템 조상을 일시적으로 육화하거나[229] 그 조상에게서 나온 영혼을 일시적으로 육화한 존재일 뿐이다.[230]

빈빈가족의 경우 젊은 사람이 죽어 일 년쯤 지나면, 부친은 심부름꾼을 보내 부족 구성원들을 불러모은다. 이때 붉은색이 칠해지고 의례에 맞게 포장된 고인의 팔뼈 하나를 지참한다. 이 신성한 사물은 고인을 침해할 수 없는 존재로 만든다. 그리고 그것을 본 사람이면 누구든 뒤따라갈 수밖에 없다. 이렇게 해서 낯선 이들이 도착하고 적절한 의례를 통해 그들과 유족들 사이에 친교 분위기가 조성되면, 본격적으로 의식이 시작된다. 사람들은 저녁부터 다음날 밤에 걸쳐 고인의 토템 조상과 관련된 신성한 노래를 부른다. 다음날 고인이 속했던 집단의 구성원들이 각자 토템 상징으로 장식하고 리듬에 맞춰 몸을 움직인다. 이때는 노래도 동반되어 토템 의식 대부분을 이루게 된다. 그 전날 고인의 부친은 신성한 땅으로 나머지 뼈들을 운반한다. 이 뼈들이 마침내 고인의 토템이 그려져 있는 속이 빈 나무줄기 안으로 옮겨진다. 사람들은 연못이 내려다보이는 나뭇가지들 위에 이 관을 매달아놓는데, 이제부터 누구도 이 관을 만질 수 없다. 관을 매달아놓은 장소는 적어도 당분간은 성스러운 곳이며 여성들은 그곳에 접근조차 할 수 없다.[231]

와라문가족族이 치르는 최종 의식[232]에는 앞의 사례와 구별되는 몇 가지 주목할 만한 특징이 있다. 첫번째 특징은 최종 장례식의 필수 의례가 뼈 전체[233]가 아니라 한 부분을 대상으로 이루어진다는 점이다. 이를 위해 팔뼈에서 요골橈骨을 따로 분리해 정성스럽게 포장해놓는다. 여기에는 부분으로 전체를 대체하는 현상이 있다. 이 현상은 흔히 발생하는데, 특별히 요골을 선택한 이유는 개인의 영혼과 요골 사이에 긴밀한 관계가 존재한다고 여겨지기 때문이다.[234] 또다른 특징은 마지막 의례가 항상 고인이 속한 토템 집단의 조상이나 적어도 같은 포족胞族 집단의 조상에 관한 의식이 끝난 직후에 열린다는 점이다.[235] 스펜서와 질렌이 관찰했던 한 사례에서 이러한 특징을 살펴볼 수 있다. 이 사례는 신화 속의 위대한 뱀인 월룬쿠아Wollunqua를 토템으로 갖는 한 여자의 최종 매장에 관한 것이다. 매장 17일 전 여자의 요골이 엄숙하게 야영지로 옮겨지면 밤새워 우는 일을 맡은 여자들이 이 요골을 지킨다. 반면 다른 사람들은 오랜 시간 공연되는 성스러운 드라마가 끝나기만을 기다린다. 이 드라마에서는 조상이 땅에서 나와 마지막으로 모습을 감추기 전까지 주된 행위가 반복적으로 재현된다.[236] 드라마의 마지막 행위가 끝나자마자 여자들은 요골을 포장된 상태 그대로 의식이 거행되는 장소로 가져온다. 이때 갑자기 누군가 포장을 뜯어내고 요골을 빼앗는다.[237] 그리고 한 남자가 요골을 도끼로 내리쳐 산산조각낸 후[238] 자신이 직접 파놓은 작은 구덩이에 넣는다. 구덩이 주변에는 그림이 그려져 있는데, 그것은 후손들의 영혼을 남겨두고 지하로 파고드는 뱀을 연상시킨다.[239] 곧이어 구덩이는 평평한 돌로 다시 덮인다. 이 의식은 "애도의 시간이 끝났고 죽은 자는 토템과 다시 하나가 되었다"는 것을 나타낸다. 중요한 세부사항을 지적하자면, 와라문가족의 언어에서는 요골의 최종 매장, 토템 그림, 여러 조상이 땅 밑으로 내려가는 행위를 하나의 같은 단어로 한꺼번에 지칭한다.[240] 이렇게 각 개인은 마침내 자기 토템의 품으로 돌아간다. 개인의 죽음은 곧 그의 몸으로 환생했던 조상의 죽음으로 이해되는 것이다.

최종 의식으로 죽음이 완성된다고 해서 그것이 곧 소멸을 뜻하지는 않는다. 조상이 사라지면서도 영혼을 남긴다면, 이 영혼이 일시적으로 머무는 후손도 그러할 것이다. 이런 신앙은 지금까지 거론한 부족들뿐 아니라 죽은 뒤 곧장 시신을 최종 매장하는 아룬타족에게서도 발견된다.[241] 아룬타족의 경우, 중간 단계 기간에는 영혼이 매장지나 사람들의 야영지에 출몰하지만,[242] 이 기간이 끝나면 같은 토템에 속하는 다른 영혼들을 만나러 떠난다. 그 장소는 바로 영혼이 조상이었을 때 살았던 곳이자 환생을 거듭하는 동안 늘 거주했던 곳이다.[243] 다만 탈육화된 영혼이 어떤 상태인지, 그 존재 방식이 무엇인지에 관해서 당연히 우리는 매우 모호한 정보만 갖고 있다. 하지만 오스트레일리아 원주민들에게 이 정령은 정말 실재하는 인물이라고 전해진다. 정령의 이미지는 토템 집단을 낳은 조상들의 이미지와 혼동된다. 조상들처럼 정령도 살아 있는 부족 구성원들보다 훨씬 더 강한 힘을 갖고 있다.[244] 보통 정령은 이 힘을 좋은 일에 사용하지만, 지나치게 가까이 접근해서 정령이 불쾌해하지 않도록 조심해야 한다. 또한 조상들처럼 정령도 곳곳을 돌아다니며 특정 장소에서 야영하고 나름의 의식을 수행한다. 다만 밤에만 이런 일이 일어나는데, 아룬타족에 따르면 이 사실은 특별히 선택된 일부 개인에게만 알려진다고 한다.[245]

그런데 조상들 가운데 적어도 몇몇은 자기 토템 이름에 해당하는 동물의 모습으로 나타난다.[246] 따라서 죽음이 완성되면 영혼은 신성한 종種에 어울리는 몸 안에 들어간다고 기대할 수 있다. 그러나 놀랍게도 오스트레일리아 부족들 사이에서는 사람이 죽으면 자기가 속한 토템 동물로 환생한다는 신앙을 찾아볼 수 없다.[247] 오히려 그것은 다른 여러 사회에서 발견되는데, 이를 토대로 몇몇 학자는 이 신앙을 토테미즘의 본질 자체로 간주했다.[248] 최종 장례식의 성격에서 이런 신앙이 분명히 나타날 때도 있다. 보로로족이 그러한데, 이들은 사람이 죽은 다음 특정 동물, 일반적으로 특정 유형의 앵무새가 된다고 믿는다. 이들이 치르는 최종 의식에서 필수적 행위 가운데 하나는 노출된 뼈를 장식하는 것이다. 신성한 춤과 노래로 장례 연회가 한창일 때, 죽은 이의 뼈는 앵무새의 깃털로 완전히 뒤덮인다.[249] 이 의식을 최종 장례식과 결부시키면 그 의미가 분명히 드러난다. 즉 그것은 죽은 이가 새로운 삶을 개시하도록 새로운 몸을 준다는 뜻이다.

오스트레일리아 원주민에게 영혼이 자신의 원상태로 회귀하는 것은 돌이킬 수 없는 결정적 사태가 아니다. 언젠가 여성의 몸에 들어가 인간으로 다시 태어날 것이기 때문이다.[250] 다만 죽은 후 환생하기까지 얼마나 걸릴지는 정해져 있지 않다. 그것은 전적으로 영혼에게 환생할 의향이 있는지, 그리고 그런 기회가 주어지는지에 달린 문제로 보인다.[251] 그런데 죽음에서 환생까지 최단 시간이 아룬타족과 구난지족 같은 서로 매우 다른 두 부족에게서 나타난다. 먼저 아룬타족의 경우 뼈 자체가 먼지로 변하기 전에는 환생이 일어날 수 없다. 반면 구난지족에 따르면 비가 뼈를 씻고 정화해야 환생할 수 있다.[252] 물론 이런 표상은 특수한 사례에 불과하고 일관성도 부족하므로 너무 중시해서는 안 된다. 그렇지만 뼈의 상태와 영혼의 상태 간에 어떤 연관성이 존재하는 것만큼은 분명해 보인다. 즉 영혼은 지금의 몸이 전부 사라져야 사람들 사이에서 환생할 수 있다. 어쨌든 시간이 얼마나 걸리더라도 환생은 당연히 실현된다고 기대된다. 이렇듯 개인의 죽음을 조상의 죽음과 일치하게 만드는 의식은 토템 집단에 속하는 영혼들을 보존해서 그 집단의 영속성과 온전함이 가능해지는 간접적인 결과를 가져온다.

중앙 오스트레일리아 원주민들이 치르는 최종 의식을 인도네시아 장례 연회와 비교해보면, 같은 제도에 속하는 두 형태 사이에 유사성이 있다는 데 놀라지 않을 수 없다. 근친들의 애도를 끝내려는 것뿐 아니라[253] 죽은 자와 관련해서도 추구하는 목적이 사실상 같기 때문이다. 다약족과 마찬가지로 와라문가족도 최종 장례식을 통해 죽은 자를 산 자들로부터 결정적으로 분리해 신성한 조상들의 공동체에 들여보내려고 한다. 두 부족 모두 영혼의 이 새로운 상태가 영속한다고 보지는 않는다. 영혼이 해방되더라도 방금 벗어났던 집단으로 나중에 되돌아갈 수 있기 때문이다. 이 중요한 공통점 말고도 몇 가지 차이점에 주목해야 한다. 우선 인도네시아 원주민보다 오스트레일리아 원주민이 환생을 더 분명하고 친근하게 생각하는 것처럼 보인다. 결과적으로 오스트레일리아에서 죽은 자들의 사회는 안정성과 자율성이 그다지 높지 않다. 영혼들은 공동 거주지에 집결하지 않고 부족 영토의 특정 중심지 몇 곳으로 뿔뿔이 흩어진다.[254] 이로 인해 오스트레일리아 부족들에게서 뼈의 집단 매장지는 발견되지 않는다.[255] 이곳에서 죽은 자와 조상들의 만남은 신비로운 방식으로만 일어나는데, 이는 오스트레일리아 토템 집단의 모호한 성격으로 설명할 수 있다.[256]

고인의 뼈와 그 조상의 뼈를 재결합하는 일은 중앙 오스트레일리아 부족들 사이에서는 찾아볼 수 없지만, 그래도 일반적으로는 최종 의식의 필수 행위 중 하나이다. 많은 민족학자가 그 실재를 확인한 바 있는 뼈 더미도 이에 속한다. 다만 뼈 더미는 대부분 가족이나 씨족의 소유물로 한정된다.[257] "살아 있을 때도 한 집에, 죽고 나서도 한 무덤에", 마다가스카르의 이 속담은 깊고 넓게 퍼진 어떤 감정을 표현하고 있다.[258] 촉타우족에게 근친의 뼈를 이방인의 뼈와 섞는 것은 범죄이자 신성모독이다. 같은 뼈와 같은 살을 가진 사람들만 결합해야 한다.[259] 이것이 많은 민족이 개인에게 일어날 수 있는 가장 큰 불행은 먼 타지에서 죽어 가까운 사람들과 영원히 분리되는 것으로 여기는 이유이다. 그래서 죽은 자의 뼈를 모국으로 가져와 조상들의 뼈와 재결합하기 위해 온갖 노력을 기울인다.[260] 구성원 한 명이 영원히 제외되었음을 인정하는 집단은 결국 스스로 자기를 깎아내리고 만 것처럼 여겨진다.

미국에는 사냥에서 죽인 동물 뼈를 수집하는 관행이 있는데, 브린턴이 보여주었듯[261] 뼈를 재결합하는 의례는 이 관행과의 비교를 통해서 잘 이해될 수 있다. 이 관행의 동기는 때로 분명히 드러나듯 “뼈는 동물의 영혼을 담고 있으며 언젠가 새로운 살을 입고 대초원을 다시 채우게 된다”는 것이다. 인간의 뼈도 같은 믿음의 대상이 된다. 인간의 뼈는 앞으로 생겨날 존재의 싹을 담고 있으므로[262] 집단 지속성의 담보로서 소중히 보관해야 한다. 따라서 씨족의 뼈 더미는 조상들이 만나는 공동 거주지인 동시에 후손들이 출현하게 될 영혼의 저장소이기도 하다.

하지만 뼈 더미라고 해서 모두 혈연관계에만 국한된 것은 아니다. 때로 가족 집단의 경계를 훨씬 넘어서는 범위에서 이차 장례식이 이루어지기도 한다. 알렉산더 폰 훔볼트의 묘사로 널리 알려진 오리노코강 근원지에 위치한 아타루이페Ataruipe 동굴에는 바구니나 질그릇 안에 밀봉된 약 600개의 해골이 있었다. 그것은 “모든 사라진 이를 위한 무덤”[263]이었다. 마찬가지로, 미국 여러 지역에서 발견되는 수많은 고분과 “뼈 구덩이”는 그 크기에 따라 대규모 공동체를 위한 최종 매장지로 쓰인 것으로 보인다.[264] 이러한 추측은 많은 역사적 증거를 통해 사실로 확인되고 있다.

예를 들어, 휴론족 연합체를 구성했던 네 민족은 모두 죽은 사람의 유해를 주기적으로 공동 무덤에 모아두는 관습을 지키고 있었다. ‘영혼의 축제’라고 불렸던 이 의식은 10년 또는 12년마다 거행되었는데, ‘야만인의 모든 행동 가운데 가장 화려하고 엄숙한 것’이었다고 한다. 적절한 때가 되면 각 가족은 마지막 축제 이후로 사망한 친척들의 유해를 파낸다. 그리고 뼈에 달라붙어 있는 살을 제거하고[265] 새 옷을 입혀 도자기로 만든 구슬 목걸이나 화환으로 장식한다. 그런 다음 집집마다 의식을 마치고[266] 멀리 떨어져 있는 중앙 회합 장소로 떠날 채비를 한다. 그런데 이 장례 행렬에는 위험이 따를 수밖에 없었다. 말라붙은 뼈를 일컬어 영혼이라고 불렀는데, 이 뼈를 운반하는 사람들이 ‘영혼들의 울부짖음을 흉내’내는 예방 조치를 자주 취해야만 영혼의 마음을 충분히 가라

앉힐 수 있기 때문이다. 그렇지 않으면 그 뼈는 운반자들에게 평생 고통을 초래할 수 있는 커다란 부담으로 작용한다. 최종 의식은 엄청난 규모의 군중이 집결한 가운데 거행되었다. 사람들은 장례 연회에 초대된 외부인들이 연합체의 웅장함에 감탄하길 원했다. 그래서 연합체의 추장들은 죽은 자들의 이름으로 선물을 대대적으로 분배했고 그 대부분은 외부인들에게 주어졌다.[267] 여기서도 인도네시아 원주민들에게서 이미 확인했던 현상이 매우 분명하게 다시 나타난다. 최종 의식은 뚜렷한 집합적 성격을 항상 나타내며 사회체의 응집을 수반한다. 그런데 이 경우 죽은 자들을 사회적 융합으로 재통합하기 위해 직접 개입하는 것은 가족이나 마을이 아니라 민족이다.[268] 그러므로 이 행위는 정치적 의미를 띠게 된다.[269] 죽은 자들을 공동으로 안치함으로써 여러 혈연 집단과 지역 집단은 더 높은 차원의 집단 단위를 형성하고 그들을 하나로 묶고 유지해주는 관계를 인식하게 된다. 즉 죽은 자들의 사회를 구성함으로써 산 자들의 사회를 주기적으로 재창조하는 것이다.

그러나 어떤 부차적인 원인으로 이차 장례식의 성격이 바뀔 수도 있다. 일반적으로 죽은 자의 뼈는 성스러울 뿐 아니라 주술적인 효력도 지닌다. 뼈가 "영적인 힘으로 열기熱氣를 낸다"[270]는 것이다. 따라서 적들이 가족 매장지를 더럽힐까 두려워하는 것은 당연하다. 사악한 의도로 뼈에 내장된 힘이 잘못 쓰일 수 있기 때문이다. 이런 모독 행위야말로 가족에게는 최악의 재앙이다.[271] 다른 한편 죽은 자의 유해를 가까이에 두어 이로운 힘이 비축된 보고寶庫를 확보하려는 희망을 품을 수도 있다. 이러한 두려움과 희망으로 인해 최종 매장이 때때로 뼈를 가족의 집으로 가져오거나[272] 고인의 친척들이 착용하도록 나눠주는 것으로 마무리된다. 그래서 안다만제도에서는 뼈로 만든 목걸이 하나 없는 성인을 마주칠 일은 거의 없다. 그것은 단순한 장식품이 아니라 악령의 공격을 막아주는 방어물이다.[273] 뼈와 훨씬 더 밀착해 접촉하는 일도 벌어진다. 남아메리카의 여러 부족은 최종 의식 때 뼈를 화장한 후 가루로 만들어 몸에 문지르거나 음료에 타서 삼킨다. 몇몇 인디언이 이 사실을 흥미롭게 설명한다. 그들은 영혼이 뼈에 거주한다고 믿기 때문에 뼈를 먹어 몸 안에서 죽은 자를 되살리려고 한다는 것이다.[274]

인도네시아에서처럼 이차 매장은 영혼에게 평화와 지복을 주기 위한 의식으로 매우 빈번히 활용된다. 영혼과 뼈 사이에는 밀접한 연관이 있다.[275] 따라서 뼈를 정화하고 장식하고 뼈에 생기를 불어넣어 마침내 성스러운 장소로 인도하는 의식은 모두 영혼의 상태에 영향을 미친다. 더욱이 특별한 주문이나 극적인 성격을 띤 의례를 통해 사람들은 영혼을 곧장 죽음의 손아귀에서 해방하려고 한다.



그런 취지를 특히 잘 보여주는 사례로 마부익섬 거주민들이 수행하는 의식을 들 수 있다. 이들에 따르면 죽은 자들의 세계에 도착한 뒤에도 영혼은 그림자처럼 불안정한 상태에 머문다. 그래서 앞서 세상을 떠난 친구의 영혼이 그를 받아들이고 숨겨준다. 초승달이 뜬 첫날 밤, 친구의 영혼은 그를 데리고 다른 영혼들의 무리를 찾아간다. 이 무리는 돌덩이로 그의 머리를 내리친다. 이렇게 맞고 나면 이 신참 영혼은 진짜 정령이 되어 타계의 비밀을 전부 배우게 된다. 물론 영혼이 겪는 이 변화 과정은 정령들로 변장한 사람들이 지상에서 펼쳐내는 연기일 뿐이다. 하지만 고인의 친척들과 친구들은 이 모습을 지켜보며 흐느낀다. 그 이유에 대해 그들은 이렇게 말한다. “정령들이 그를 가르치고 있다. 이제 그는 진짜 정령이 되어 우리를 모두 잊을 것이다.”[276] 바로 이때 고인은 이 세상과 완전히 결별한다. 생리적 죽음만으로는 이승과 맺은 인연을 끊기에 충분하지 않다. 따라서 저세상의 합법적이고 진정한 거주자가 되려면 우선 그는 죽임을 당해야 한다. 비록 단어 자체가 등장하지는 않지만, 여기서는 진짜 입문식이 열리는 것이다.

청소년이 그에게 가해진 시련을 극복해야만 집단의 비밀을 알 수 있는 것처럼, 죽은 자도 의례에 의해 죽고 다시 태어나야만 비참한 상태에서 평온한 상태로 이전해 참된 영혼의 지위에 올라설 수 있다. 이제 우리는 왜 영혼의 대여정이 대체로 힘들고 위험한 것으로 간주되는지, 왜 영혼을 인도하는 사제나 주술사가 원하는 목적을 이루기 위해 전력을 기울여야 하는지, 그리고 왜 의례를 보조하는 사람들이 불안해하며 이런 일들이 잘 마무리되기를 기대하는지 이해할 수 있다. 집단이 최종적 구원을 실제로 의심하는 것은 아니다. 집단의 관점에서는 의례를 정확히 지키면 불가항력적 효력이 나타난다. 하지만 고통을 겪지 않고서는 입문할 수 없는 것처럼, 의례를 지키는 일에도 고뇌와 고된 노력이 필요하다. 영혼이 천상으로 가는 길에서 마주치는 시련이 상상된 것일지라도, 바로 그것이 죽은 자를 다시 살리고 그에게 타계의 문을 열어주는 참된 성사를 구성한다.

따라서 최종 의식은 죽은 사람의 상태를 완전히 바꿔놓는다. 이 의식은 죽은 자를 나쁜 잠에서 깨우고[277] [저세상에서] 다시 안정된 사회생활을 할 수 있도록 해준다. 방황하는 그림자를 이른바 "아버지"[278]로 만드는 것이다. 이 변화는 본질적으로 참된 부활과 다르지 않다. 집단적 상상력이 자유롭게 펼쳐지는 신화와 설화에서도 이 두 현상은 종종 뒤섞여 등장한다. 거기에서는 생기를 주는 입김이나 성수살포聖水撒布 같은 행위만으로도 충분히 뼈에 살을 붙이고 혼을 불어넣을 수 있다.[279] 그렇게 되면 죽은 자는 깨어나 끊어진 삶의 흐름을 다시 이어간다. 하지만 실제 삶에서는 돌이킬 수 없는 사실을 받아들여야 한다. 아무리 부활의 욕망이 강렬하더라도, 인간은 "달이나 태양과 같은 죽음, 즉 아침마다 활력을 되찾고 깨어나기 위해 하데스[그리스신화 저승의 왕]의 암흑 속에 뛰어드는"[280] 죽음을 감히 원하지는 못한다. 장례식이 죽음의 업業을 완전히 무효화하는 것은 아니다. 죽은 자가 다시 살아나더라도, 그는 다른 세계나 다른 종으로 살 수 있을 뿐이다.

영혼이 항상 조상 정령들의 세계에 일정 기간 머무른 후에야 아이의 몸에 들어갈 수 있는 것은 아니다. 환생은 장례 기간이 끝난 직후에 이루어지기도 한다.[281] 어떤 영혼은 육체와 직접 연결되어 있어서 정해진 기간 없이 곧장 자궁 안에 들어가 현세로 되돌아온다. 이 상상된 이주가 실현될 날짜는 오직 죽은 사람이 속했던 가족에게서 언제 아이가 태어나는가에 따라 결정될 것이다.[282] 다양한 민족, 특히 에스키모들이 이름을 계승하기 위해 따르는 규칙[283]이 이와 연관된다. 에스키모의 경우 아이가 태어나면 마을에서 가장 최근에 죽은 사람의 이름이나 죽은 먼 친척의 이름을 붙여준다. 이 의식은 그때까지 시체 근처에 머무르던 이름을 아이의 몸에 전달하는 효과를 가져온다. 한 저자에 따르면 이 의식은 "고인의 소생 혹은 부활"이라고 불리는 것으로 고인의 영혼의 평화를 보장하며, 동시에 친척들을 애도의 짐에서 덜어준다. 이 의식을 통해 친척들은 고인이 새로운 모습으로 되돌아오는 것을 보게 된다. 실제로 아이는 자기 이름의 원래 주인의 살아 있는 화신이다. 아이는 그의 재능을 상속받았다고 여겨지며 죽은 자들을 위한 연회에서도 그를 대표한다.[284] 고인이 새로운 삶을 시작하지 않는 한 그의 이름을 절대 언급해서는 안 된다.[285] 이러한 금기는 치누크족에게서 발견되는데, 최종 장례식이 끝나야 해제된다.[286] 고인의 이름을 갓난아기에게 부여하는 것은 어떤 의미에서 최종 의식과 동일하다. 최종 의식처럼 이름의 전수 의식도 죽음의 위험과 금기를 끝냄으로써 죽은 이를 진정시키고 그에게 생명을 주는 것이기 때문이다.[287]

우리는 인도네시아에서 장례식을 끝내는 연회가 동시에 사람들을 애도의 의무에서 풀어준다는 것을 살펴보았다. 이 사실은 어김없이 지켜진다. 장례식의 내용이 다양하더라도, 그 일반적인 의미는 한결같다. 고인의 친척들은 불행이 덮쳐 생긴 위험한 성격에서 풀려나고, 정상적인 삶이 요구하는 대로 "새로운 몸"[288]을 받는다. 그들은 죽음과 사악한 힘으로부터 완전히 벗어나,[289] 살아 있는 사람들의 세계에 정당하게 재진입한다.[290]

지금까지 우리는 이차 장례식 제도의 의의와 보편성을 입증하려고 했다. 그러나 이 제도는 종종 눈에 띄게 퇴보하기도 한다. 몇몇 사회에서는 원래 관습의 흔적만 뚜렷이 남아 있다. 가령 데네족의 경우에는 사망 후 특정 시간이 지나면 고인의 유해가 들어 있는 석관을 연다. 하지만 시체 접촉이 일으키는 전염과 위험을 감수할 엄두는 내지 못하고 그저 유해를 바라보기만 한다. 그리고 영혼들에게 식사가 제공되고 나면 석관은 영원히 닫힌다.[291] 다른 민족의 경우, 최종 의식은 무덤을 밟아 다지거나[292] 장례 기념물을 세워 무덤을 봉인하는 것으로 이루어진다.[293] 이 의식이 끝나야 고인은 그때까지 단지 점유했을 뿐인 무덤을 완전히 손에 넣게 된다. 하지만 다른 민족들에게서는 이러한 흔적조차 발견되지 않는다. 그들에게 장례 연회는 그저 장례 기간을 끝내거나,[294] 애도를 끝내거나, 탈육화된 영혼의 행복을 위해 마지막으로 제사를 지내는 것 말고는 다른 목적을 지니지 않는다. 그런데 이러한 기능도 차례차례 최종 의식에서 제외되거나 그 중요성을 잃어버린다. 이미 살펴봤듯, 죽은 자의 몸과 영혼 사이에는 긴밀한 연관성이 존재한다. 그래서 본격적인 장례식이 사망 직후에 열리게 되면, 사람들은 자연스럽게 그 순간부터 영혼의 구원을 보장하려고 한다. 하지만 애도의 성격과 의미는 바뀌고 만다. 애도는 산 자가 죽은 자의 현재 상태에 동참하고 있음을 나타내는 것이 아니라 슬픔을 의무적으로 표현하는 것으로 바뀐다. 애도 기간은 이제 죽은 자와 관련된 표상에 의존하지 않는다. 그 기간은 전적으로 집안 사정이나 사회적 연고로 결정된다. 또한 죽은 사람의 친척들을 의무에서 풀어주는 특별한 의식도 더이상 필요하지 않다. 그들은 정해진 애도 기간이 끝나면 어떤 식으로든 스스로 회복된다. 이렇게 쇠퇴해진 결과, 최종 의식은 고인에게 경의를 표하고 그의 죽음을 기념하는 것 외에 다른 목적이 없는 단순한 기념식으로 축소된다.

## 3. 결론

죽음을 단지 물리적 사건으로만 본다면, 지금까지 거론한 사실 전체를 해석하는 것은 불가능해진다. 시체가 불러일으키는 공포는 몸에서 일어난 변화를 단순히 확인한다고 해서 생기지는 않는다. 이런 식의 빈약한 설명이 불충분하다는 증거로서, 같은 사회에서도 죽음이 불러일으키는 감정은 죽은 이의 사회적 성격에 따라 그 강도가 극히 다양하며, 어떤 경우에는 그런 감정조차 발생하지 않는다는 사실을 들 수 있다. 추장이나 높은 지위에 있는 사람이 죽으면 말 그대로 끔찍한 공포가 집단 전체를 휩쓸게 된다. 그들의 시체는 전염성이 너무 강해서 카피르족의 경우에는 곧장 마을 전체를 버리고 피신할 정도이다. 심지어 적조차도 그곳에서 살고 싶어하지 않는다.[295] 반면 외부인과 노예, 아이의 죽음[296]은 거의 눈에 띄지 않게 지나간다. 그들의 죽음은 아무런 감정도 불러일으키지 않고 어떠한 의식도 일으키지 않는다.[297] 그러므로 죽음이 믿음과 정서, 사회적 의식을 불러일으키는 것은 동물로서의 생명이 사라졌기 때문이 아니다.

죽음은 살아 있는 인간의 가시적이고 신체적인 삶을 파괴하는 데 그치지 않는다. 동시에 이 물리적 개인에 접목된 사회적 존재, 즉 집합의식이 크건 작건 권위와 존엄성을 부여했던 사회적 존재마저 파괴해버린다. 하지만 사람들은 죽은 이의 사회적 가치에 걸맞은 에너지를 투입해 일종의 참된 성화聖化 의식을 치름으로써 고인의 파괴된 사회적 존재를 회복시킨다. 사회적 존재의 파괴는 신성모독과 같기 때문이다.[298] 그것은 같은 종류에 속하지만 부정적인 성격을 가진 힘이 개입되어 있음을 의미한다. 이를테면 신의 피조물은 오직 신 자신이나 사탄에 의해서만 죽을 수 있다.[299] 그렇기에 원시 민족은 죽음을 자연 현상으로 보지 않는다. 죽음은 영적인 세력이 행하는 것으로, 가령 고인이 어떤 금기를 위반해 자신에게 재앙을 가져왔거나 적이 주문이나 주술적 의례로 그를 "죽이는" 식으로 발생한다.[300] 민족지학자들은 이러한 믿음이 널리 퍼져 있다고 알려주면서도 정작 그 믿음을 사라지기 힘든 심각한 오류로만 여긴다. 하지만 우리는 그 믿음을 영구적인 사회적 필요를 순진하게 표현한 것으로 간주해야 한다. 실제로 사회는 구성원들에게 자신의 영속성을 전달한다. 사회는 그 자체가 불멸이라고 느끼고 또 그렇게 되기를 원하기 때문에 일반적으로 구성원들, 특히 사회를 구현하고 사회와 동일시되는 구성원들이 죽을 운명이라는 것을 믿지 않는다. 그들의 죽음은 사악한 음모의 결과일 뿐이다. 당연히 현실은 이 편견을 거칠게 반박한다. 그런데 사람들이 현실의 반박을 받아들일 때는 항상 치 떨리는 경악과 절망이 동시에 뒤따르는 법이다. 어찌 됐건, 사람이 죽는 일에는 집단의 분노가 전가될 장본인이 반드시 있어야 한다. 때때로 사람들은 죽은 사람 그 자신을 비난한다. "은혜도 모르고 우리를 버리는 이유는 무엇인가?" 사람들은 그에게 다시 돌아오라고 채근한다. 고인의 가까운 친척들이 그를 무시했거나[301] 저주했다고 비난받는 일도 매우 빈번하다. 그래서 사람들은 기필코 [친척들이 고용한] 마법사를 찾아내 죽이려고 나서거나, 창으로 정령을 위협하면서 정체를 밝히라고 대드는 나사스족처럼, 죽음의 정령에 맞서 저주를 쏟아붓는다.[302] 따라서 사람이 죽을 때 사회는 구성원 한 명만 잃는 게 아니다. 사회는 자기 삶의 원리와 자기 신념에 타격을 입는다. 이런 관점에서 임종시 또는 숨이 끊어지는 순간 사람들이 격렬하게 비통해하는 장면을 민족지학자들이 어떻게 묘사했는지 살펴봐야 한다. 예를 들어, 와라문가족의 경우 남자들과 여자들은 죽어가는 자에게 어지러이 달려들어 촘촘하게 무리를 이룬다. 그리고 비명을 지르며 자신의 신체를 끔찍하게 훼손한다.[303] 마치 전체 공동체가 길을 잃었다고 느끼거나 아니면 적어도 적의를 가진 세력이 출현해 공동체를 직접 위협하고 있는 것처럼 보인다. 공동체 존립의 토대 자체가 위태롭게 된 것이다.[304] 죽은 자는 사악한 세력의 희생자이자 포로가 되어 가장 가까운 친척들과 함께 사회로부터 모질게 쫓겨난다.

그러나 이러한 배제가 결정적인 것은 아니다. 죽음이 그러하듯, 배제도 돌이킬 수 없는 것으로 여겨지지 않는다. 사회는 자기 자신을 믿고 있다. 따라서 정상적인 사회라면 자기 실체의 일부였고[305] 자신의 표식이 각인된 개인이 영원히 사라질 수 있다는 것을 인정하지 않는다. 결국 삶이 이기는 것이다. 따라서 어떤 형태로든 고인은 죽음의 고통에서 빠져나와 평화로운 인간 공동체로 돌아갈 것이다. 이미 언급했듯 이러한 구원, 이러한 재통합은 지금까지 알려진 가장 미개한 사회에서는 집단적 삶의 가장 엄숙한 행위 중 하나를 이루고 있다. 그리고 우리 가까이에 있는 그리스도 교회가 그에 온전히 귀의한 사람들에게 보장하는 "부활과 생명"[306]은, 알고 보면 모든 종교 사회가 암묵적으로 구성원들에게 하는 약속을 단지 새롭게 표현한 것에 불과하다. 합당한 의례를 통해 집단이 이루어낸 소산이 우리에게는 신적인 인격의 속성, 즉 자신의 희생적 죽음으로 죽음을 극복하고 제자들 또한 죽음에서 해방한 구세주의 속성이 된다. 우리에게 부활은 특정한 의식의 결과가 아니라 신의 은총, 그것도 언제 이루어질지 모르는 은총의 결과이다.[307] 이렇듯 우리가 종교적 진화의 어떤 단계에 위치하든 간에, 죽음의 관념은 부활의 개념과 연결되고 배제는 새로운 통합으로 이어진다.

죽음의 강을 건넌 사람은 쉽게 자신이 떠나온 삶으로 되돌아갈 수 없다. 삶과 죽음이 너무나 깊게 분리되어 그 간격이 즉각 메워지지 않는다. 그는 자신과 마찬가지로, 또 자신보다 앞서 세상을 떠난 이들과 조상들을 만나게 된다. 각 사회가 자신의 이미지에 따라 만들었고 영혼들이 머무는 신비로운 사회에 들어서는 것이다. 그러나 천상의 세계 또는 지하의 세계는 지상 세계의 단순한 복제가 아니다. 죽음을 넘어 자신을 재창조함으로써, 사회는 집단적 욕망의 도약을 줄곧 방해했던 현세의 외적 강제와 물리적 필연성에서 해방된다. 타계는 단지 관념으로만 존재하기 때문에 온갖 제약으로부터 자유롭게 된다. 그곳은 이상적인 장소이고 또 그런 장소가 될 수 있다.[308] 그러므로 타계의 "행복한 사냥터"[미국 원주민의 내세 개념]에 사냥감이 끊임없이 넘쳐나지 않아야 할 이유는 없으며, 시편을 열망하는 영국인에게 영생의 하루하루가 일요일이 되어서는 안 될 이유도 없다. 게다가 지상의 삶이 끝나는 방식이 일종의 흠이 되는 사회도 있다. 죽음이 이 세상에 자신의 그림자를 드리우는 만큼, 영혼이 죽음에 대해 거두는 승리야말로 무한히 더 아름답고 더 순수한 삶을 열어준다.[309] 물론 이런 관념이 처음부터 명확한 형태로 뚜렷이 나타나는 것은 아니다. 특히 종교 사회가 가족 집단과 정치 사회로부터 분화되었을 때, 죽음을 통해 신도는 현세에서 자신과 신을 줄곧 떼어놓았던 육체적, 세속적 숙명에서 해방되었던 것 같다. 죽음은 신도를 성도들의 공동체로, 즉 그들을 낳은 주主를 둘러싸고 하늘에 세워진 보이지 않는 교회로 인도한다. 그곳에서 신도는 거듭나게 된다. 그런데 비록 모호하고 은폐된 형태이긴 해도 동일한 관념이 종교 진화의 초기부터 나타난다. 죽은 자가 조상들과 결합해 모습을 바꾸어 재생한다는 관념이 바로 그것인데, 이때 다시 태어난 자는 더 강한 힘과 존엄성을 갖추게 된다. 다시 말해 미개인에게 죽음은 일종의 입문식인 셈이다.[310]

입문식이라는 표현은 단순한 비유가 아니다. 집합의식의 차원에서 죽음이 가시적 사회에서 비가시적 사회로의 이행을 의미한다면, 그것은 소년들이 여성들과 아이들의 공동체에서 분리되어 성인 남성들의 사회로 인도되는 과정과 매우 흡사하다. 이 새로운 통합 덕분에 소년들은 부족의 신성한 신비에 접근할 수 있으며, 또한 인격을 깊게 변화시키고 몸과 영혼을 갱신함으로써 각자에게 필요한 종교적, 도덕적 능력을 획득하게 된다. 두 현상[죽음과 입문식]의 유사성은 매우 본질적이다. 그래서 이 변화가 죽음을 가장한 뒤 우월한 삶으로 부활하는 입문식 지원자의 연출된 죽음을 통해 일어나는 경우도 매우 흔하다.[311]

집합의식이 표상하는 죽음과 비교해봐야 하는 것은 비단 입문식만이 아니다. 사람들은 장례식과 출생 의례 혹은 결혼식 사이의 밀접한 연관성에 줄곧 주목해왔다.[312] 죽음과 마찬가지로, 출생과 결혼은 기쁨과 고통이 뒤섞이는 중대한 의식을 일으킨다. 이 세 가지 경우에는 그로부터 초래된 신비로운 위험을 경계하고 정화 의식을 행해야 한다. 이 의식들의 공통점은 그것들 사이에 본질적인 유사성이 있음을 시사한다. 결혼식은 이중의 상태 변화를 야기한다. 한편으로는 신부를 그의 씨족이나 가족에게서 분리해 남편의 씨족이나 가족으로 편입시키고, 다른 한편으로는 신부를 소녀의 신분에서 기혼 여성의 신분으로 이행시킨다. 출생의 경우 집합의식의 차원에서는 죽음과 동일한 변화를 이루어내지만, 그 방향은 정반대이다. 즉 개인은 자신의 영혼이 거주했던 비가시적인 신비로운 세계를 떠나 살아 있는 사람들의 세계로 들어선다. 한 집단에서 다른 집단으로의 이러한 이행은, [혼인의 경우처럼] 실제적이든 [출생의 경우처럼] 상상적이든, 항상 개인의 근본적인 부활을 가정한다. 그것은 새로운 이름을 얻거나 의복이나 생활 방식을 바꾸는 의례로 표출된다. 이러한 의례를 수행하는 것은, 긴요하지만 해를 입힐 수도 있는 힘을 자극하는 일이기에 항상 위험으로 가득찬 것으로 여겨진다. 신생아의 몸은 시체만큼이나 신성한 것이다.[313] 신부의 베일과 과부의 베일은, 색깔은 서로 달라도 위험한 존재[신부와 과부]를 구분해내고 따로 떼어놓는 기능을 공유한다.[314]

따라서 원래 죽음은 유례없는 독특한 사실로 여겨지지 않는다. 우리 문명에서 개인의 삶은 태어나서 죽을 때까지 거의 같은 방식으로 진행되는 것 같다. 사회적 삶의 각 단계가 뚜렷하게 구분되지 않기에 우리는 실처럼 풀리는 개인적 삶의 흐름만 식별하게 된다. 하지만 내부 구조가 투박하고 경직된 미개사회에서는 인간의 삶이 뚜렷한 윤곽을 지닌 이질적인 단계들의 연속처럼 여겨진다. 그리고 각각의 단계마다 어느 정도 조직화된 특정 사회계급이 대응한다.[315] 결과적으로 개인의 지위 상승은 한 집단에서 다른 집단으로의 이동, 즉 죽음을 뜻하는 배제와 부활을 뜻하는 새로운 통합을 함축한다. 물론 죽음과 부활이라는 두 요소가 항상 같은 수준에서 나타나는 것은 아니다. 이루어진 변화의 성격에 따라 때로는 죽음이, 때로는 부활이 집단의 주목을 받으며 그 변화의 지배적 성격이 무엇인지를 결정한다. 그렇지만 두 요소는 실제로 상보적이다. 따라서 사회적 의식의 차원에서 보면 죽음은 일반적 현상의 특수한 경우에 불과하다.

이제 죽음이 왜 일정 기간 지속되는 전이 상태로 오랫동안 여겨져왔는지 쉽게 이해할 수 있다. 한 집단에서 다른 집단으로 이행하면서 개인의 신분이 바뀔 때마다 사회가 그에 대해 취하는 정신적 태도에도 커다란 변화가 생기게 된다. 다만 사회의 이러한 태도 변화는 서서히 이루어지므로 완결되는 데는 시간이 필요하다. 신체적 죽음이라는 있는 그대로의 사실만으로 사람들의 의식 속에서 죽음이 완성되지는 않는다. 죽은 지 얼마 안 된 사람의 이미지는 여전히 이 세상의 사물 체계에 속한다. 그것은 일련의 내적 고통을 통해서만 조금씩 이 세상 사물들과 분리된다. 우리는 고인을 곧바로 죽은 사람으로 간주할 수 없다. 죽은 자는 우리 존재 안에 너무나도 깊숙이 들어와 있고, 우리의 너무나 많은 부분도 죽은 자 안에 들어가 있다. 같은 사회생활에 참여했다는 사실이 하루아침에 끊을 수 없는 유대를 만들어낸다. [죽음이라는] "사실의 증거"도 기억과 이미지, 욕망과 희망의 홍수에 휩쓸린다.[316] 증거는 조금씩만 인정될 뿐이다. 그리고 마침내 이 오랜 싸움이 다 끝나고 나서야 우리는 죽은 이와의 분리를 실재적인 것으로 받아들이고 믿게 된다. 이 고통스러운 심리적 과정은 영혼이 이 세상과의 유대를 서서히 끊을 뿐이라는 믿음의 객관적이고 신비로운 형태로 표현된다. 죽은 자가 확실히 안정된 상태로 산 자들의 의식 속에서 표상될 때에만 영혼도 비로소 안정된 존재로 회복될 수 있다. 우리와 비슷하고 친밀한 사람의 변하지 않는 이미지와 이따금 모셔질 뿐 늘 거리감이 있는 조상의 이미지[317]는 너무나도 깊은 대조를 이루기에 후자가 전자를 곧장 대신할 수는 없다. 바로 이것이 "죽음과 부활 사이의 중간 단계"[318]라는 개념이 나온 이유이다. 이 단계에 머무르는 동안 영혼은 죽음의 불순함이나 그것에 얽혀 있는 죄로부터 해방된다고 여겨진다.[319] 죽은 자를 산 자들의 세계에서 추방하기 위해 일정 시간이 필요하다면, 그것은 충격에 휩싸인 사회가 점차 자신의 균형을 되찾아야 하기 때문이며,[320] 또한 개인이 새로운 세계에 통합되기 위해 선행되어야 할 분리와 종합의 이중적 정신 활동이 시간이 걸리는 아주 미세한 방식으로 이루어지기 때문이다.[321]



어떤 의미에서 물질세계에 반영되기 시작한 후부터, 사회는 오랫동안 자신과 자신의 삶을 구성하는 현상들을 간접적으로만 인식하게 된 것처럼 보인다. 가령 일시적으로 몸을 장악하는 감염은 사악한 힘이 잠시 거기에 출현했음을 감각적 형태로 나타낸다.[322] 또한 지상에서 시체가 서서히 썩어들어가는 부패는 죽음이 개시한 습격의 연장이자 완성이다. 죽은 자가 완전히 배제되기 전까지 시체의 부패는 공동체가 처한 혼란과 분열 상태를 구체적으로 표현한다. 다른 한편 시체에서 뼈만 남기는 것은 궁극적인 구원의 조건이자 표시로 나타난다. 거의 변형되지 않는 뼈에 대해 죽음은 더이상 영향력을 행사할 수 없기 때문이다. 이제 고인의 몸은 조상의 몸과 다르지 않기에, 영혼이 조상들의 세계로 들어가는 데 아무런 장애물이 없다고 여겨진다. 일부 학자는[323] 타당하게도 몸의 표상이 영혼의 표상과 맺는 긴밀한 연관을 줄곧 지적해왔다. 이러한 정신적 연관이 필요한 이유는 집합적 사유가 본래 구체적이라서 순수한 영적 존재를 상상할 수 없기 때문만이 아니다. 무엇보다도 집합적 사유가 자극적이고 극적인 성격을 띠기 때문이기도 하다. 집단에게는 구성원들의 주목을 끌 수 있고, 그들의 상상력을 분명한 방향으로 이끌 수 있고, 그들의 믿음을 환기할 수 있는 행동이 필요하다. 그런데 누군가 죽은 후에 집합적 행위의 대상이자 의례의 대상이 되는 것은 당연히 죽은 자의 몸이다. 죽은 자가 비가시적 세계로 완전히 통합되려면 그의 물질적 유해가 조상의 유해와 결합해야만 한다. 영혼을 주제로 사회가 상상한 드라마에 완전한 실재성을 부여하는 것은 사회가 시체에 가하는 행위이다.[324] 죽음을 이루는 물리적 현상들, 혹은 죽음에 이어 일어나는 물리적 현상들은 그 자체로 집합적 표상과 감정을 일으키지는 못한다. 하지만 그 표상과 감정에 일정한 형태를 부여하는 데는 일조한다. 어떤 의미에서 그 현상들은 집합적 표상과 감정에 물질적 기반을 제공한다. 사회는 자신을 둘러싼 세계에 그 고유의 사고와 감정의 방식들을 투사한다. 그리고 역으로 세계는 그 방식들을 시간적으로 고정하고 규제하고 제한한다.

우리가 앞에서 제시한 가설은 다음과 같은 사실에 의해서도 확인될 수 있다. 이중 장례가 지배적인 사회에서도 특정 범주의 사람들은 통상적인 장례에서 의도적으로 배제된다.

우선 어린아이의 경우가 바로 그러하다. 올로마아냔족은 7세 미만의 아이가 죽으면 사망 당일 관에 넣어 그대로 가족 무덤 옆으로 운반한다. 다음날 열리는 한 차례 희생제의만으로 아이의 영혼은 즉시 정화되어 죽은 자들의 세계로 들어갈 수 있다. 부모의 애도 기간도 일주일에 불과하다.[325] 그런데 다약족과 파푸아인은 유아의 시신을 나무 안에 넣거나 나뭇가지에 매달아두는 것을 가장 일반적인 관습으로 삼은 것 같다.[326] 이 관습의 근원이 되는 관념을 명확히 보여주는 민족은 쿠타이 지방에 거주하는 다약족이다. 그들은 사람이 나무에서 왔으니 그곳으로 되돌아가야 한다고 믿는다. 그래서 바하우족 여성이 미숙아를 낳거나 임신중 악몽에 시달리면, 아이를 산 채로 나무에게 돌려줌으로써 아이를 거절할 수 있다. 그 아이는 나무를 너무 일찍 떠났거나 불안에 떨며 떠났다는 것이다.[327] 다른 민족들에게서도 분명히 확인되듯,[328] 그들은 아이의 영혼이 같은 여성의 자궁 안에서 환생하고 더 호의적인 후원 아래 이 세상에 되돌아올 것이라고 기대한다. 따라서 아이의 죽음은 매우 약한 사회적 반응만 일으키면서 거의 즉시 완성되어버린다. 모든 것이 마치 집합의식에게는 실제 죽음이 없었던 것처럼 지나가버린다.[329]



사실 아이는 아직 가시적인 사회 안에 들어오지 않았기 때문에 굳이 힘들게 시간을 들여서까지 배제할 필요가 없다. 아이는 정령의 세계에서 완전히 분리되지 않았기에 그 세계로 즉각 되돌아갈 수 있다.[330] 이때는 신성한 에너지를 쏟아야 할 이유도 없고 고통스러운 전이 기간도 필요하지 않다. 신생아의 죽음은 기껏해야 사회 밖의 일에 불과하다. 사회는 아직 이 아이에게 자신의 어떤 것도 주지 않았기에 아이의 죽음에 동요되지 않고 초연해질 수 있다.

오스트레일리아의 여러 부족은 구성원이 죽으면 뼈가 완전히 건조될 때까지 단 위에 놓아두지만, 고령이 되어 토템 의식에 참석할 수 없고 성스러운 직무 능력을 상실한 노인들이 사망했을 때는 곧장 매장한다.[331] 능력이 약화되어 사회적 삶에 참여할 수 없기 때문이다. 그들의 죽음은 사실상 이미 이루어진[332] 배제를, 모든 사람이 익숙하게 받아들이는[333] 배제를 축성하는 것에 지나지 않는다.

마지막으로, 죽음의 유형도 보통의 장례에서 상당히 많은 예외를 만들어낸다. 폭력이나 사고로 죽은 사람들, 출산중에 사망한 여성, 익사하거나 벼락에 맞아 죽거나 자살한 사람들은 종종 특별한 의식의 대상이 된다. 그들의 시신은 가장 강렬한 공포를 불러일으키므로 사람들은 서둘러 시신을 처리한다. 그들의 뼈는 다른 구성원들의 뼈와 함께 두지 않는다.[334] 그들의 영혼은 불안과 악의에 휩싸인 채 영원히 지상을 배회할 것이다.[335] 타계로 옮겨간다고 해도 그들의 영혼은 따로 떨어진 마을에 살게 될 것이며, 때로는 여타의 영혼들이 거주하는 사후 세계와는 전적으로 다른 세계에 살게 될 것이다.[336]

적어도 전형적으로는 이 예외적인 저주의 희생자들이 겪는 전이 기간은 무한히 연장되어 그들의 죽음은 끝내 완성될 수 없는 것처럼 보인다.[337]

이 경우 정상적인 장례식을 치르지 않는 것은 공동체가 죽음 앞에서 느끼는 감정이 약해서가 아니다. 반대로 그 감정이 극도로 강렬하고 갑작스럽기 때문이다. 하나의 비유를 들어 이 현상을 설명할 수 있다. 우리가 살펴본 것처럼 출생도 죽음처럼 위험한 에너지를 발산하기 때문에 아이와 산모는 당분간 금기 대상이 된다. 일반적으로 이 에너지는 점차 소멸하고 산모는 금기에서 해방된다. 그러나 이런 일이 특이한 방식으로 일어난다면, 예를 들어 쌍둥이가 태어날 경우, 바롱가족의 적절한 표현에 따르면[338] "이 출생은 죽음이다." 왜냐하면 그렇게 태어나도록 운명지어진 사람들은 정상적인 삶에서 배제되기 때문이다. 죽음으로서의 출생이 그들에게 부여한 성스러운 특성은 너무나 강력해서 어떤 의례로도 지울 수 없다. 그것은 공동체 전체를 공포와 경악에 몰아넣는다.[339] 특정 개인들을 이 세상에서 떼어놓는 불행한 방식으로 인해 그들은 친척과도 영원히 분리되고 만다. 이들이 겪는 배제는 결정적이며 돌이킬 수 없다. 죽음이 닥쳤을 때 이들의 마지막 이미지가 살아 있는 자들의 기억에 가장 깊이 각인되기 때문이다. 이 이미지는 특이하고 특별한 감정으로 가득차 있어서 결코 완전히 사라질 수 없다. 따라서 죽은 자를 조상과 결합하기 위해 일정 시간 기다리는 것은 부질없는 일이다. 결합이 불가능하기에 기다리는 것도 아무 의미가 없다. 죽음은 영원히 계속될 것이다. 왜냐하면 사회는 이 저주받은 이들을 배제하려는 태도를 시종일관 유지할 것이기 때문이다.

이렇게 우리가 제안하는 해석을 통해 한 사회에서 이중 장례식이 수행되는 이유와 어떤 경우에는 그렇지 않은 이유를 모두 이해할 수 있다. 우리의 연구 결과를 요약해보자. 집합의식에 있어서 보통 상황에서의 죽음은 당사자를 일시적으로 인간 사회로부터 배제하는 것을 의미한다. 이 배제는 죽은 자를 살아 있는 자들의 가시적 사회에서 조상들의 비가시적 사회로 이행시키는 효과를 낳는다. 애도는 원래 죽은 자의 상태에 친척들이 필수적으로 참여하는 것을 의미한다. 애도는 죽은 자의 상태만큼 지속된다. 끝으로 사회적 현상으로서 죽음은 정신적 분리와 종합이라는 두 가지 고통스러운 과정으로 구성된다. 이 과정이 끝나야만 사회는 평온을 되찾고 죽음을 이겨낼 수 있다.

# 오른손의 우월성

## 종교적 양극성에 관한 연구

우리의 두 손만큼 완벽하게 닮은 것이 어디 있겠는가!
그렇지만 두 손은 또한 얼마나 불평등하던가!
명예와 돋보이는 칭호, 특권은 오른손으로 향한다. 오른손은 행위하고 명령하고 장악한다. 반대로 왼손은 멸시받고 비천한 보조 역할을 맡는다.
왼손은 혼자서는 아무것도 할 수 없다.
그것은 거들고 보좌하거나 아니면 잠자코 있을 따름이다.
오른손은 모든 귀족의 상징이자 전형이며 왼손은 모든 서민의 상징이자 전형이다.
오른손에 부여된 작위는 무엇인가? 왼손이 겪는 예속은 어디에서 오는가?

## 1. 유기체의 비대칭성

모든 계급제도는 저마다 사물의 본성φύσει, οὐ νόμῳ에 기초한다고 주장한다. 이렇게 계급제도는 영원성을 제 것으로 삼고 변화와 혁신가들의 공격을 피해간다. 아리스토텔레스는 야만인에 대한 그리스인의 민족적 우월성을 내세우며 노예제를 정당화했다. 오늘날 여권 운동가들의 주장을 못마땅하게 여기는 남성은 여성이 선천적으로 열등하다고 주장한다. 마찬가지로 통설에 따르면, 오른손의 우월성은 신체 구조에서 직접 기인한 결과이지, 사람들의 변덕스러운 관습이나 신앙의 영향 때문은 아니라고 한다. 그러나 양손의 속성을 문제삼으면, 보기와는 달리 본성이라는 증거는 인종 간 대립이나 남녀 간 대립의 경우와 마찬가지로 명확하지도 결정적이지도 않다.

오른손잡이의 해부학적 원인을 찾으려는 시도가 없었던 것은 아니다. 지금까지 제기된 모든 가설[1] 중에서 단 하나만이 사실에 입각한 검증을 견뎌낸 것처럼 보인다. 그 가설은 오른손의 우월성을 인간의 대뇌 좌반구가 상당히 발달해 있다는 사실과 결부시킨다. 잘 알려져 있듯, 좌반구는 그 반대쪽 근육을 자극한다. 분절언어 중추가 좌반구에 있는 것처럼, 자발적 운동을 관장하는 중추들도 주로 이 부분에 있을 것이다. 브로카는 "우리는 오른손잡이다. 왜냐하면 우리의 대뇌가 왼편잡이이기 때문이다"라고 말했다. 오른손의 특권은 중추신경의 비대칭적 구조에 근거하는데, 그 원인이야 무엇이든 간에 유기적인 것만큼은 분명하다.[2]

의심할 여지 없이 오른손의 우월성과 왼쪽 뇌의 우수한 발달 사이에 일정한 상관관계가 존재한다. 그런데 이 두 현상 중 어느 쪽이 원인이고 어느 쪽이 결과인가? 우리가 브로카의 가정을 뒤집어 "우리는 왼손잡이다. 왜냐하면 대뇌가 오른편잡이이기 때문이다"[3]라고 말하지 못하게 막는 것은 무엇인가? 한 기관이 활발히 움직이면 더 많은 영양 섭취가 요구되고 결과적으로 그 기관의 성장을 촉진한다는 것은 주지의 사실이다. 따라서 오른손을 더 많이 사용하면 왼쪽 중추신경이 더 왕성히 활동해 필연적으로 오른손의 발달을 촉진하게 된다.[4] 운동과 후천적 습관에 의해 생겨난 효과를 빼놓고 보면, 대뇌 좌반구의 생리학적 우위란 정말 대수롭지 않아서 기껏해야 오른쪽을 약간 더 선호한다는 사실만 말해줄 뿐이다.

왜 인간의 두 팔이 좌우 비대칭인지를 설명해주는 확실하고 타당한 유기적 원인을 찾기 힘들어졌고, 게다가 인간과 형질적으로 가장 가까운 동물들이 양손을 모두 사용한다는 사실[5]이 밝혀지자, 일부 학자들이 과감하게 오른손의 특권에는 어떠한 해부학적 근거도 없다고 주장하기에 이르렀다.[6] 이 특권은 사람속屬genus homo의 구조에 내재하는 것이 아니라 전적으로 유기체 외부의 조건에서 유래했을지도 모른다는 것이다.

하지만 [해부학적 근거를] 이렇게 단호하게 부정하는 것은 무모해 보인다. 물론 오른손잡이의 유기적 원인은 의심스럽고 불충분하며 외부로부터 작용해 개인을 형성하는 영향력과 구별하기도 어렵다. 그러나 이는 신체적 요인의 작용을 독단적으로 부정할 수 있는 근거가 되지는 못한다. 더욱이 외부의 영향과 유기적 성향이 충돌할 경우, 양손의 고르지 않은 손재주는 해부학적 원인과 관련이 있다고 확언할 수 있다. 어렸을 때부터 사회가 왼손잡이들에게 가하는 강력하고 때로는 가혹하기까지 한 압력에도 불구하고, 그들은 왼손 사용을 본능적으로 우선시하는 성향을 평생토록 유지한다.[7] 만약 여기서 인간에게는 선천적으로 비대칭적 성향이 있다고 인정해야 한다면, 역으로 특정한 수의 사람들이 오른손을 지배적으로 사용하는 것도 그들의 신체 구조에 기인한다고 인정해야 한다. 가장 그럴듯한 견해는 그리 엄밀하지는 않지만 다음과 같이 수학적으로 표현할 수 있다. 즉 백 명에 두 명꼴로 강압적인 영향에 반기를 드는 선천적인 왼손잡이가 있다. 따라서 상당히 높은 비율을 차지하는 쪽은 유전적으로 오른손잡이인 사람들이다. 그리고 이 두 극단 사이에는, (일반적으로) 오른손을 약간 더 선호하지만, 가만히 놔두면 양손을 거의 같은 정도로 사용할 줄 아는 사람들이 모여 있을 것이다.[8] 따라서 비대칭성으로 향하는 유기적 성향이 있다는 점을 부인해서는 안 된다. 일부 예외적인 경우를 제외하면 오른손잡이가 되는 모호한 성향은 인류

전체에 퍼져 있는 것처럼 보인다. 하지만 그러한 성향은 유기체에 외재하는 영향력에 의해 고정되고 강화되지 않는다면 오른손의 절대적 우월성을 가져오기에는 충분하지 않을 것이다.

그런데 자연의 혜택으로 오른손이 촉각과 힘, 기교에서 왼손을 항상 능가한다고 해도, 왜 인위적인 제도적 특권이 이러한 자연적 특권에 덧붙여지는지, 그리고 왜 재능이 더 뛰어난 손만 사용되고 길러지는지는 아직 설명되지 않았다. 왜 잘 쓰이지 않는 손의 허약함을 교육을 통해 바로잡으려는 시도가 이루어지지 않는가? 오히려 교육은 왼손을 억압하고 못 쓰게 만들고 발달하지 못하도록 체계적으로 방해한다. 야콥스 박사는 네덜란드령 동인도 지역에서 순회 검진을 하는 동안 원주민 아이들의 왼손이 완전히 묶여 있는 것을 종종 목격했다고 말했다. 그것은 아이들이 왼팔을 사용하지 못하도록 가르치는 방식이었다.[9] 우리는 이런 물리적 속박을 없애버렸다. 하지만 그뿐이다. 우리 사회에서도 "잘 자란" 아이를 식별할 수 있는 기호 중 하나는 그 아이가 마음대로 사용할 수 없는 왼손이다. 그렇다면 왼손의 능력을 키우려는 모든 시도는 애초부터 실패할 수밖에 없는가? 경험적으로 보면 그 반대가 맞다. 드물긴 해도 기술적 필요 때문에 왼손을 적절히 사용하고 훈련하는 경우, 왼손은 오른손과 거의 동등한 효용을 발휘한다. 가령 피아노나 바이올린을 연주하거나 외과수술을 할 때가 그렇다. 사고로 오른팔을 잃게 되면 얼마 후 왼팔에는 애초에 없던 힘과 기량이 생긴다. 왼손잡이들의 사례는 훨씬 더 결정적이다. 이때는 교육이 "한 손만 사용"하려는 본능적 성향을 따르고 강화하는 것이 아니라 그런 성향과 맞서기 때문이다. 그 결과 왼손잡이들은 대체로 양손잡이가 되고 종종 손놀림이 좋다는 이유로 주목을 받는다.[10] 어느 쪽 손도 딱히 선호하지 않는 사람들 대다수는 말할 것도 없다. 그들이 왼손만 사용할 때도 같은 결과를 나타낼 것이다. 지난 몇 해 동안, 특히 영국과 미국의 학교에서 시도된 양손잡이 교육법은 이미 확실한 결과를 보여주었다.[11] 지금껏 오른손이 독점했던 예술과 기술 교육을 왼손도 받는다고 해서 이를 방해할 수 있는 것은 아무것도 없다.

따라서 약하고 무력하다는 이유로 왼손이 무시되는 것은 아니다. 사실은 그 반대이다. 왼손은 진짜 상해를 입는다. 그것이 기관의 외형이 아니라 기능의 상해이고, 해부학적인 것이 아니라 생리학적인 상해이긴 해도 말이다. 덜 발달한 사회에서 왼손잡이가 느끼는 감정[12]은 할례를 법으로 정한 사회에서 할례를 받지 못한 사람의 감정과 유사하다. 오른손잡이는 자연적인 필연성처럼 받아들여질 뿐 아니라, 모든 이가 따라야 할 이상이며 사회가 적극적인 제재를 통해 존중하라고 강요하는 이상이다. 왼손을 활발하게 사용하는 아이는 그 무모한 손을 한 대 맞지 않아도 꾸지람을 듣기 마련이다. 마찬가지로 왼손잡이가 된다는 것은 하나의 위반으로서, 당사자는 비웃음을 사고 공공연하게 사회적 지탄을 받는다.

그러므로 인간에게 유기적 비대칭성은 하나의 사실이자 이상理想이다. 사실로서의 비대칭성은 유기체의 구조에서 기인한 결과이므로 해부학이 설명해야 한다. 하지만 아무리 해부학이 발달한다고 해도 이상으로서 제시된 비대칭성의 기원과 그 존재 이유를 설명할 수는 없다.



## 2. 종교적 양극성

오른손의 우월성은 의무적이며 강제로 부과되고 제재로 보장된다. 반대로 왼손에는 그것을 짓누르고 마비시키는 진짜 금기가 작용한다. 이처럼 우리 신체 양쪽에 존재하는 가치와 기능의 차이는 사회 제도의 특성을 더할 나위 없이 완벽하게 제시한다. 따라서 이 점을 설명하려는 연구는 사회학에 속한다. 정확히 말하자면, 그것은 반은 미학적이고 반은 도덕적인 명령imperatif의 기원을 추적하는 문제이다. 그런데 오늘날 우리의 행동을 지배하는 세속적 이상理想은 신비로운 형태로 종교적 신앙과 감정이 지배하는 가운데 생겨나고 성장해온 것이다. 그러므로 우리는 집합표상을 비교 연구함으로써 오른손에 부여된 특권을 설명해야 한다.[13]

어떤 근본적인 대립이 미개인들의 정신세계를 지배하고 있다. 그것은 성聖과 속俗의 대립이다.[14] 어떤 존재나 사물은, 그 본성에 따라 혹은 수행된 의례에 힘입어, 모종의 특수한 성질을 흡수했다고 여겨진다. 이 특성은 존재와 사물을 축성하고 따로 격리시킨다. 또한 그것들을 비범한 힘과 소통시키는 한편 일체의 세밀한 규칙과 금지 조항에 종속시킨다. 이런 신비로운 특성을 상실한 사물과 인간은 아무런 권력도 위엄도 누리지 못한다. 이제 그것들은 평범해지고 구속에서 풀려난다. 하지만 성스러운 것과 절대 접촉할 수 없다. 서로 다른 부류에 속하는 사람과 사물을 조금이라도 가까이 두거나 섞어버리면 그것 모두에게 재앙이 닥칠 수 있다. 이로부터 이 두 세계를 분리하면서 동시에 보호하는 수많은 금기와 터부가 나온다.

존재를 분류하고 평가하는 의식意識이 종교적 세계에서 차지하는 위치에 따라, 성과 속의 대립은 다른 의미를 지닌다. 초자연적 힘이라고 해서 모두 똑같은 부류에 속하지는 않는다. 어떤 힘은 사물의 본성과 조화를 이루며 그 한결같고 위엄 있는 성격으로 사람들의 숭배와 신뢰를 불러일으킨다. 반면 다른 힘은 세계의 질서를 파괴하고 어지럽힌다. 그 힘이 사람들에게 강요하는 경의는 혐오와 공포로 이루어져 있다. 그런데 두 힘은 모두 속俗과 대립한다는 공통점을 지닌다. 속된 것에게 그 힘들은 모두 똑같이 위험하고 금지된 것이다. 속된 존재가 시체와 접촉하면 신성모독과 같은 결과를 낳는다. 이런 의미에서 로버트슨 스미스는 금기를 성스러움과 불순함, 신과 악마를 동시에 포함하는 개념이라고 말했는데 이는 옳은 지적이다. 하지만 종교적 세계를 속의 관점이 아니라 성의 관점에서 바라보면, 그에 따라 종교적 세계의 전망도 달라진다. 이때 스미스가 언급했던 혼돈은 더이상 존재하지 않는다. 예를 들어, 폴리네시아의 족장은 시체에 스며든 종교적 특성이 자신의 종교적 특성과 근본적으로 상반된다는 것을 잘 알고 있다. 불순한 것은 성스러운 것과 분리되어 종교적 세계의 반대편 극에 위치한다. 한편 이런 관점에서 보면, 속된 것은 더이상 순전히 부정적인 특성으로 정의되지 않는다. 속된 것은 적대적인 요소로 나타나는데, 그것과 접촉하기만 해도 성스러운 것의 본질은 더럽혀지고 타락하고 변질된다. 속은 하나의 무無, 이를테면 활동적이며 전염성을 가진 무이다. 속이 신성한 존재에게 미치는 악영향은 불길한 힘에서 나온 악영향에 비해 단지 그 강도剛度에서만 차이가 날 뿐이다. 신성한 힘의 상실과 해로운 힘의 획득 사이에는 눈에 띄지 않는 이행이 있다.[15] 따라서 종교적 의식意識을 그 시초부터 점진적으로 지배해온 분류체계 안에는 속된 것과 불순한 것의 자연적 친화성이 존재한다. 그 둘은 거의 동등하다고 말할 수 있다. 속과 불순은 서로 결합해 성스러운 것의 반대편에서 정신세계의 부정적인 극을 형성한다.

미개인들의 사유에 본질적인 이원론은 그들의 사회조직도 지배한다.[16] 부족을 구성하는 두 개의 반쪽 혹은 두 개의 포족은 마치 성과 속처럼 서로 대립한다. 나의 포족 안에 존재하는 모든 것은 성스러우며 내게 금기시된 것이다. 그래서 나는 내 토템을 먹을 수 없고, 내 포족 구성원을 죽일 수도 없고 심지어 그의 주검에 손댈 수도 없으며, 내 씨족에 속한 이와 혼인할 수도 없다. 반면 상대편 포족은 나에게 속되다. 그 포족을 구성하는 씨족들은 나에게 양식과 여성, 인신 공물victimes humaines을 공급하며, 내 포족의 죽은 자들을 묻어주고 그들을 위한 신성한 의식을 준비한다.[17] 원시공동체가 부여받았다고 느끼는 종교적 특성 때문에, 이들의 사회적 삶은 같은 부족 내에서 서로 대립하면서도 보완적인 다른 한 집단의 존재를 필수 조건으로 삼는다. 여기서 한 집단에 금지된 역할을 다른 쪽 집단의 구성원들은 자유롭게 수행할 수 있다.[18] 그런데 사회가 진화함에 따라 이 가역적인 이원론을 엄격한 위계 구조가 대체한다.[19] 분리되었지만 서로 평등한 씨족들 대신에 계급과 카스트가 출현한다. 그 가운데 최정상에 있는 계급이나 카스트는 본질적으로 성스럽고 고귀하며 우월한 일에 종사하는 반면, 가장 밑바닥에 있는 계급이나 카스트는 속되고 불결하며 비천한 일에 종사한다. 인간에게 지위와 기능이 주어지는 원칙은 여전히 그대로다. 사회적 양극성은 항상 종교적 양극성의 반영이자 결과이다.



우주 전체는 대립하는 두 세계로 양분된다. 사물과 존재, 힘은 두 극 중 어느 쪽을 향하는가에 따라, 서로 끌어당기거나 밀쳐내고 서로 결합하거나 배제한다.

생명을 보존하고 확장하는 힘, 건강과 사회적 우월함, 전쟁터에서의 용기와 작업에서의 탁월성을 주는 힘은 모두 성스러운 원리 안에 있다. 반면, (성스러운 세계를 침범하는) 속된 것과 불순한 것은 본질적으로 사람을 쇠약하게 만들며 죽음을 안겨다준다. 존재를 억압하고 약하게 하고 훼손하는 해로운 영향력은 바로 이쪽에서 나온다. 따라서 한편에는 활력, 선함, 생명의 극이, 다른 한편에는 허약함, 악함, 죽음의 극이 성립한다. 더 최근의 용어로 말하자면, 한편에는 신들이, 다른 한편에는 악마들이 있다.

이 근원적 이원론은 자연이 제시하는 모든 대립에서도 나타난다. 빛과 어둠, 낮과 밤, 동쪽과 남쪽 그리고 이와 반대되는 서쪽과 북쪽은, 두 가지 상반되는 초자연적 힘을 이미지로 나타내고 공간에 표시한다. 한쪽에서는 생명이 빛을 발하고 상승하나 다른 쪽에서는 하강하고 소멸한다. 위와 아래, 하늘과 땅 사이에도 같은 대립이 나타난다. 하늘에는 죽음을 모르는 신들과 별들의 신성한 처소가 있고, 지상에는 대지가 집어삼키는 인간의 속된 영역이 있으며, 더 아래쪽에는 독사와 악마의 무리가 숨어 있는 어두컴컴한 지하세계가 있다.[20]

원시적 사유는 우주의 모든 존재에게, 심지어 생명이 없는 물질에게도 하나의 성性을 부여한다. 그것들은 모두 남성인지 여성인지에 따라 두 개의 거대한 부류로 나뉜다. 마오리족에게 "남성쪽"을 뜻하는 라마 타네lama tane는 남자의 정력, 부계 혈통, 동쪽, 창조력, 공격적 주술 등 매우 다양한 것을 가리킨다. 반면 "여성쪽"을 뜻하는 라마 와히네lama wahine는 이와 반대되는 모든 것을 가리킨다.[21] 사실 이 우주적 범위의 대립 뒤에는 근원적인 종교적 대립이 숨겨져 있다. 일반적으로 남성은 성스럽고 여성은 속되다고 여겨진다. 금기를 제거해야 할 때, 즉 의도적으로 신성한 것을 더럽혀야 할 때 특별한 역할을 맡는 경우를 제외하면, 여성은 종교의식에 참가할 수 없다.[22] 종교 영역에서 여성은 무력하고 수동적이지만, 주술의 영역에서는 이에 대한 설욕을 펼친다. 여성은 특히 마법을 부리는 일에 소질이 있다. 마오리족의 속담에 따르면, "모든 악과 불행, 죽음은 여성 쪽에서 나온다." 이렇듯 남성과 여성은 각각 성과 속(혹은 불순), 생명과 죽음에 대응한다. 바로 여기에서 남녀를 분리하는 심연深淵이, 그리고 어떠한 혼란이나 혼동이 생기지 않도록 남녀의 모든 활동을 갈라놓는 엄격한 분업이 유래한다.[23]

이 이원론이 미개인의 모든 사고에 각인되어 있다면, 그들의 종교 활동이나 종교의식도 그 영향을 피해갈 수 없다. 리라lira라는 의식만큼이나 그 영향이 잘 드러나는 예는 없을 것이다. 이 의식은 마오리족 의례에서 극히 다양한 목적으로 빈번히 행해진다. 여기서 사제는 신성한 땅 위에 두 개의 작은 흙더미를 쌓아놓는데, 그중 하나는 남성으로서 하늘에 바치고, 다른 하나는 여성으로서 대지에 바친다. 사제는 각각의 흙더미에 막대기를 세운다.

"생명의 막대기"라는 이름을 달고 동쪽을 바라보는 첫번째 막대기는 건강, 활력, 생명의 상징이자 온상이며, "죽음의 막대기"라고 불리며 서쪽을 향해 있는 두번째 막대기는 모든 악의 상징이자 온상이다. 이 의식의 세부사항은 그때그때 추구하는 목적에 따라 다르지만, 기본 주제는 항상 일정하다. 공동체에 침입해 위협을 가하는 모든 불순한 것과 모든 악한 것을 죽음의 극으로 몰아붙이는 한편, 생명의 극에 존재하는 선한 세력들을 붙잡고 강화해서 부족 안쪽으로 끌어당기는 것이 바로 그 주제에 해당한다. 의식이 끝나면 사제는 대지의 막대기는 쓰러뜨리고 하늘의 막대기만 세워두는데, 이는 죽음에 대한 생명의 승리, 악의 추방과 궤멸, 공동체의 안녕과 적들의 멸망을 나타낸다. 이처럼 의례적 행위는 두 개의 대립하는 극을 따라 진행한다.[24] 이 양극은 각자 종교의식에서 본질적 기능을 한다. 그것은 종교적 삶의 두 가지 상반되고 보완적인 태도에 해당한다.

어떻게 인간의 몸, 이 소우주가 모든 것을 지배하는 양극성의 법칙을 피할 수 있겠는가? 사회와 온 우주에는 성스럽고 고귀하고 소중한 측면과 속되고 보잘것없는 측면이 있으며, 남성적이고 강인하고 활동적인 측면과 여성적이고 허약하고 수동적인 측면이 있다. 간단히 두 단어로 오른쪽과 왼쪽이 있는 것이다. 그런데도 인간 유기체만큼은 대칭적이라고 말할 수 있는가? 조금만 생각해봐도 그렇지 않다는 것을 알 수 있다. 만약 인간 유기체만이 대칭적이라면, 그런 예외는 설명할 수 없는 예외에 그치지 않을 것이다. 그것은 정신적 세계의 모든 관계까지 붕괴시킬 것이다. 왜냐하면 인간이 창조의 중심에 있기 때문이다. 즉 생명과 죽음을 가져오는 무시무시한 힘을 최선으로 관리하고 다루는 일이 인간에게 맡겨져 있기 때문이다. 분리되어 대립하고 서로를 배척하는 모든 사물과 모든 힘이 사제나 장인의 손에서 우스꽝스럽게 뒤죽박죽되어버리는 일을 생각할 수 있겠는가? 한쪽 손은 "다른

쪽 손이 한 일을 모른다"라는 것이 절대적으로 필요하다.[25] 복음서의 이 가르침은 모든 종교 세계에서 타당한 법칙, 즉 대립하는 것들의 양립 불가능성이라는 법칙을 단지 특정한 상황에 적용했을 뿐이다.[26]

만약 유기체에 비대칭성이 존재하지 않았다면, 그것을 만들어내야 했을 것이다.

### 3. 오른쪽과 왼쪽의 특성들



집합의식이 좌우를 다르게 보고 평가하는 방식은 언어에서 명확히 나타난다. 특히 인도유럽어에서 좌우를 뜻하는 단어들은 현저한 대조를 보인다.

'오른쪽'은 단 하나의 어간으로 표현되는데, 이 어간은 매우 넓은 지역에 걸쳐 발견되며 커다란 안정성을 보여준다.[27] 반면 '왼쪽'이라는 관념은 여러 단어로 표현되는데, 이 단어들은 널리 퍼져 있지도 않을뿐더러 새로운 단어가 등장하면 끊임없이 사라질 운명에 처해 있는 것처럼 보인다.[28] 그 단어들 가운데 일부는 완곡한 표현으로 쓰였음이 분명하나,[29] 나머지 단어들은 그 어원이 극히 불분명하다. 메이예[30]는 "왼쪽을 말할 때 사람들은 적절한 단어를 발음하지 않고 다른 단어들로 대체하려고 했다. 게다가 이 단어들도 끊임없이 새롭게 바뀌었던 것 같다"라고 말했다. 왼쪽은 다양하고 불안정한 단어들로, 또 부자연스럽고 자의적인 성격을 지닌 단어들로 표현됐는데, 이는 공동체가 왼쪽에 대해 느끼는 불안과 혐오의 감정으로 설명될 수 있다.[31] 사물 자체를 바꿀 수는 없으므로, 사람들은 사물의 이름을 바꿔 악을 제거하거나 완화할 수 있다고 기대한다. 그러나 이는 헛된 일이다. 좋은 뜻을 지닌 단어조차 반어법反語法으로 왼쪽을 가리키는 데 쓰이면, 그 단어는 지시 대상에 의해 급속히 오염되어 이내 사용 금지령이 떨어지는 '불길한' 특성을 얻게 된다. 이렇듯 오른쪽과 왼쪽의 대립은 그 양쪽을 가리키는 명칭들의 다양한 성격과 운명에서도 드러난다.

'오른쪽'과 '왼쪽'이라는 단어의 의미에도 같은 대립이 나타난다. 오른쪽은 체력과 '재주', 지적 '정확함'과 양식良識, '올바름'과 도덕적 청렴, 행운과 아름다움, 법적 규범과 같은 관념을 표현하는 데 사용된다. 반면 왼쪽은 이와 반대되는 대부분의 관념을 연상시킨다. 이러한 많은 의미를 통합하기 위해, 어떤 이는 일반적으로 '오른쪽'이라는 단어는 우리의 가장 뛰어난 손을 먼저 가리켰고 그다음 '그것에 자연스럽게 결부된 특권으로서 힘과 능란함의 자질'을 가리켰으며, 그로부터 의미를 넓혀 정신과 마음의 여러 유사한 덕목을 가리켰다고 가정한다.[32] 하지만 이는 자의적인 구성일 뿐이다. 오른쪽을 뜻하는 고대 인도유럽어의 단어가 처음부터 전적으로 신체적인 의미만을 지녔다고 주장할 만한 어떠한 근거도 없다. 프랑스의 droit[33]나 아르메니아의 adj[34]처럼 비교적 최근에 형성된 단어는 신체의 한 측면을 가리키기 이전에, 표적에 곧바로droit 이르는 힘이라는 관념을 먼저 표현했다. 여기서 '곧바로'란 휘어지고 비스듬하고 서투른 것과 대비되는 정상적이고 확실한 방식을 뜻한다. 사실, 진보한 문명의 산물인 우리 언어는 한 단어의 다양한 의미를 뚜렷이 구분한 후 하나하나 병치해 나타낸다. 하지만 비교 연구를 통해 그렇게 분할된 의미들이 파생된 근원을 추적하면, 우리는 애초에 그 의미들이 하나의 개념 안에서 매우 혼란스럽게 서로 뒤엉켜 있었다는 사실을 발견하게 될 것이다. 우리는 이미 이 개념에 관해 언급했다. 오른쪽에는 성스럽고 규칙적이며 유익한 힘의 관념, 효과적인 모든 활동의 원칙, 선하고 복되고 합법적인 모든 것의 근원이 있다. 반면 왼쪽에는 속되고 불순하며, 허약하고 무능할 뿐 아니라 해롭고 두려움을 안겨주는 존재의 모호한 표상이 위치한다. 여기서 신체의 힘(혹은 허약함)은 훨씬 더 애매하고 더 본질적인 특성에서 파생된 하나의 특수한 측면일 뿐이다.

마오리족에게 오른쪽은 성스러운 편, 즉 선하고 창조적인 힘의 중심이다. 반면 왼쪽은 속된 편으로, 앞으로 살펴보겠지만 동요하고 의심하는 힘 말고는 어떤 미덕도 없는 편이다.[35] 종교의 진화과정에서 이와 같은 대립은 더 명확하고 더 인격적인 형태로 다시 출현한다. 오른쪽은 신들의 편으로, 그 위에는 선한 수호천사가 하얀 모습으로 맴돌고 있다. 반면 왼쪽은 악마에게 바쳐지는데, 검고 사악한 천사가 그쪽을 지배한다.[36] 오늘날까지 여전히 오른손은 선하고 아름다운 손으로, 왼손은 악하고 추한 손으로 불린다면,[37] 우리는 이 유치한 속설 안에서 수세기 동안 신체 양쪽에 달라붙은 종교적 특성과 감정이 희미하게 일으키는 반향을 느끼게 될 것이다.

마오리족 사이에서는 오른쪽이 '생명의 측면'(힘의 측면)이고 왼쪽이 '죽음의 측면'(약함의 측면)이라는 생각이 널리 퍼져 있다.[38] 유익하고 생명을 주는 힘은 오른쪽에서 오며 우리의 오른편을 거쳐 우리 내부로 들어온다. 이와는 반대로 죽음과 비참함은 왼쪽을 통해서 우리 존재의 중심부에 파고든다.[39] 따라서 악한 기운을 막는 부적을 써서 무방비 상태로 노출된 쪽의 저항력을 키워야 한다. 우리가 왼손 네번째 손가락에 반지를 끼는 일차적 목적은 악마의 유혹과 그 밖의 나쁜 것들로부터 우리를 지켜내기 위해서이다.[40] 따라서 점을 칠 때도 신체와 공간의 좌우를 구별하는 것이 매우 중요하다. 수면중에 심하게 경련을 일으켰다면, 그것은 어떤 혼이 나를 사로잡았다는 신호이다. 그 신호가 오른쪽과 왼쪽 중 어느 쪽에서 나타났느냐에 따라 행운과 생명 아니면 불운과 죽음을 기대할 수 있다.[41] 운명을 결정하는 동물들이 출현할 때의 징조에 관해서도 일반적으로 같은 규칙이 적용된다. 다만 출발점을 동물을 본 사람으로 삼느냐 아니면 사람과 마주친 동물로 삼느냐에 따라, 점괘는 두 가지 상반된 풀이를 낳는다.[42] 가령 동물이 왼쪽에서 나타났다면, 내 쪽에서는 동물의 오른편이 나타난 것이므로 길조로 해석된다. 점쟁이들은 평범한 사람들을 현혹하고 자신들의 명성을 높이기 위해 이런 점괘 풀이의 차이를 애써 지켜내는데, 사실 그것은 오른쪽과 생명, 왼쪽과 죽음 사이에 존재하는 친화성을 한층 더욱 분명히 보여줄 뿐이다.

신체의 좌우 양쪽과 공간의 각 영역을 연결짓는 대응 관계도 중요하기는 마찬가지다. 오른쪽은 높은 곳과 상층세계, 하늘을 가리킨다. 반면 왼쪽은 지하세계와 땅과 관련된다.[43] 그림 〈최후의 심판〉에서 예수가 오른손을 들어 선택받은 자들에게 그들이 머물 천국을 가리키고 왼손을 내려 저주받은 자들에게 그들을 집어삼킬 지옥의 끔찍한 입구를 가리키는 것은 우연이 아니다. 오른쪽을 동쪽과 남쪽으로, 왼쪽을 서쪽과 북쪽으로 연결하는 관계는 매우 긴밀하고 변함이 없어서 다른 언어에서도 똑같은 단어들로 신체의 좌우와 네 방위를 가리킬 정도이다.[44] 이 세계를 밝은 부분과 어두운 부분으로 양분하는 축은 인간의 몸도 가로질러 빛의 제국과 어둠의 제국으로 나눈다.[45] 오른쪽과 왼쪽의 분리는 우리 몸의 경계를 넘어 우주를 감싸는 것이다.

적어도 인도·유럽 지역에 매우 널리 퍼져 있는 관념에 따르면, 공동체는 폐쇄된 원 모양을 이루며 그 중심에는 제단, 즉 신이 강림해 그의 은총이 사방으로 퍼져나가는 언약의 궤가 놓여 있다. 공동체의 울타리 안쪽에는 질서와 조화가 지배한다. 반면 그 바깥쪽에는 불결한 세균으로 뒤덮이고 혼돈의 힘으로 무법천지가 된 광대한 암흑이 끝도 없이 펼쳐져 있다. 그 성스러운 공간의 둘레에서 신도들은 자신의 오른쪽 어깨를 안쪽으로 향하게 한 다음 신의 처소를 중심으로 원을 만들어 그 주위를 도는 의식을 수행한다.[46] 한쪽에는 신도들이 희망할 수 있는 모든 것이 있고, 다른 쪽에는 두려워해야 할 모든 것이 있다. 오른쪽은 내부, 유한함,

보장된 안녕과 평화이고 왼쪽은 외부, 무한함, 적의, 영원히 계속되는 악의 위협이다.

앞서 언급한 등가적 관계의 의미쌍들les equivalences만으로도 오른쪽과 남성적 요소, 왼쪽과 여성적 요소가 서로 같은 성격을 띤다고 가정할 수 있다. 이 점에 대해 우리가 단순히 추측만 하는 것은 아니다. 마오리족은 신체의 양쪽을 라마 타네lama tane와 라마 와히네lama wahine라는 용어로 표현하는데, 우리는 이미 앞에서 이 용어가 거의 보편적으로 확장된다는 점을 살펴보았다. 즉 인간은 남성과 여성이라는 두 가지 본질로 구성된다. 남성은 오른쪽에, 여성은 왼쪽에 해당한다.[47] 오스트레일리아의 울완가족은 의식이 거행되는 동안 박자를 표시하기 위해 막대기 두 개를 사용하는데, 남성이라고 부르는 막대기는 오른손으로 쥐고 여성이라고 부르는 막대기는 왼손으로 쥔다. 당연히 때리는 쪽은 항상 '남성'이고 타격을 입는 쪽은 '여성'이다. 움직이는 것은 오른쪽이고 감내하는 것은 왼쪽이다.[48] 우리는 여기서 강한 성性의 특권이 강한 쪽의 특권과 밀접히 연결된다는 점을 알 수 있다. 의심할 여지 없이 신은 이브를 창조하기 위해 아담의 왼쪽 갈비뼈 하나를 떼어냈다. 그 이유는 하나의 똑같은 본질이 여성과 몸의 왼쪽을 특징짓기 때문이다. 그것은 허약하고 무방비 상태이며 다소 모호하고 불안정한 존재의 두 부분이다. 그러한 존재는 본래 수동적인 역할, 무엇인가 받아주기만 하는 역할만 담당하면서 종속적인 상태에 머무르도록 운명지어졌다.[49]

따라서 오른쪽과 왼쪽의 대립은 우주가 제시하는 다양하면서도 환원 가능한 일련의 대립과 같은 의미와 같은 범위를 갖는다. 성스러운 힘, 생명의 원천, 진리, 아름다움, 미덕, 떠오르는 태양, 남성, 그리고 여기에 오른쪽을 덧붙일 수 있다. 이 모든 용어는 그 반대되는 용어들과 마찬가지로 서로 바꾸어 사용할 수 있다. 다양한 측면에서 그 용어들은 사물의 동일한 범주, 공통된 본성, 신비로운 세계의 양극 가운데 하나로 향하는 동일한 방향을 지시한다.[50] 그런데 두 손의 힘에서 나타나는 미세한 차이가 이처럼 뚜렷하고 심오한 이질성을 충분히 설명할 수 있다고 믿을 수 있겠는가?

## 4. 두 손의 기능에 대하여



오른쪽과 왼쪽의 서로 다른 특성들이 두 손 사이에 존재하는 지위와 기능의 차이를 결정짓는다.

많은 원시 민족, 특히 북미 인디언들은 한마디도 하지 않고 머리와 팔의 움직임만으로 의사소통을 할 수 있다고 한다. 이런 몸짓언어에서 두 손은 각자의 본성에 따라 움직인다. 오른손은 나를 가리키고 왼손은 나 아닌 자, 타인을 가리킨다.[51] 높음이라는 관념을 표현하려면 왼손을 수평으로 들고 가만히 멈춘 상태에서 오른손을 그 위에 올린다. 반면, 낮음이라는 관념을 표현할 때는 '열등한 손'인 왼손을 오른손 아래로 내린다.[52] 위로 올린 오른손은 용기와 힘, 남성다움을 의미한다. 반대로 오른손을 왼쪽으로 돌리거나 왼손 아래에 두는 것은 상황에 따라 죽음과 파괴, 매장의 관념을 떠올리게 한다.[53] 이러한 특징적인 예는 '수화手話'의 구성에서 좌우의 대립과 양손의 상대적 위치가 근본적으로 중요하다는 사실을 충분히 보여준다.

두 손은 관념을 표현하는 데 부차적으로만 사용될 뿐이다. 손은 원래 인간이 자신을 둘러싼 존재와 사물에 작용하는 데 쓰이는 도구이다. 따라서 인간 행위의 다양한 영역에서 두 손이 어떻게 쓰이는지 살펴봐야 한다.

숭배의식culte 때 인간은 무엇보다도 신성한 힘을 접하려고 애쓴다. 이러한 힘을 강화하고 증대해 그 힘의 작용에서 나오는 혜택을 자신에게 끌어들이기 위해서이다. 오른쪽만 이러한 호의적 관계에 적합하다. 왜냐하면 오른쪽이 숭배의식이 행해지는 사물과 존재의 본성에 관여하기 때문이다. 신들이 우리 오른쪽에 있으니, 우리는 그쪽을 향해 기도한다.[54] 성소에 들어갈 때는 오른발부터 들어가야 한다.[55] 신들에게 성스러운 제물을 바치는 것도 오른손이요,[56] 하늘로부터 은총을 받아 그것을 축복으로 전하는 것도 오른손이다.[57] 힌두교도와 켈트족의 경우 의식에서 좋은 효과를 가져오기 위해, 그리고 축복하거나 봉헌하기 위해, 사람이나 사물 주위를 마치 태양처럼 왼쪽에서 오른쪽으로 세 번 돌면서 몸의 오른쪽을 안쪽으로 향하게 한다. 이런 식으로 그들은 오른쪽에서 나온 신성하고 유익한 덕성이 성스러운 원으로 에워싸인 존재를 향해 흘러들어가도록 한다. 같은 상황에서 반대 방향으로 돌고 반대 자세를 취하는 것은 신성모독적이고 불길한 일이 될 것이다.[58]

그러나 숭배의식이 전적으로 우호적인 신들을 신뢰하는 숭배에만 국한되는 것은 아니다. 인간은 자신의 왼쪽에서 득실거리는 불길한 힘을 아무리 망각하려 해도 소용없다. 인간은 그렇게 할 수 없는데, 왜냐하면 그 불길한 힘은 죽음의 일격으로, 반드시 피해야 할 위협으로, 그리고 반드시 충족되어야 할 요구를 내걸면서 인간의 주의를 끌 줄 알기 때문이다. 숭배의식의 상당 부분이, 그것도 적잖이 중요한 부분이 사악하거나 분노하는 초자연적 존재를 제지하고 달래고 나쁜 영향력을 추방하고 물리치는 데 쓰인다. 이 영역에서는 왼쪽이 우세하다. 왜냐하면 악마적인 모든 것은 왼쪽과 직접 관련되기 때문이다.[59] 앞에서 기술한 마오리족의 의식에서도 죽음의 막대기를 세우고 나서 쓰러뜨리는 것은 왼손이다.[60] 공물을 제공함으로써 죽은 자의 영혼과 탐욕스러운 악령을 달래야 할 때도, 이 불길한 접촉을 떠맡는 것은 왼손이다.[61] 죄를 범한 자는 교회의 왼쪽 문을 통해 밖으로 쫓겨난다.[62] 장례식과 퇴마식의 경우, 원을 그리며 도는 의식을 행할 때 사람들은 '반대

방향으로' 돌면서 몸의 왼쪽이 중심을 향하도록 한다.[63] 악령들이 일반적으로 도구로 사용하는 왼쪽의 파괴력을 바로 그 악령들 쪽으로 향하게 하는 것이 이치에 맞지 않겠는가?

정기적인 예배의식liturgie 바깥에서는 주술 행위가 성행한다. 여기서는 왼손이 제 능력을 발휘한다. 왼손은 나쁜 기운을 무력화하고 없애는 데 탁월하지만,[64] 죽음을 퍼뜨리는 데도 능하다.[65] "(기니 지역에서) 현지인과 함께 음료수를 마실 때는 그의 왼손을 늘 감시해야 한다. 그의 왼손 엄지손가락이 음료수에 조금만 닿아도 치명적일 수 있다." 이곳의 모든 원주민은 각자 자신의 왼손 엄지손가락 밑에 "치명적인 극소량의 청산가리"에 해당하는 어떤 독성 물질을 숨겨놓는다고 한다.[66] 이 독은 당연히 상상으로 꾸며낸 것이지만 왼손에 있는 치명적인 힘을 완벽하게 상징한다.

여기서 문제가 되는 것은 강함이나 약함, 능란함이나 서투름이 아니라, 좌우의 상반된 본성에 조응하는 양립 불가능한 여러 가지 기능들이다. 신들과 인간 세계에서 왼손이 경멸과 굴욕을 당한다면, 반대로 왼손이 군림하고 오른손이 배제되는 영역도 있다. 하지만 그 영역은 음침하며 평판도 나쁘다. 왼손의 힘은 언제나 불가사의하고 불법적인 무언가를 소유하고 있다. 왼손은 공포와 혐오를 불러일으킨다. 왼손이 움직이면 수상쩍게 보인다. 사람들은 할 수만 있다면 왼손이 옷 주름 밑에서 잠자코 가만히 숨어 있기를 원한다. 그래야 왼손의 부패한 영향력이 밖으로 퍼지지 않을 테니 말이다. 죽음이 엄습한 상황에서 애도자들이 베일로 자신을 감추고 자기 몸을 돌보지 않으며 머리카락과 손톱이 자라게 내버려두는 것처럼, 나쁜 손을 너무 많이 돌보는 것은 적절치 못한 일이다. 그래서 사람들은 왼손의 손톱을 자르지 않고 왼손을 오른손만큼 씻지도 않는다.[67] 따라서 두 손의 본질적 차이에 대한 믿음은 때때로 눈에 띄는 신체적 비대칭성을 만들어내기까지 한다. 비록 몸의 외형에는 이런 비대칭성이 나타나지 않더라도, 마력을 지닌 왼손은 여전히 저주받은 손이다. 지나치게 풍부한 재능과 민첩성을 지닌 왼손은 질서에 반하는 성격, 비뚤어지고 악마적인 성향을 표시한다. 왼손잡이라면 마법사일지도 모르니 당연히 사람들은 경계를 늦추지 않는다.[68] 반대로, 오른손만 탁월해서 왼손을 사용하는 것에 반감을 보일 경우, 이는 신성한 것에 놀라우리만큼 가까이 다가선 영혼, 속되고 불순한 모든 것으로부터 차단된 영혼을 나타낸다. 몇몇 기독교 성자는 요람에 있을 때부터 어머니의 왼쪽 젖을 거부할 정도로 신앙심이 깊었다고 한다.[69] 바로 이것이 사회적 선택이 오른손잡이를 선호하는 이유이며, 교육이 왼손은 마비시키면서 오른손은 발달시키려는 이유이다.

사회에서의 삶은 종교에 속하지 않더라도 그것과 밀접하게 연관된 수많은 관례를 품고 있다. 서로 오른손을 맞잡아야 혼인이 성사된다면, 오른손으로 서약하고 계약하고 점유하고 원조한다면, 그 이유는 바로 인간의 오른쪽에 자신의 역량, 자신의 행위에 무게와 가치를 실어주는 권위, 사물을 지배하는 힘이 놓여 있기 때문이다.[70] 위신도 없고 정신적인 힘도 없으며, 단지 파괴와 악행을 일삼는 힘만 가진 왼손이 어떻게 유효하고 신뢰할 만한 행위를 이행할 수 있겠는가? 왼손으로 맺어진 혼인은 남몰래 숨어서 하는 불법적 결합이다. 그런 혼인에서는 사생아만 나온다. 왼손은 거짓과 배반, 사기의 손이다.[71] 법적 절차가 그러하듯 예의범절도 숭배의식에서 직접 유래한다. 신을 경배할 때 쓰는 몸동작으로 우리는 상대방에게 존경심과 애정 어린 경의를 나타낸다.[72] 인사를 나누고 우정을 표현할 때는 우리가 가진 최상의 것, 즉 오른손을 내민다.[73] 왕은 자신의 오른쪽에 주권의 상징물을 착용한다. 왕은 자신의 오른쪽에서 나오는 귀중한 광채를 더럽히지 않고 가장 잘 받아들일 수 있는 사람들을 그의 오른편에 둔다. 좌우는 실제로 다른 가치와 품격을 지닌다. 그렇기에 손님이 사회계층에서 차지하는 위치에 따라 주인이 자신의 오른쪽과 왼쪽 중 어느 자리를 내주어야 하는지 결정하는 일은 실로 중요하다.[74] 이러한 모든 관례는 오늘날 단순한 관습처럼 보이지만, 그것을 낳은 신앙과 결부시켜보면 그 기원과 의미를 이해할 수 있다.

속된 것을 좀더 자세히 살펴보자. 많은 원시 부족의 경우, 상喪을 당했을 때처럼 불순한 상태에 놓인 사람들은 손을 사용할 수 없는데, 특히 먹기 위해서 손을 쓰는 것은 금기시된다. 다른 사람이 그들에게 한 입씩 떠먹이든지 아니면 그들 스스로 개처럼 입을 대서 음식물을 먹어야 한다. 오염된 손으로 음식을 만지면 자신의 죽음을 삼키게 되기 때문이다.[75] 이때 두 손에는 어떤 불가사의한 결함이 생겨 두 손 모두 한동안 마비되고 만다. 같은 금기사항이 왼손에 적용되지만, 이 경우 그것은 왼손의 본질 자체에 달라붙어 영구적으로 왼손을 마비시킨다. 바로 이것이 매우 일반적으로 식사할 때는 오른손만 적극적으로 사용하는 이유이다. 니제르강 하구에 사는 부족들의 경우, 여자들이 음식을 만들 때 왼손을 사용하는 것이 금지되어 있는데, 만약 이를 어기면 독살과 저주를 시도했다는 비난을 감수해야 한다.[76] 불결한 일이라면 온통 다 떠맡는 천민처럼, 왼손 역시 홀로 역겨운 일을 담당해야 한다.[77] 왼손이 쓰이는 곳은 성소聖所로부터 멀리 떨어져 있다. 그러나 종교적 표상의 지배력은 너무나 강력해서 식당, 부엌, 심지어 악마가 출현해 이름조차 붙일 수 없는 무시무시한 장소에서도 그 힘을 느낄 수 있다.

다만 적어도 하나의 활동 영역만큼은 이 신비한 영향을 피해 가는 것 같다. 바로 기술과 산업이다. 여기서 오른쪽과 왼쪽이 수행하는 서로 다른 역할은 전적으로 물리적이며 실리적인 원인과 관련되어 있을지도 모른다. 하지만 이런 견해는 종교적 성격으로 가득차 있고 신비함이 지배하는 고대 기술의 특성을 인식할 수 없다. 가령, 미개인들에게 전쟁이나 사냥보다 더 신성한 활동이 무엇이란 말인가! 그런 활동은 숙달된 특별한 능력과 습득하기 어렵고 유지하기는 더 힘든 신성한 상태를 전제로 한다. 무기 자체는 성스러운 것으로서, 거기에 부여된 힘만으로도 적에게 효과적으로 타격을 가할 수 있다. 창이나 검을 더럽혀 그 덕성을 소멸시킨 전사에게 불행이 닥칠지어다! 이처럼 중요한 것을 왼손에 맡길 수 있겠는가? 그것은 여성을 전사들의 진영에 들여보내는 것, 즉 그들에게 패배와 죽음을 안기도록 허락하는 것만큼이나 끔찍한 불경을 저지르는 일이다. 전쟁의 신에게 봉헌되는 것은 남성의 오른쪽이다. 창을 표적에 이르게 하는 것은 오른쪽 어깨의 마나mana이다. 따라서 무기를 들고 휘두를 수 있는 것은 오직 오른손뿐이다.[78] 그렇다고 해서 왼손에 일거리가 없는 것은 아니다. 왼손은 세속적 삶에 필요한 것, 즉 강렬한 봉헌조차도 중단시킬 수 없고 전쟁에 완전히 헌신하는 오른손이라면 반드시 외면해야 하는 세속적 삶의 요구를 충족시켜준다.[79] 전투에 참여하지 않아도 왼손은 적의 공격을 피할 수 있다. 왼손은 본질상 방어에 적합한바, 왼손이 방패를 들 것이다.

오른쪽과 왼쪽에 대한 표상의 기원을 전투에서 두 손이 취하는 역할의 차이에서 찾으려는 시도가 종종 있었는데, 이 차이는 유기체의 구조 또는 일종의 본능에서 비롯된 결과인 양 받아들여졌다.[80] 이 가설은 결정적 논거를 통해 반박되었지만,[81] 그전에 이미 결과를 원인으로 간주하는 오류를 범했다고 볼 수 있다. 하지만 전투에서 양손이 맡았던 기능이 두 손의 특성과 관계를 역전시킬 수 있었다는 점은 여전히 사실이다. 약탈과 정복보다는 평화로운 일을 선호하며, 방어할 때 말고는 무기를 들지 않는 농경민족을 상상해보자. 이들 사회에서는 '방패를 드는 손'이 높은 집단적 평가를 받지만, '창을 드는 손'은 그 명성을 상당히 잃어버릴 것이다. 특히 주니족의 경우가 그러한데, 이들은 몸의 왼쪽과 오른쪽을 두 형제 신으로 인격화한다고 알려져 있다. 형에 해당하는 왼쪽 신은 신중하고 현명하며 사려 깊지만, 동생인 오른쪽 신은 성미가 급하고 충동적 행동을 일삼는다.[82] 좌우의 특징을 확연히 뒤바꿔놓는 이러한 곁가지 이야기가 아무리 흥미롭더라도, 좌우 대립에는 종교적 의미가 일차적이라는 사실을 잊어서는 안 된다.

전투술에서 참인 것은 다른 기술에도 적용된다. 우리는 마오리족의 귀중한 일화를 통해 무엇이 인간의 생산활동에서 오른쪽을 우세하게 만들었는지 직접 관찰할 수 있다. 우리가 살펴보려는 것은 직조술織造術에 입문한 한 어린 소녀의 일화인데, 여기서 직조술은 신비에 싸여 있고 위험으로 가득찬 엄숙한 과업으로 나타난다. 견습생은 장인이자 사제인 스승 앞에 앉는다. 그 앞에는 조각이 새겨진 두 개의 기둥이 땅에 박혀 소박한 베틀을 이루고 있다. 오른쪽 기둥에는 직조술을 관장하고 작업을 능숙하게 이끄는 성스러운 덕성이 존재한다. 반면 왼쪽 기둥은 속되며 어떤 힘도 갖고 있지 않다. 사제가 주문을 외는 동안 견습생은 오른쪽 기둥을 깨무는데, 이는 오른쪽 기둥의 정수를 흡수하고 자기 천직에 헌신하기 위해서이다. 물론 오른손으로만 성스러운 기둥을 만질 수 있다. 만약 이 기둥을 속화俗化시키면 입문자는 치명적인 해를 입는다. 왼쪽에서 오른쪽으로 실을 이동시키는 것도 오른손이다. 이 실도 견습생에게는 성스러운 것이다. 이때 속된 손은 그저 겸허하게 거리를 두고 있어야만 이 일이 엄숙히 완수되는 데 협조할 수 있다.[83] 물론 양손의 이러한 분업은 더 조잡하고 세속적인 일을 할 때는 완화되기 마련이다. 그렇다고 해도, 일반적으로 기술은 섬세한 조작을 통해 신비롭고 위험한 힘을 작동시키는 데 쓰인다. 성스럽고 유능한 손만이 위험을 무릅쓰고 주도권을 잡을 수 있다. 만약 악의적인 손이 적극적으로 끼어든다면, 성공의 원천은 말라버리고 착수된 일은 그르치게 된다.[84]

이처럼 인간 세상의 구석구석, 신자가 신을 만나는 신성한 장소, 악마의 계약이 이루어지는 저주받은 장소, 왕좌와 법정의 증인석, 전쟁터와 직조공의 평화로운 작업실, 그 어디서나 변치 않는 하나의 법칙이 두 손의 기능을 규제한다. 속된 것이 성스러운 것과 섞일 수 없듯, 왼쪽이 오른쪽과 겹쳐져서는 안 된다. 악한 손의 우세한 활동은 불법적이거나 예외적인 경우에만 한정된다. 왜냐하면, 만약 속된 것이 성스러운 것을, 죽음이 삶을 지배한다면 그것은 인간을 비롯한 모든 것의 종말일 뿐이기 때문이다. 따라서 오른손의 우위는 우주를 지배하고 보존하는 질서의 필연적인 효과이자 조건이다.

## 결론

오른쪽과 왼쪽에 주어진 특성과 기능을 분석함으로써, 우리는 그동안 막연하게 추론해왔던 명제를 분명히 확인했다. 신체 좌우 양측을 의무적으로 구분하는 것은 원시적 사고에 내재한 이원론의 특별한 사례이자 결과이다. 하지만 종교적 필연성은 양손 중 한 손을 우월하게 만든다고 해도, 어느 쪽 손이 특권을 누릴지는 결정하지 않는다. 그렇다면 성스러운 쪽은 항상 오른쪽이고 속된 쪽은 왼쪽이라는 원칙은 어디에서 오는가?

일부 학자에 따르면, 오른쪽과 왼쪽의 구분은 종교적 지향과 태양숭배의 법칙으로 완전히 설명된다고 한다. 공간에서 인간의 위치는 중립적이지도 자의적이지도 않다. 기도를 드리고 의식을 수행할 때, 신도는 자연스럽게 모든 생명의 원천인 태양이 뜨는 곳을 바라본다. 많은 종교에서 신성한 건축물은 대부분 동쪽을 바라보고 있다. 이렇게 하나의 방향이 정해지면, 신체의 각 부분은 사방위四方位로 분산 배치된다. 신체의 뒤편은 서쪽이 되고, 오른편은 남쪽 그리고 왼편은 북쪽이 된다. 결과적으로 인간의 신체가 천체의 특성들을 반영한다. 정오의 빛나는 태양은 우리의 오른쪽에 비치는 반면 우리 왼쪽으로는 북쪽의 불길한 그늘이 드리운다. 자연의 경관, 빛과 어둠의 대조, 열기와 냉기의 대조를 통해, 인간은 자신의 오른쪽과 왼쪽을 구별하고 대립시키는 법을 배웠을 것이다.[85]

우리는 이러한 설명에서 오늘날 시대에 뒤떨어진 자연주의적 사고방식의 영향을 엿볼 수 있다. 외부세계는 빛과 그늘을 가지고 집합의식 깊은 곳에서 나온 종교적 관념을 풍요롭게 만들고 명확하게 다듬는다. 하지만 외부세계가 종교적 관념을 창조하지는 않는다. 이와 같은 가설을 더 적당한 용어로 표현하고 우리가 관심을 갖는 지점으로 그 적용 범위를 제한하는 것은 어려운 일이 아니다. 그러나 이 가설은 결정적으로 상반되는 사실에 여전히 가로막힐 것이다.[86] 실제로 공간에 적용된 구분이 인간 신체에 적용된 구분에 선행한다고 주장할 수 있는 근거는 없다. 그것들은 모두 하나의 같은 기원, 즉 성스러움과 속됨의 대립에서 유래한다. 그래서 공간의 구분과 신체의 구분은 매우 빈번히 일치하며 서로를 강화하는 것이다. 하지만 그것들은 여전히 독립적이다. 따라서 신체 구조 속에서 초자연적 은총의 흐름을 오른쪽으로 향하게 하는 방향 분리선을 찾아야 한다.

이렇게 마지막에 가서는 해부학에 호소한다고 해서, 그것을 모순이나 타협으로 보아서는 안 된다. 힘의 본질과 기원을 설명하는 것과 힘이 적용되는 지점을 결정하는 것은 별개의 문제다. 오른손이 가진 약간의 생리적 이점은 [성과 속의] 질적 차이가 나타나는 계기일 뿐인데, 그 차이의 원인은 개인을 넘어선 집합의식의 성립에 놓여 있다. 거의 보잘것없는 신체적 비대칭성만으로도 이미 완전히 형성된 대립하는 표상들을 이쪽 아니면 저쪽으로 충분히 이끌 수 있다. 더욱이 신체의 유연성 덕분에 사회적 강제[87]가 인간의 두 팔에 강함과 약함, 능란함과 서투름의 특성을 덧붙이고 통합시킨다. 그런데도 이 특성은 성인의 눈에 자연에서 절로 생겨나는 것처럼 보인다.[88]

오른손의 배타적인 발달은 때로 인간만의 속성이자 도덕적 탁월성의 표시로 여겨졌다. 어떤 의미에서 그것은 사실이다. 수세기 동안 왼팔이 체계적으로 마비된 것은, 다른 신체 손상과 마찬가지로, 성스러움이 속됨을 지배하도록, 집합의식이 불러일으키는 요구를 위해 개인의 욕망과 이익을 희생하도록, 그리고 가치의 대립과 도덕적 세계의 현저한 대조를 신체에 새겨넣어 신체 자체를 정신적인 것으로 만들도록 인간을 부추겼던 의지의 표현이었다. 이는 인간이 극도로 분화된 오른쪽과 왼쪽을 지닌 이중적 존재—호모 두플렉스homo duplex—이기 때문이다.



지금 이 자리에서 종교적 삶을 지배하고 몸 자체에 부과되는 양극성의 원인과 의미를 살펴볼 수는 없다. 그것은 종교학과 사회학 일반이 풀어야 할 중요한 문제 중 하나이다. 우리는 이 문제를 간접적으로 다뤄서는 안 된다. 아마도 우리는 이 연구에 몇 가지 새로운 요소를 도입했을 것이다. 어쨌든 하나의 특수한 문제가 훨씬 더 일반적인 다른 문제로 귀착하는 것을 보면 흥미롭지 않을 수 없다.

철학자들이 언급했던 것처럼,[89] 좌우의 구별은 우리의 지적 기반을 이루는 필수적인 부분 중 하나이다. 그러므로 지식의 기원에 관한 전통적인 학설들 가운데 어느 하나를 암묵적으로나마 받아들이지 않고는 이러한 구별의 의미와 기원을 설명할 수 없을 것이다.

예전에 생득론자들과 경험론자들 사이에 어떤 논쟁이 있었던가! 그리고 요란했던 변증법적 논쟁은 얼마나 듣기 좋았던가! 인간의 문제에 실험적·사회학적 방법을 적용하면, 독단적이고 모순적인 주장들 사이의 다툼을 끝낼 수 있다. 일단 생득론자들은 다음과 같은 이유로 승리를 거둔다. 오른쪽과 왼쪽에 관한 지적·도덕적 표상들은 모든 개인 경험에 선행하는 진정한 범주들이다. 왜냐하면 그 표상들은 사회적 사고의 구조 자체와 연관되어 있기 때문이다. 하지만 경험론자들도 옳았다. 그들에게 중요한 것은 불변의 본능도 형이상학적이고 절대적인 소여도 아니었기 때문이다. 앞서 언급한 범주들은 개인과 관련해서만 초월적이다. 그런데 집합의식이라는 자신의 발생 환경에 놓이게 되면, 이 범주들은 변화하기 쉽고 복잡한 조건에 의존하는 자연적 사실처럼 나타난다.

만약 두 손의 다른 속성, 즉 한 손의 능란함과 다른 손의 서투름이 대부분 인간 의지의 소산이라면, 두 개의 '오른손'을 가진 인간을 꿈꾸는 것을 결코 몽상이라고 볼 수는 없다. 그러나 양손잡이가 가능하다는 사실로부터 그것이 바람직하다는 결론이 도출되지는 않는다. 지금껏 두 손의 차별을 이끌어온 사회적 원인이 영구적일지도 모르니 말이다. 그렇지만 우리 눈앞에서 펼쳐지고 있는 진화는 이러한 견해를 정당화하지 않는다. 두 손의 가치가 균등화되는 경향은 우리 문명에서 흔치 않은 비정상적인 사실이 아니다. 사물과 존재 사이의 뛰어넘을 수 없는 거리를 만들었고, 특히 오른손의 독점적 우위를 창안했던 과거의 종교적 표상은 이제 완전히 뒤로 물러났다. 설령 인간에게는 왼손이 완전히 발달하는 것이 신체적으로나 기술적으로나 매우 유리하다손 치더라도, 미학과 도덕은 이러한 반역에 괴로워하지 않을 것이다. 왼손이 일하는 데 훨씬 더 효과적이고 때로는 오른손을 대신하게 되는 그런 날이 오더라도, 오랫동안 오른쪽과 왼쪽의 대립과 불가분의 관계를 맺었던 선과 악의 구분은 사라지지 않을 것이다. 수세기 동안 신비한 이상理想이 강제적으로 인간을 일면적이고 생리적으로 손상된 존재로 만들었다면, 이 강제에서 벗어나 선견지명을 갖추게 된 사회는 우리의 왼쪽과 우뇌 반구에서 잠자고 있던 에너지를 더 잘 활용하고 적절한 훈련으로 신체를 조화롭게 개발하기 위해 애쓸 것이다.

# 주

## 죽음과 이중 장례식

1 Dastre, *La vie et la mort*, 296쪽 이하 참고.

2 Lafitau, *Moeurs des sauvages Amériquains* (1724), 2권, 444쪽.

3 다약족의 이 장제葬制는 비교적 잘 알려져 있다. 그라보스키Grabowsky는 자신이 직접 관찰한 사실을 포함해 보르네오 남동부 지역의 다약족(올로응아주족과 오트다눔족)에 관한 자료를 모아 논문으로 발표했다. "Der Tod, das Begräbnis, das Tiwah oder Todtenfest bei den Dajaken", in *Internationales Archiv für Ethnographie*, 2권, 177쪽 이하 참고. 이 논문은 귀중하지만 그리 미덥지는 못하다. 이 논문에는 참고문헌이 포함되어 있다. 하지만 최고의 출처는 하르델란트Hardeland에게서 찾아볼 수 있다. 다약족의 문법에 관한 그의 책(Amsterdam, 1858)에 실린 부록에는 티와Tiwah 의식에서 여사제들이 낭송한 상당수의 노래와 주문이 완벽하게 텍스트로 옮겨져 번역되어 있다. [다약족은 특정 부족의 명칭이 아니라 인도네시아 보르네오섬 내륙에 사는 원주민을 통틀어 이르는 말이다. 올로응아주족, 올로마아냔족, 오트다눔족 등이 모두 다약족에 속한다. 이 글에서 에르츠는 주로 올로응아주족의 이중 장례 관습을 다루고 있다.]

4 올로응아주족에 관해서는 Grabowsky, "Tiwah", 182쪽, 올로마아냔족에 관해서는 Tromp, "Das Begräbnis bei den Sihongern", in *Berichte der Rheinischen Missionsgesellschaft* (1877), 48쪽, 쿠타이 지방의 다약족에 관해서는 Tromp, "Uit de salasila van Koetei", in *Bijdragen tot de Taal Land en Volkenkunde van Neederlandsch-Indië* (1881), 5e série, 3권, 76쪽 및 Bock, *The Head-Huniers of Borneo*, 141~142쪽, 틴자르강 연안의 카얀족에 관해서는 Hose, in Ling Roth, *The Natives of Sarawak*, 1권, 148쪽, 바람강 연안의 롱키푸트족에 관해서는 Kükenthal, "Ergebnisse einer zoologischen Forschungsreise in den Molukken und

Borneo", in *Abhandlungen der Senkenbergischen Naturforchenden Gesellschaft*, 270쪽, 스카판족에 관해서는 Brooke Low, in L. Roth, ibid., 152~153쪽, 보르네오섬 북쪽의 두순족과 무루트족에 관해서는 ibid., 151, 153쪽 참고.

5 Grabowsky, "Der Distrik Duson-Timor in Süd-Ost Borneo und seiner Bewohner", in *Ausland* (1884), 472쪽 및 Tromp, "Sihong.", 47쪽 이하.

6 예를 들어 Nieuwenhuis, *Quer durch Borneo*, 1권, 27쪽 참고.

7 Tromp, "Koetei", 76쪽 참고. 살로몬 뮐러Salomon Müller("Reis in het Zuidelijk gedeelte van Borneo", in *Verhandlingen van de Natuurlijke Geschiedenis der Nederlandsch overzesche Bezittingen, Afdeeling Land- en Volkenkunde*, 402쪽)에 따르면, 베야주강 연안에 사는 올로응아주족은 여러 개의 관을 함께 공동 매장지인 산동 라웅sandong raung에 안치한다. 그런데 하르델란트는 이 보고가 사실과 맞지 않다고 생각한다.(*Dajaksch deutsches Wörterbuch* (1859), 503쪽) 그는 최종 의식이 이루어질 때 비로소 관raung이 공동 매장지인 산동sandong으로 옮겨진다고 분명히 말한다. 어쨌든 뮐러가 보고한 사실이 정확하다면 그 사실은 예외적인 것으로 봐야 한다. 왜냐하면 대기 기간에 관은 따로따로 두는 것이 규칙이기 때문이다.

8 예를 들어 Grabowsky, "Tiwah", 181~182쪽 참고.

9 Hardeland, *Versuch einer Grammatik der dajakischen Sprache*, 350쪽 및 Perelaer, *Ethnographische beschrijving der Dajaks*, 224~225쪽.

10 올로응아주족에게 이런 집은 모두 pasah라는 똑같은 이름을 지닌다. 이 이름에 관해서는 Hardeland, *Wörterbuch*를 참고하라. 할마헤라 북쪽의 알푸루족은 임시 매장지를 "죽은 자의 집"이라고 부른다.(de Clercq, "Dodudi Mataoe en Gowamataoe of zielen-huisjes in het district Tobelo op Noord-Halmahera", in *Internat, Arch. f. Ethnogr.*, 2권, 208쪽)

11 특히 Nieuwenhuis, ibid., 162쪽 참고.

12 티모르해 연안에 관해서는 Riedel, *De sluik- en kroesharige rassen tusschen Selebes en Papua*, 305~306쪽, 티모르에 관해서는 Forbes, *A naturalist's wanderings in the Eastern Archipelago*, 434쪽, 미나하사의 토움불루족에 관해서는 Riedel, "Alte Gebräuche bei Heirathen, Geburt und Sterbefallen bei dem Toumbuluhstamm in der Minahassa", in *Internat, Arch. f. Ethnogr.*, 1권, 108~109쪽 참고.

13 올로응아주족은 이차 장례식이 오랫동안 지연될 것이라고 예상할 때만 시체를 매장한다. 관을 땅 위 높은 곳에 두면 밑으로 떨어질 위험이 있는데, 이는 유족들에게 치명적인 사건으로 간주되기 때문이다. 이들은 무덤 위에 작은 오두막을 놓기도 한다.(Grabowsky, "Tiwah", 182쪽) 올로마아냔족은 집에 시신을 보관하지 못할 때 매장하는 것을 관습으로 삼는다.(Tromp, "Sihong.", 46쪽)

14 Halewijn, in Grabowsky, "Tiwah", 182쪽.

15 Hardeland, *Wörterbuch*에서 '티와'를 다룬 곳 참고.

16 Salomon Müller, op, cit., 402쪽.

17 Hardeland, ibid.

18 포브스(op. cit., 434쪽)에 따르면, 티모르에서는 (유력한 지도자의 경우) 최종 매장까지 소요되는 기간이 한 세기나 되는 경우도 있다. 이때 아버지에게서 아들에게로 장례식의 의무가 상속된다.

19 Grabowsky, ibid., 188쪽.

20 빌켄Wilken이 이처럼 생각한다. *Het animisme bij de volken van der Indischen Archipel*, 77쪽 이하 및 92쪽, 그리고 "Ueber das Haaropfer und einige andere Trauergebräuche bei den Völkern Indonesiens", in *Revue coloniale*, 3권, 255쪽 이하, 4권, 347쪽 이하 참고.

21 Salomon Müller, loc. cit; Hardeland, *Wörterbuch*에서 '티와'를 다룬 곳 참고.



22 일부 저자들은 시신을 일시적으로 전시하는 관습을 필요한 물품을 준비하는 데 오랜 시간이 걸리고 희생제의 때 쓰일 제물을 구하기 어렵다는 이유로만 설명한다. 바타크족의 경우는 Hagen, "Beiträge zur Kenntniss der Battakreligion", in *Tijdschrift voor Indische Taal-, Land- en Volkenkunde*, 28권, 517쪽 및 Rosenberg, *Der Malayische Archipel*, 27쪽 참고. 북쪽 지역의 니아사이스족에 관해서는 Rosenberg, ibid., 156쪽, 티모르에 관해서는 Forbes, op. cit., 434쪽 이하, 케이섬 지역에 관해서는 Rosenberg, ibid., 351쪽 참고.

23 특히 보르네오의 미라나우족, 두순족, 무루트족의 경우가 그러하다.(L. Roth, op. cit., 150~152쪽). 롱키푸트족의 경우는 Kükenthal, op. cit., 270쪽, 보르네오 서쪽 카프세아스강 유역의 다약족에 관해서는 Veth, *Borneo's Wester Afdeeling*, 2권, 270쪽 참고. 오트다눔족은 Schwaner, *Borneo*, 2권, 151쪽, 수마트라의 바탁 오란-카로족은 Hagen, ibid., 520쪽, 티모르해에 관해서는 Forbes, op. cit., 322쪽 이하 및 Riedel, *Sluik- en kroesharige rassen*, 305~306쪽 참고. 부루섬에 관해서는 Forbes, ibid., 405쪽, 세레베스 동부의 알푸루족은 Bosscher, in Wilken, *animisme*, 179쪽 참고. 할마헤라 북부는 de Clercq, op. cit., 208쪽, 바바르섬에 관해서는 Riedel, ibid., 359쪽 참고.

24 이를 위해 관 바닥에 파놓은 구멍을 통해 대나무 파이프를 통과시킨다. 올로응아주족의 경우는 Grabowsky, "Tiwah", 181쪽, 바타크족의 경우는 Van Der Tuuk, *Batakch-Nederduitsch Woordenboek*, 165쪽, 보라앙-몽고우도우 지역의 알푸루족의 경우는 Wilken & Schwarz, "Allerlei over het land- en volk van Bolaäng Mongoudou", in *Mededeelingen Nederlandsche Zendeling-genootschap*, 11권, 323쪽 참고.

25 "다약족이 내게 종종 말했듯, 분해 과정에서 생기는 역겨운 냄새가 그들에게는 특별히 좋게 느껴진다고 한다."(Low, *Sarawak. Its inhabitants and productions*, 207쪽 참고) 여기서 말하는 냄새는 시체 혹은 적의 잘려나간 머리가 썩으면서 나는 냄새를 말한다.

26 Hardeland, *Grammatik*, 218쪽.(주석도 참고) 마이어와 리히터는 죽은 자의 영혼이 밖으로 나오는 끔찍한 일을 막기 위해 관을 밀폐했을 것이라는 의견을 제시한다. 그들은 시체가 부패하면서 생기는 냄새가 영혼이 존재한다는 기호로 여겨졌다고 덧붙인다.(Meyer & Richter, "Die Bestattungsweisen in der Minahassa", in *Abhandlungen und Berichte des Koniglichen Zoologischen und Anthropologisch-Ethnographischen Museums zu Dresden, Ethnographische Miscellen*, 1권, 6호, 110쪽 주 1) 그런데 하르델란트가 기록한 텍스트는 신비로운 위험이 결정적 동기이며, 여기에 죽은 자의 영혼이라는 개념을 도입하는 것은 불필요하다는 점을 보여주는 것 같다.

27 Perham, in L. Roth, 1권, 204, 210쪽. 여기서는 시신을 즉각 매장하는 해안의 다약족에 관해서 다음과 같이 언급한다. "사람들은 죽은 자의 몸을 시신이나 사체로 부르지 않는다. 그것은 안투antu(영혼)이다. 살아 있는 자들이 그들 주위에 안투를 오랫동안 보관하면 초자연적인 사악한 기운에 노출되고 만다."

28 이 책 17쪽 참고.

29 Grabowsky, "Tiwah", 181쪽. 살로몬 뮐러(loc. cit.)에 따르면 질그릇 단지는 시신의 유골이 화장火葬된 장소에 묻혀 있다.

30 다소 모호하긴 해도 이 진술은 친척들이 애도의 금기와 의례 준수에서 아직 벗어날 수 없다는 점을 확실히 보여준다.

31 Tromp, "Sihong.", 48쪽, Grabowsky, "Duson-Timor", 472쪽 참고.

32 이는 1633년 발리에 있던 네덜란드 대사관의 보고에 따른 것이다. *Histoire générale des Voyages*, 17권, 59쪽. Crawfurd, *History of the Indian Archipelago*, 255쪽 참고.

33 Ritter, in Veth, op. cit., 2권, 270쪽. 보르네오 서부 지역에 거주하는 다약족과 올로마아냔족을 더 완벽히 비교하려면 다음과 같은 사실을 덧붙여야 한다. 올로마아냔족의 경우, 우리가 살펴봤던 기이한 의식을 앞두고 죽은 이의 근친들은 49일 동안 쌀 대신 반드시 '젤라이djelaï'라는 갈색을 띤 작은 곡물을 먹어야 하는데, 그것은 아주 역겨운 냄새를 풍길 뿐 아니라 맛도 매우 형편없다. (Tromp, ibid., 44, 47쪽) 우리가 강조한 부분["아주 역겨운 냄새"]을 가지고, 시홍 연변에 거주하는 사람이 먹는 '젤라이'를 서부 지역에 거주하는 다약족에게 부과된 음식, 즉 시체의 본질이 스며든 쌀의 (과거의 관습이 붕괴한 이후 성립한) 대체물이라고 생각할 수 있을까? 이 가정은 우리의 해석에 필수 불가결한 것은 아니다. 앞에서 인용한, 친척들이 반드시 지켜야 하는 '의무'는 질그릇 단지에 액체가 쌓이는 것은 허용되지 않으며 거기서 각자의 몫을 차지해야 한다는 것을 뜻했다. 이 의식은 훗날 임의적인 절차로 바뀌게 된다. 티모르해 일부 섬 지역의 거주민들은 가까운 친척이나 추장의 시체에서 나온 액체를 몸에 문지르는 관습을 가지고 있다.(Riedel, *Sluik- en kroesharige rassen*, 308쪽)

34 예를 들면, 태어난 지 얼마 안 된 아이의 몸이나 월경중인 여성의 몸이 그러하다.

35 Nieuwenhuis, op. cit., 89쪽 참고. 이 책에서 저자는 이 관습의 동기가 “시신을 덮칠지 모르는 악령을 달래려는 욕망”에 있다고 본다. 또한 그는 추장이 죽었을 때 사용되는 다양한 보호 부적도 언급한다. 마찬가지로 임신이나 출산과 관련된 특정 의식에서 가장 많이 노출된 사람들은 “악령이 괴롭히지 못하도록” 솜으로 귀를 막는다.(Riedel, “Alte Gebräuche”, 95, 99쪽) 이런 관습이 오직 살아 있는 사람들을 보호하기 위한 것이라고 보는 저자들도 있다.(Grabowsky, “Tiwah”, 179쪽 참고) 종종 그러하듯, 이 관습도 이중적 목적을 지니고 있어 다분히 모호한 성격을 나타낸다. 그 안에는 두 가지 목적이 혼합돼 있다. 한편으로는 시체에 깃든 불길한 기운의 확산을 막고, 다른 한편으로는 시체를 점령하려는 악령이 침입하는 길을 차단하는 것이다. 또한 몇몇 경우에는 힌두교에서 유래한 몇 가지 요소가 원래 관습에 접목된 것처럼 보인다.



36 Tromp, op. cit., 48쪽. 이 텍스트는 시체가 집에 보관되는 경우를 다룬다. 반면 티모르해에서는 시체를 마을에서 어느 정도 떨어진 해변에 놓아두는데, 이때 관에는 (적어도 유명인사의 관일 경우) 징을 치고 총을 쏘고 격렬하게 몸짓을 하는 남자들의 모습이 그려져 있다. 이는 악한 기운을 관 속에서 잠자고 있는 사람으로부터 멀리 내쫓기 위한 것이다.(Forbes, op. cit., 322쪽 이하 및 Kükenthal, op. cit., 180쪽 참고)

37 이 단순한 형태는 (예외적으로) 올로응아주족에게서만 발견된다. Hardeland, *Wörterbuch*, 233쪽 및 *Grammatik*, 364쪽 주 223 그리고 Braches, “Sandong Raung”, in *Jahresberischte der Rheinischen Mission* (1882), 102쪽 참고. 올로마아냔족에 관해서는 Grabowsky, “Duson-Timor”, 471쪽 및 Thomp, “Sihong.”, 47쪽 참고. 바하우족의 경우는 Nieuwenhuis, op. cit., 104쪽, 카얀족의 경우는 L. Roth, ibid., 2권, 142쪽, 세랑군도의 경우는 Riedel, *Sluik- en kroesharige rassen*, 144쪽 그리고 발리에 관해서는 Van Eck, in Wilken, *Animisme*, 52쪽 참고.

38 Hardeland, *Wörterbuch*, 233, 308쪽, Perelaer, op. cit., 219, 227쪽, Grabowsky, “Tiwah”, 183쪽 이하 참고.

39 바하우족도 마찬가지로 영혼을 두 개로 구분한다.(Nieuwenhuis, op. cit., 103쪽) 다만 이들은 개인이 살아 있는 동안에도 영혼은 두 개로 분리된다고 믿는다.

40 따라서 살아 있는 자들은 그들의 집에서 영혼에게 물질적 지원을 제공한다. 영혼의 마지막 여정과 타계에 관련된 그림으로 덮인 판자가 바로 그것이다. (Grabowsky, “Tiwah”, 184쪽 참고)

41 만약 가족이 티와를 거행하지 않으면, 영혼은 이 일시적 상태가 무한히 연장되는 위험천만한 사태를 겪을 수 있다. 이런 상태를 일컬어 리아우 마타이liau mataï, 즉 죽은 영혼이라고 한다.(Grabowsky, ibid.,181쪽)

42 Kruyt, “Een en ander aanpande het geestelijk leven van den Poso Alfoer”, in

*Mededeelingen van wege het Nederlandsche Zendeling-genootschap*, 39권 (1895), 24, 26, 28쪽 참고. 여기서 저자는 다음과 같이 지적한다. "기다리는 집이란 관념은 텡케가 열리기 전까지 영혼이 지상에 머무른다고 믿는 사람들 사이에서도 존재한다. 의심할 여지 없이 영혼은 대기 기간 중 일부는 지상에서, 나머지 일부는 그 집에서 보낸다고 여겨진다. 다만 이 점에 있어서 알푸루족의 관념은 분명하지 않다." 그러나 이렇게 영혼이 떠도는 것 자체가 우리에게 특징적으로 보인다. 이 두 가지 표상은 논리적으로는 상호배타적이더라도 사실상 서로 밀접히 연관되어 있다.(그 두 가지 표상을 시간의 흐름에 따라 분리할 필요는 없다.) 어쨌든 죽은 자가 타계에 완전히 들어설 수 없는 것은 그가 아직 이 세상을 완전히 벗어나지 못했기 때문이다.

43 예를 들어, 오트다눔족의 경우가 그러한데, 이 점에 있어서 그들은 이웃한 올로응아주족과 대조를 이룬다.(Schwaner, op. cit., 2권, 76쪽 참고)



44 해안가 다약족에 관해서는 Perham, in L. Roth, ibid., 203, 206. 207, 209쪽 참고. 미나하사에 거주하는 토움불루족에 관해서는 Riedel, "Alte Gebräuche", 105~107쪽 참고.

45 영혼이 지상에 잠시 머물다가 죽은 자들의 세계로 떠난다는 믿음은 오늘날 사망 직후 시신을 (최종적으로) 매장하는 사람들 사이에서도 발견된다. 가령, 내륙에 거주하는 다약족에 관해서는 Low, in L. Roth, ibid., 1권, 217쪽, 로티섬에 관해서는 Graafland, "Die Insel Rote", in *Mitteilungen der geographischen Gesellschafts zu Jena*, 8권, 168쪽, Heijemring, "Zeden en gewoonten op het eiland Rottie", in *Tijdschrift voor Nederlandsch-Indie*, 6권, 363쪽 이하 참고. 인용된 두 사례에서는 대기하는 기간만 12일과 9일로 줄어들 뿐이다.

46 Tromp, "Sihong.", 47쪽. 이는 시신을 집에 보관하는 경우에 해당한다. 그렇지 않은 경우, 이 의무는 덜 엄격히 지켜진다. 이에 관해서는 소엠바Soemba 지역의 관습을 참고할 수 있다.(Ross, "Bijdragen tot de kennis van taal, land en volk op het eiland Soemba", in *Verhandlungen van het Bataviaasch genootschap van Künsten en Wetenschappen*, 36권, 58쪽)

47 Perham, op. cit., 209~210쪽. 아침이 되면 사람들은 영혼이 쌀 주변을 지나간 흔적을 발견하곤 한다.

48 Forbes, op. cit., 438, 447쪽. 이 공위空位 기간은 장례 연회에 필요한 막대한 비용 때문에 매우 오랫동안(30년 혹은 그 이상) 지속될 수 있다.

49 따라서 다약족 사람들은 죽기 전에 친척들에게 티와를 너무 늦추지 말아달라고 간청한다.(Grabowsky, "Tiwah", 188쪽)

50 Grabowsky, ibid., 182쪽. 필리핀의 타갈족에 관해서는 Blumentritt, "Der Ahnencultus und die Religiösen Anschauungen der Malaien des Philippinen-Archipels", in *Mitteilungen der Kaiserlichen und Königlichen Geographischen Gesellschaft in Wien*, 25권, 166~168쪽 참고.

51 Perham, ibid..

52 Hardeland, *Wörterbuch*, 308쪽.

53 Riedel, "Alte Gebräuche", 107쪽(토움불루족에 관해서), 카얀족에 관해서는 L. Roth, ibid., 2권, 142쪽 참고. 이런저런 이유로 타계에서 평화나 안도감을 결코 가질 수 없는 영혼은 이에 해당하지 않는다.

54 두 가지 동기 중 어느 것이 '원초적'인가를 따지는 것은 무의미해 보인다. 그것은 단지 임의적으로만 답할 수 있는 잘못 제기된 질문이다.

55 Riedel, op. cit., 106~107쪽 참고. 토움불루족의 사제들은 영혼인도자 psychopompe와 혼령을 쫓는 축귀자exorciste라는 이중적 특성을 지닌다. 죽은 자들의 세계로 영혼을 떠나보내는 의식을 마치고 9일 동안 사제들은 (아직 영혼이 멀리 가지 않았을 경우) 영혼에게 겁을 줘서 친척들을 괴롭히러 오지 못하도록 전쟁 춤을 춘다.

56 이전에 프레이저("On certain burial customs as illustrative of the primitive theory of the soul", in *Journal of the Royal Anthropological Instititute*, 15권, 64쪽 이하)가 제안한 이론을 받아들인다면 친족에게만 이렇게 가해지는 차별화에는 아무런 근거도 없을 것이다. 이 경우 애도 행위는 죽은 자의 영혼이 공격적으로 귀환하는 것으로부터 산 자들을 보호하기 위한 의식에 지나지 않기 때문이다. 그러나 이 이론은 독창적이긴 해도 너무 시야가 좁고 인위적이다. 여기서 우리가 채택한 견해는 『사회학 연보』의 독자들에게는 새로운 것이 아니다.(4권, 192쪽 및 6권, 363~364쪽 참고) 우리가 애니미즘에 근거한 해석을 배제하지 않는다는 점에 주목하라. 영혼은 육신을 벗어난 뒤 집단의 견해가 부여한 기질에 따라, 상중에 산 자들이 지켜야 할 금기의 질투하는 감시자로, 그리고 죽고 난 뒤 시체에 쌓이는 악한 힘을 구현한 인물로 자연스럽게 나타나기 때문이다.

57 Hardeland, *Grammatik*, 218쪽.

58 Hickson, *A naturalist in North Celebes*, 194쪽, Low, in L. Roth, ibid., 1권, 155쪽. 여기서는 잘 알려진 사실을 상기하기로만 한다.

59 보르네오섬 중앙에 거주하는 카얀족에 관해서는 Nieuwenhuis, op. cit., 1권, 338, 391쪽, 올로응아주족에 관해서는 Grabowsky, "Tiwah", 182쪽 및 Hardeland, *Wörterbuch*, 401, 485, 608쪽 참고. 루타스rutas라는 말은 특별히 죽음의 불순함을 가리킨다. 그것은 시체는 물론이고 오염된 집, 강, 사람에게도 적용된다. 팔리 pali(금지된, 죽음을 야기하는)가 정확히 금기를 가리키는 일반적인 단어이다.

60 앞의 주석에서 언급한 글들과 (오트다눔족에 관한) Schwaner, *Borneo*, 2권, 76쪽을 보라. 루앙-세르마타의 원주민에 관해서는 Riedel, *Sluik- en kroesharige rassen*, 328~329쪽 참고. 트롬프("Koetei", 71쪽)가 마하캄강 상류에 거주하는 바하우족에 관해 보고했던 사실들도 이와 매우 유사하다. 화재로 피해를 본 사람들은 마을 밖으로 모두 격리된다. 악령이 그들을 사로잡았다고 간주되기 때문이다. 악령을 쫓아내지 않는 한 이 불행한 자들은 다른 사람들과 접촉할 수

없다. 이를 어기면 죽음을 각오해야 한다. 심지어 그들은 방문객을 맞이하거나 구호를 받을 수도 없다.

61 Hardeland, *Wörterbuch*, 608쪽, Perelaer, op. cit., 227쪽.

62 Hardeland, ibid., 36쪽, Nieuwenhuis, op. cit., 144쪽, Tromp, “Sihong.”, 47쪽, L. Roth, ibid., 1권, 155, 258쪽 및 2권, 142쪽. 금지는 일반적이지만 실제 규정은 매우 다양하다. 따라서 보르네오에는 상복에 관해 나무껍질로 만든 낡은 옷을 입는 경우(바하우족), 닳고 해진 옷을 입는 경우(해안가 다약족), 그리고 처음에는 흰색, 나중에는 검정색의 단색 옷을 입는 경우(올로응아주족)처럼 세 가지 규정이 있다.

63 인도네시아인들의 애도에 관한 이론은 말할 것도 없고 그에 관한 완전한 설명도 이 자리에서 제시할 수는 없다. 우리는 다양한 관행을 실증적으로 확인할 때 끼어드는 부차적인 주제에는 관심을 두지 않는다.

64 적어도 삼일, 일반적으로 칠일간 불순하다고 여겨진다.(Hardeland, *Wörterbuch*, 485쪽 참고)

65 Grabowsky, “Tiwah”, 182쪽. 그들이 이 기간이 지나도 애도를 계속한다면 그것은 의무를 다하는 것이 아니라 개인적 성향을 충족시키기 위해서이다.

66 두 배우자 중 살아 있는 자, 자녀들이 죽었을 경우 부모, 반대로 부모가 죽었을 경우 자녀들, 그리고 형제자매가 이에 해당한다.(Hardeland, ibid., 608쪽, 올로마아냔족에 관해서는 Tromp, loc. cit. 참고) 그런데 한 사람이 애도의 책임과 고됨을 떠맡는 경우가 꽤 많은 것 같다. 한 사람이 애도의 의무를 엄격히 지킴으로써 다른 사람들은 그 의무를 면하게 된다.

67 Hardeland, *Wörterbuch*, 36, 608쪽. 사라와 해안에 거주하는 다약족에 관해서는 L. Roth, ibid., 1권, 130, 156쪽 참고. 과부는 가웨이 안투Gawei Antu(올로응아주족의 티와에 해당하는 의식)가 열릴 때까지 남편의 소유로 간주된다. 과부가 이 기간에 정절을 지키지 않으면 마치 남편이 아직 살아 있는데도 간통을 저지른 것으로 여겨져 처벌을 받는다. 그라보스키(“Tiwah”, 183쪽)가 언급했듯, 이러한 이유 때문에 장례식을 서둘러 앞당기지 않을 수 없다.

68 어떤 경우에는 애도 금기의 혹독함 때문에 살아 있는 사람들은 그들 자신을 이 금기에서 벗어나게 해줄 장례 연회를 적극적으로 준비하지 못한다. 어떤 절충이 없다면 그들은 이러한 처지에서 벗어날 방도가 없을 것이다. 이런 점에서 루앙 세르마타의 원주민(Riedel, *Sluik– en kroesharige rassen*, 328~329쪽 참고)은 흥미로운 사례를 제공한다. 사망한 지 약 두 달이 지나면, 고인의 친척은 희생제의를 치른 후 제사장을 부른다. 그리고 장례식에 필요한 것들을 모을 수 있도록 그들이 마을(그들이 갇혀 있는 곳)을 떠날 수 있게 고인이 허락했는지의 여부를 묻는다. 제사장으로부터 허락하지 않았다는 답변을 들으면 4~6개월 후에 다시 고인의 승낙 여부를 묻는다. 마침내 고인이 동의하면 애도는 끝나고 그들은 1~2년 후에 열리는 마지막 의식을 준비한다.

69 "Ueber das Haaropfer", in *Revue coloniale*, 3권, 254쪽 이하. 빌켄은 인도네시아인들에게 '원래' 애도는 최종 장례식 및 그와 관련된 연회를 치를 때 끝났다는 사실을 잘 보여주었다.

70 Tromp, "Sihong.", 47쪽.

71 예를 들어, 필리핀 잠발족의 경우가 그러하다. Blumentritt, op. cit., 156쪽 참고. 토움불루족의 경우는 Riedel, "Alte Gebräuche.", 107쪽.

72 Grabowsky, "Tiwah", 191쪽, L. Roth, ibid., 2권, 142, 164쪽 주.

73 L. Roth, ibid., 1권, 155, 210쪽. 이 사실은 완전히 유사한 정보, 즉 우리가 앞에서(18쪽) 영혼의 상태에 관해 인용했던 것과 비교해볼 만하다. 다른 저자들(ibid.)은 단순히 머리를 구해와도 금기가 해제되는 효과를 낳는다고 말한다.

74 앞으로 살펴보겠지만 이런 일은 자주 발생한다.

75 브린턴이 이차 매장 관습과 거기에서 나타나는 신앙이 아메리카 종족의 배타적 특성이라고 여기는 것처럼(*Myths of the New World* (1868), 254~260쪽), 일부 민족지학자들은 이 점에 관해 잘못 생각하고 있다.



76 Preuss, *Die Begräbnisarten der Amerikaner und Nordostasiaten*, 307쪽 참고.

77 Spencer & Gillen, *Northen Tribes of central Australia*, 506, 617쪽 및 W. E. Roth, *Ethnological studies among the northwest Queensland aboringines*, 166쪽.

78 Krieger, *New-Guinea*, 177~179쪽, Maclay, "Ethnologische Bemerkungen über die Papuas der Maclay-Küste in Neu-Guinea", in *Natuurkundig voor Nederlandsch-Indië*, 36권, 301~302쪽. 멜라네시아인에 관해서는 Codrington, *The Melanesians*, 261, 268, 288쪽, 나가족에 관해서는 Godden, "Naga and other frontier tribes of north-east India", in *Journal of the Royal Anthropological Institute*, 26권, 194쪽 이하 참고. 타히티인들은 살아 있는 사람들이 죽은 자의 시신을 집에 보관했던 무례한 시대를 기억하고 있다. 시간이 지나 풍습이 발달하고 나서야 비로소 죽은 자를 위해 별도로 집을 짓는 관습이 확립되었다.(Ellis, *Polynesian Researches*, 1권, 404쪽) 우리가 보기에 이 전통의 진위를 의심할 이유는 없으며, 그것이 묘사하는 진화는 아마도 전형적일 것이다.

79 바쿤두족에 관해서는 Seidel, "Ethnographisches aus Nordost-Kamerun", in *Globus*, 69권, 277쪽, 아핀지족에 관해서는 Chaillu, *Voyages et aventures dans l'Afrique équatoriale*, 512쪽, 와파레족에 관해서는 Baumann, *Usambara und seine Nachbargebiete*, 238쪽 참고.

80 타히티에 관해서는 Ellis, loc. cit., Cook, in Hawkesworth, *An account of the vogages undertaken in the southern hemisphere*, 2권, 235쪽, 감비에섬에 관해서는 Moerenhout, *Vogage aux îles du Grand Océan*, 1권, 101~102쪽 및 Cuzent, *Voyage aux Îles Gambier*, 78쪽.

81 Yarrow, "A futher contribution to the study of the mortuary customs of the North American Indians", in *Annual Report, Bureau of Ethnology*, 1권, 158쪽, 168쪽

이하, Schoolcraft, *Indian tribes of North America*, 4권, 65쪽, Keating, *Narrative of an expedition*, 1권, 345쪽, Catlin, *Letters and Notes on the manners, customs and condition of the North American Indians*, 1권, 87쪽 이하, Adair, *History of The American Indians*, 129쪽.

82 Simons, "An exploration of the Goajira Peninsula, U.S. of Colombia", in *Proceedings Royal Geographical Society* (1885), 792쪽, Candelier, *Rio-Hacha et les Indiens Goajires*, 216쪽 이하, 그리고 프로이스가 인용한 텍스트(Preuss, *Begräbnisarten der Amerikaner*, 126쪽 이하) 참고.

83 Swan, *The North West coast*, 70~71쪽, Yarrow, op. cit., 166쪽, Preuss, op. cit., 186쪽. 이집트인들에게 미라화는 처음에는 자연히 발생했던 것 같다. 인공적인 미라화 방식은 나중에 도입되었다.(Maspero, *Histoire ancienne des peuples de l'Orient classique*, 1권, 112, 116쪽)



84 마찬가지로 티모르에서는 출산 후 4개월 동안 산모는 계속 타오르는 불 근처에서 움직이지 않고 있어야 한다. 산모의 몸이 열과 연기로 회복된다고 여겨지기 때문이다.(Salomon Müller, op. cit., 275쪽 참고)

85 쿠르나이족은 건조가 더 빨리 일어나도록 때때로 몸에서 내장을 제거한다. (Howitt, *Native tribes of South East Australia*, 459쪽) 이것은 방부 처리의 예비작업 중 하나이다. 일부 멜라네시아의 섬에서는 시체에 물을 잔뜩 뿌려 살이 빨리 부패하게 한다.(Danks, "Burial customs of New Britain", in *Journal of the Royal Anthropological Institute*, 21권, 354쪽, Codrington, op. cit., 263쪽)

86 퀸즐랜드의 웅가이족에 관해서는 Howitt op. cit., 467쪽, 파푸아인에 관해서는 Salomon Müller, op. cit., 72쪽 및 Goudswaard, *De Papœwa's van d. Geelvinksbaai*, 71쪽 이하, *Finsch, New-Guinea und seine Bewohner*, 86쪽 등 참고.
나이지리아인에 관해서는 Bosman, *Voyage de Guinée*, 229쪽 이하 및 L. Roth, *Great Benin*, 42쪽. (콩고의) 표르트족에 관해서는 Dennett, *Notes on the Folklore of the Fjort*, 22쪽 이하, 마다가스카르섬 주민에 관해서는 Guillain, "Documents sur l'histoire de Madagascar", in *Annales maritimes et coloniales*, 158쪽 및 Grandidier, "Des rites funéraires chez les Malgaches", in *Revue d'ethnographie*, 5권, 214, 222쪽, 아메리카의 자료에 관해서는 Preuss, op. cit., 187쪽 이하 참고.

87 타히티에서 실행되었던 미라 제작법에 관해서는 Hawkesworth, op. cit., 235쪽, Ellis, ibid., 400, 404쪽, Cuzent, loc. cit., Turner, *Samoa*, 145, 148쪽 참고.
와간다족에 관해서는 Declé, *Three years in savage Africa*, 446쪽, 안탄카라나족에 관해서는 Grandidier, ibid., 217쪽, 사할린의 아이누족에 관해서는 Preuss, op. cit., 190쪽 참고. 추장의 과부는 죽임을 당하지 않으려면 장례식까지 1년 동안 시신이 부패하지 않도록 보호해야 했다.

88 우리는 이 욕망이 '자연스럽고' 근본적이라는 증거는 아무것도 없다고 생각한다. 더욱이 인용된 자료 대부분에서 미라화는 추장이나 특별히 사랑하는 아이들만을

위한 예외적인 의례로 나타난다. 우리가 앞으로 밝힐 사실을 고려하면, 시체를 인위적으로 보존하는 것과 단순히 일시적으로 노출하는 것 사이의 상동성을 인정하는 데 큰 어려움은 없을 것이다. 부패하고 남은 마른 뼈는 미라와 똑같이 죽은 자에게는 썩지 않는 몸이다.

89 Maspero, op. cit., 178쪽 이하 및 *Etudes de mythologie et d'archéologie égyptiennes*, 1권, 292쪽 이하, 358쪽 이하. *Livre des morts*, ch. 154, Hérodote, 2권, 86쪽, 창세기, 50장, 3절 참고.

90 여기서 우리는 몸이 분해되기 전(또는 분해되는 동안) 수행된 화장만 거론하려고 한다. 최종 장례식 때 치르는 뼈의 화장은 따로 다루기로 한다. 37쪽 이하를 참고하라.

91 Oldenberg, *Religion du Véda*, trad. franç., 494쪽 이하 및 Caland, *Die Altindischen Todten– und Bestattungsgebräuche*, 99쪽 이하 참고. 칼란드(Caland, op. cit., 180쪽)는 장례 기념물의 건립과 다약족의 마지막 장례식 사이의 연관성을 지적한다. 완전한 형태의 장례식은 커다란 희생제의에서 세 가지 불을 피웠던 집안 가장을 위한 것이다.(ibid., 128쪽) 다른 사람들의 경우에는 유해를 단순히 매장하거나 강물에 뿌린다.(107쪽) 하지만 두 의식 사이에는 정도와 엄숙성의 차이만 있다. 다른 텍스트는 화장과 마지막 의식 사이에 경과해야 하는 시간에 대해 다양한 정보를 제공한다. 하지만 정확한 정보는 아니다.(99, 116, 130쪽) 오늘날 가장 널리 퍼진 관습은 화장 후 3일째 되는 날 유해를 모으는 것이다. 하지만 가장 오래된 전통에 따르면, 불결한 기간이 끝나는 10일째 되는 날 마지막 의식을 치르는 것으로 보인다. 고대 아즈텍인들은 화장하고 남은 뼈를 죽은 자의 가면을 쓴 조각상 안에 안치한 다음 4년 동안 이 조각상을 보관하고 받들었다. 그리고 두번째 화장을 한 후에 유골을 매장했는데, 이 마지막 의식을 치를 때 영혼이 마지막 거처에 도달한다고 여겼다.(Sahagun, *Histoire générale des choses de la Nouvelle–Espagne*, trad. franç. 221쪽 이하, Ed. Seler, *Gesammelte Abhandlungen zur amerikanischen Srachund Alterthumskund*, 2권, 678쪽 이하 및 746쪽, Z. Nuttall, *Codex Nuttall* (Peabody Museum, 1902), 25쪽 이하 및 81쪽 이하 참고) 미국 오리건주의 톨코틴족의 경우, 석회화된 뼈를 과부에게 건네주면 애도 기간(약 3년) 동안 가지고 있다가 장례 기념물에 안치한다. 이때 과부는 의무에서 벗어난다. Ross Cox, in Yarrow, op. cit., 144쪽 이하, 마찬가지로 타칼리족의 경우는 Hale, *United State exploring expeditions* (1846), 203쪽, 루쿠엔족의 경우는 Crevaux, *Voyages dans l'Amérique du Sud*, 120~121쪽 참고.

92 토다족의 경우 이 상동성은 더 분명히 나타난다. 이들은 시체의 화장을 공공연하게 '일차 장례식'이라는 이름으로 부르기 때문이다. 이는 첫번째 화장을 다소 긴 시간이 지난 후에 치르는 '이차 장례식'과 구별하기 위해서이다. 이차 장례식 때는 유골을 새로 화장해 남은 재를 최종 매장한다. 이 두 의식 사이의 기간에는 유골을 망토로 감싸 마치 시체처럼 취급한다.(유골은 시체와 같은

이름을 지닌다.) 이때 영혼은 아직 죽은 자들의 세계에 이르지 못한 채 악의에 차 있다고 여겨지며, 가까운 친척들은 불순한 존재로 취급받고 금기시된다. 중간 단계의 기간은 최소 1개월, 때로는 1년 이상 지속된다. 우리가 알고 있듯, 이러한 신앙과 관행은 정상적인 유형과 정확히 일치한다.(Rivers, *The Todas*, 337, 364쪽 이하, 378쪽 이하, 403, 697, 701쪽 참고)

93 예를 들어 틀링깃족이 이러한 경우에 해당한다.(Krause, *Die Tlinkit-Indianer*, 222쪽 이하 및 227쪽 참고)

94 말버러 지역에 거주하는 오스트레일리아 부족들의 경우 시신을 임시 매장하는 것, 시신을 단 위에서 전시하는 것과 함께 화장이 이루어진다. 화장은 이러한 시신 처리 방식과 같은 수준에 놓인다.(Howitt, op. cit., 470쪽 참고)

95 이러한 염려는 힌두교에서 화장을 할 때 사람들이 아그니에게 바치는 기도문에 분명히 나타난다. "그(죽은 자)를 파괴하지 마십시오, 그를 해치지 마십시오. 그의 팔다리를 찢지 마십시오. 그를 적당히 익힌 후에 우리 조상들에게 보내주시겠습니까?" 그래서 사람들은 불의 파괴력에 대한 대체물을 제공한다. 그것은 화장대火葬臺에 묶어두었다가 탈출하도록 내버려두는 염소이다. (Caland, ibid., 59, 62, 67, 175쪽 이하 참고) 물론 이 의식에는 많은 외래적 요소, 특히 영혼인도자 역할을 하는 아그니와 같은 개념이 있다. 그러나 (올덴버그 (Oldenberg, op. cit., 499쪽)가 그랬던 것처럼) '불의 원시적인 역할'을, 산 자들을 시체라는 불순하고 위험한 대상으로부터 벗어나게 해주는 일에 제한하는 것은 자의적으로 보인다. 과거로 거슬러올라갈 수 있는 한, 일반적인 장례식처럼 화장의 정화 행위는 살아 있는 자와 죽은 자 모두의 이익을 위해 작동한다. (캘리포니아에 거주하는 부족에 관해서는 Powers, "Tribes of California", in *Contribution to North American Ethnology*, 3권 (1876), 194, 207쪽 참고) 영혼은 불의 작용을 통해서만 구원받고 해방될 수 있다.

96 화장은 미라화와 정반대처럼 보이지만 미라화와 결합할 수도 있다. 따라서 "키체족은 재를 모아 고무에 섞어 동상을 빚은 후 고인의 모습을 나타내는 가면을 씌웠다. 그리고 동상은 무덤에 놓아두었다."(Brasseur de Bourbourg, *Popol-Vuh*, 192~193쪽)

97 Rohde, *Psyche* (2판), 1권, 30~32쪽 참고.

98 힌두교 의식에서 화장에 사용되는 불은(이 불은 완전히 꺼야만 한다) '살을 먹는 사람'인 Krâvyâd라는 이름으로 불린다.(Caland, ibid., 113쪽)

99 시체의 단순한 전시와 완전한 화장 사이에는 중간 형태도 있다. 전시는 며칠 동안만 지속되며, 사람들은 가능한 한 빨리 불에 탄 살을 뼈에서 벗겨내려고 한다. 여기서 뼈의 건조와 불결한 부분의 제거를 더 빠르게 끝낼 것을 목적으로 삼는 진정한 화장이 부분적으로 나타난다.(사우스캐롤라이나의 샌티족에 관해서는 Lawson, in Mooney, *Siouan tribes of the East*, 79쪽, 하와이인에 관해서는 Ellis, op. cit., 132쪽 이하, 359쪽 및 Preuss, op. cit., 309~310쪽 참고)

일부 저자들은 오랜 시간이 지나 시신의 분해가 이미 상당히 진행되었을 때만 화장이 일어난다고 지적한다.(틀링깃족에 관해서는 Krause, op. cit., 222, 234쪽 그리고 Erman, "Ethnographisches Wahrnehmungen und Erfahrungen an den Küsten des Berings-Meeres". in *Zeitschrift für Ethnologie*, 2권, 380쪽 이하 참고. 몇몇 갈리비족에 관해서는 Biet, *Voyage de la France équinoxiale en l'isle de Cayenne* (1664), 392쪽 참고) 인용된 두 사례의 경우 집에서 시체를 전시한 다음 화장을 진행한다. 우리는 모든 곳에서 화장이 시신의 임시 매장이나 전시 후에 일어난다고 주장하지 않는다. 이는 검증 불가능한 역사적 가설로 우리의 논문을 불필요하게 복잡하게 만드는 것이다. 우리는 이러한 서로 다른 방식들 사이에 동등성이 있고 그것들은 모두 같은 본질적 관심사에 응답하는 것임을 확인하고자 할 뿐이다. 클라인파울은 다소 다른 방식으로 화장이 자연적 분해 과정을 가속화함으로써 그것을 재생산할 뿐이라는 생각을 제시한 바 있다. (R. Kleinpaul, *Die Lebendigen und die Toten*, 93~95쪽)



100 Steinmetz, *Der Endokannibalismus* 참고.

101 어떤 집단이 참석하는가는 부족마다 다르다. Spencer & Gillen, *Northern Tribes*, 548쪽 및 Howitt, op. cit., 446~449쪽 참고.

102 이러한 의도는 유아를 살해한 후 손위 형제자매의 생명력을 강화하기 위해 그들에게 죽은 유아의 살을 먹였던 경우에 분명하게 나타난다.(Howitt, ibid., 749~750쪽, Spencer & Gillen, ibid., 608쪽 참고) 호윗은 인간의 지방이 지닌 주술적 덕성에 대한 광범위한 믿음이 있었다는 사실을 지적한다. 지방 안에는 인간의 힘과 건강이 있기 때문이다. 예를 들어 디에리족 같은 몇몇 부족은 죽은 자의 지방만 섭취한다.(Howitt, ibid., 367, 411, 448쪽 참고) 하지만 우리는 이 해석이 철저하다고 생각하지 않는다. 디에리족 사이에서 죽은 자의 지방을 먹는 것은 친척들을 진정시키고 그들의 슬픔을 덜어주기 위한 것이다. 그것은 항상 살아 있는 자의 상태에 바람직한 변화를 가져온다.

103 투르발족은 죽은 이에 대한 애정을 내세우면서 이 관습을 정당화한다. "이렇게 그들은 죽은 이가 어디에 있는지 알았으니 그의 살에서는 악취가 나지 않을 것이다."(Howitt, 752쪽) 남아메리카 인디언에 관해서는 Preuss, op. cit., 218쪽 참고. 기독교로 개종한 어느 마수루나족은 자기가 기독교 방식으로 매장되면 친척이 아닌 벌레에 의해 먹힐 것이라고 불평하곤 했다.

104 우리는 스펜서와 질렌(Spencer & Gillen, op. cit., 549~554쪽)이 빈빈가족에 관해 보고한 사실을 따른다. 빈빈가족은 뼈를 나무껍질로 감싼 후 완전히 마를 때까지 평평한 단 위에 일정 기간 보관한다. 그다음 새 나무껍질로 다시 뼈를 감싸 두 갈래로 갈라진 나무 기둥 위에 올려놓거나 야영지 한가운데에 가져다 놓는다. 약 1년 혹은 그 이상, 뼈는 그곳에 그대로 있게 된다. 스펜서와 질렌이 제안했듯, 빈빈가족이 행하는 이 일련의 의식을 그들과 이웃한 구단지족의 의식과 비교해보는 것은 매우 유익하다.(ibid., 545쪽) 구단지족은 예외적으로만

엔도카니발리즘을 실행한 것으로 보인다. 먼저 대부분의 살이 뼈에서 사라질 때까지 나무 위에 있는 단 위에 시체를 올려놓는다. 그다음 뼈를 나무껍질로 감싸서 뼈가 쉽게 해체될 정도로 충분히 마를 때까지 단 위에 둔다. 그리고 다시 뼈를 다른 재료로 감싸 뼈가 하얗게 될 때까지 나무 위에 놓아둔다. 그래야 최종 장례식을 치를 수 있다. 우리는 빈빈가족과 구단지족의 의식이 정확히 대응한다는 점을 확인할 수 있다. 구단지족이 시신을 전시하는 첫번째 기간은 친척이 살을 섭취하는 빈빈가족의 의식을 대신한다. 따라서 우리는 해안가에 거주하는 부족들[빈빈가족과 구단지족] 사이에서 관찰된 상황에서 중앙 오스트레일리아의 상황으로 쉽게 넘어갈 수 있다. 예를 들어 카이쉬족의 경우, 마지막 장례식은 모든 살이 뼈에서 사라질 때까지 나무 위에 몇 달 동안 시신을 노출한 후에 진행된다.(ibid., 508쪽) Howitt, ibid., 470, 753쪽 참고. 보토쿠도족의 경우는 Rath, in Preuss, ibid., 219쪽, 치리후아나족에 관해서는 Garcilasso De La Vega, *The Royal commentaries of Peru* (1688), 278쪽 참고.



105 이것이 그랑디디에르(Grandidier, op. cit., 214쪽)가 마다가스카르에 관해 제시한 설명이다. "이 관습은 살의 분해에 의해 생성되고 불결한 것으로 간주된 부패성 물질을 뼈와 함께 최종적으로 매장하지 않는 것을 목적으로 삼은 것 같다."

106 *Zend–Avesta* (trad. Darmesteter), 2권, x 이하 및 146쪽 이하.

107 *Vendidad*, 3권, 8쪽 이하 및 7권, 25쪽 이하.

108 이것이 바로 그 유명한 '침묵의 탑'으로 알려진 다크마Dakhmas이다. Darmesteter, ibid., 155쪽 이하 참고.

109 *Vendidad*, 6권, 44쪽 이하 및 8권, 10쪽. '시체가 태양을 본다'는 것이 필수적이다. (ibid., 3권, 8쪽 주 14, 7권, 45쪽 참고)

110 *Vendidad*, 7권, 46쪽.

111 ibid., 8권, 33쪽 이하. 이 선언 뒤에는 '건조된 것은 건조된 것과 섞이지 않는다'는 일반 원칙이 뒤따른다.

112 ibid., 6권, 49쪽 이하 및 각주 참고. 이차 장례식 관습은 폐지되었다. 대신 오늘날 파르시교도들은 "건조된 해골을 일 년에 두 번 다크마의 중앙우물에 던진다."(Darmesteter, op. cit., 156쪽) 그런데 9세기까지도 고대 관습에서 다크마는 일종의 격리시설이었으며, 그곳에서 죽은 자의 유해는 일단 정화한 후 밖으로 빼내야 했다. 이란의 의식과 힌두교의 의식을 비교해보면 화장에 관해 우리가 제시한 해석이 맞는다는 것을 확인할 수 있다.

113 Biet, op. cit., 392쪽. 이 기간이 끝난 후에는 우리가 살펴보게 될 최종 장례식이 열린다. 퀸즐랜드의 불리아 지역에 사는 부족에 관해 로스는 다음과 같이 언급한다. "이 미개인은 음식과 담배를 매장지로 가져오는 것이 중단되면, 시체가 나이가 들어서 '다른 곳으로' 떠난다고 막연하게 상상한다."(W. E. Roth, *Ethnol. Stud.*, 165쪽 참고) 투아모투제도의 기독교로 개종한 원주민들

사이에서는 과부와 친척들이 매일 밤 무덤에 와 고인을 돌보며 잊지 않고 음식을 가져다놓는다. 이 의례는 2주 동안 의무적으로 행해지는데, 바로 이 기간이 시체가 분해되는 시간에 해당한다고 한다.(Stevenson, *In the South Seas*, 185쪽 이하 및 201쪽 참고)

114 Bath, in Koch, "Zum Animismus der südamerikanischen Indianer", in *Internat, Arch. f. Ethnogr.*, (1900), 26쪽. 이 텍스트에는 이차 장례식에 관한 언급은 없다.

115 Tylor, *La Civilisation primitive*, 1권, 558쪽 이하 참고. 마지막에 언급한 내용에 관해서는 Mariner, *An Account of the natives of Tonga*, 2권, 129쪽의 피지인에 관한 내용 참고. 래브라도의 에스키모인에 관해서는 *Geological Survey of Canada*, 8권 (1895), 55쪽 L. 참고. 물건의 영혼은 그 물건이 부서지자마자 해방된다고 여겨진다. 무니(Mooney, "The funeral customs of Ireland", in *Proceedings American Philosophy Society*, 1888, 295쪽)가 보고한 아일랜드에서 전해지는 이야기에 따르면, 어떤 사람이 죽은 아버지를 위해 옷을 주문해서 자기가 직접 입었는데, 이 옷이 해어지면 다른 세계에 있는 아버지가 그 옷을 입는다고 한다.



116 Batchelor, *The Aïnu of Japan*, 561쪽. 물질적 대상에 대해서도 같은 표상이 존재한다. 저자는 임시 매장 관습을 언급하지 않는다. 사할린의 아이누족에 관해서는 Preuss, ibid., 114, 190쪽 참고. 피슨은 오스트레일리아에 유사한 신앙이 있다는 사실을 발견했다.(Fison, "Notes on Fijian burial customs", in *Journal of the Royal Anthropolical Institute*, 10권, 140쪽 이하)

117 마카족에 관해서는 Swan, "The Indians of Cape Flatterey", in *Smithsonian Contributions to Knowledge*, 16권 (1870), 78, 83, 84, 89쪽 참고. 클랠럼족과 트와나족에 관해서는 Eells, in Yarrow, op. cit., 171쪽 이하 및 176쪽. 이 부족들은 높은 곳에 걸친 카누 위에 시체를 전시하며 약 9개월 후에 최종 매장한다. 오늘날 마카족은 죽음 직후 시체를 매장한다. 하지만 그들에게는 고대 관습의 흔적이 명확히 남아 있는 것으로 보인다.

118 Codrington, op. cit., 257, 260, 277, 286쪽 참고. 코드링턴은 사아saa 섬에서 (저명한 이가 죽었을 경우) 시체의 부패 과정을 앞당기거나 시체에서 나오는 악취를 막기 위해 취해지는 관행도 이와 같은 관념을 갖고 있다고 본다. 이런 식으로 마나가 풍부한 영혼이 더 빨리 활동하고 유연해지는데, 이런 영혼만이 린달로가 된다.(Codrington, ibid., 253쪽, Penny, *Ten Years in Melanesia*, 56쪽) 영혼이 지상에 일시적으로 머무른다는 관념도 발견된다.(Codrington, ibid., 267쪽, 284쪽, Penny, ibid., 55쪽, *Reports of the Cambridge Anthropological Expedition to Torres Straits*, 5권, 355쪽 참고)

119 Codrington, ibid., 179~180쪽, Penny, ibid., 56쪽.

120 Lord, "The belief of the Sihanaka with regard to the soul", in *Antananarivo annual*, 7권 (1883), 95쪽.

121 베칠레오족에 관해서는 Richardson, "Remarkable burial customs among the

Betsileo", in *Antanan. Ann.*, 1권 (1875), 73쪽 이하, Shaw, "The Betsileo. Religions and social customs", in *Antanan. Ann.*, 4권 (1878), 6~7쪽, Sibree, *Great African Island*, 277쪽, Grandidier, op. cit., 217, 221, 225, 231쪽, Guillain, op. cit., 158쪽. 베칠레오족은 저명한 사람이 죽으면 몇 달 후에 그의 무덤에서 뱀을 찾아 화려한 의식을 거행하면서 마을로 데려오는데, 이때부터 이 뱀은 마을의 수호자가 된다.(Hollis, *The Masai*, 307쪽) 특히 부자나 주술사가 죽었을 때는 시체가 부패하자마자 영혼이 뱀 안으로 들어간다. 그러면 뱀은 부자나 주술사의 아이들을 돌보기 위해 마을을 찾아간다.

122 앞서 인용한 저서에서 클라인파울이 이런 주장을 내놓았다. 그는 다음과 같이 말한다. "핵심은 죽은 사람이 사라진다는 것이다. 미개인들에게 부패는 일종의 승화이며, 그 결과 더 우월한 존재가 구성된다."(R. Kleinpaul, *Die Lebendigen und die Toten*, 31~34쪽)

123 이 책의 주 113 및 Grandidier, op. cit., 225쪽, Candelier, *Rio-Hacha*, 218쪽 참고. 과히라반도에 거주하는 원주민들의 경우, 가까운 친척들은 불을 피우고 9일 동안 무덤에 음식을 놓아둔다. 왜냐하면 그들에게는 9일이 지나기 전까지 죽은 이는 실제로 죽은 것이 아니기 때문이다. 이 기간이 1년 또는 2년이 소요되는 (뼈가 완전히 건조될 때까지의) 임시 매장 기간과 일치하지 않는다는 사실에 주목하라.(Simons, "An exploration of the Goajira Peninsula", in *Proceedings Royal Geographical Society* (1885), 792쪽. Ellis, *Polynesian Researches*, 1권, 404쪽, 아루섬 원주민에 관해서는 Riedel, *Sluik- en kroesharige rassen*, 267쪽 이하)

124 Wilken, "Das Haaropfer", in *Revue Coloniale*, 3권, 부록 참고. 흔히 죽은 이의 영혼은 과부의 행실을 주시하면서 끊임없이 그녀를 따라다닌다고 여겨진다. 수혼제嫂婚制를 엄격히 따르는 사회에서도 과부가 다시 결혼하려면 종종 마지막 장례식이 끝나고 나서야 가능하다는 점에 주목하라. 그러나 (가령 칩페웨이족처럼[Yarrow, op. cit., 184쪽 참고]) 때로는 그보다 더 일찍 새로 결혼할 수도 있는데, 이때는 과부를 애도의 의무에서 구제하거나 그 의무를 면제한다. 이 경우 엄밀한 의미의 승계는 없지만, 죽은 이의 존재가 형제나 사촌에게로 이어진다.(Caland, op. cit., 42쪽 이하) 이러한 사실에 관한 자료는 상당히 많고 잘 알려져 있다. 우리는 그중에서 몇 가지만 인용한다. Spencer & Gillen, *Native Tribes*, 502쪽 및 *Northern Tribes*, 507쪽, 아루섬 원주민에 관해서는 Riedel, *Sluik- en kroesharige rassen*, 268쪽, 파푸아인의 경우 Van Hasselt, in *Mitt. d. Geog. Ges. z. Jena*, 10권, 10쪽, Rosenberg, *Der Malayische Archipel.*, 434쪽, 마오리족에 관해서는 Taylor, *Te Ika a Maori*, 99쪽, 길버트제도에 거주하는 원주민에 관해서는 Meinicke, *Inseln des Stillen Oceans*, 2권, 339쪽, 이로쿠아족에 관해서는 Lafitau, op. cit., 2권, 439쪽, 틀코틴족에 관해서는 Yarrow, ibid., 145쪽, 기아나에 거주하는 부족들에 관해서는 Koch, op. cit., 70~71쪽, 나이지리아인에 관해서는 Kingsley, *Travels in West Africa*, 483쪽, Dieterle, "Gebräuche beim

Sterben eines Königs", in *Ausland* (1883), 756쪽, 표르트족에 관해서는 Dennett, *Notes on the Folklore of the Fjort*, 24, 114, 156쪽, 바롱가족에 관해서는 Junod, *Les Ba-Ronga*, 66쪽 이하, 마다가스카르인에 관해서는 Grandidier, op. cit., 217, 262쪽 및 Rabe, "The Sihanaka and their country", in *Antanan. Ann.*, 3권, 65쪽. 빌켄이 인정했듯 과부를 의례적으로 살해하는 것이 원래의 일반적인 규칙이었음을 증명하는 것은 없다.(Wilken, ibid., 267, 271쪽)

125 예를 들어 바롱가족의 경우가 바로 그러하다.(Junod, ibid., 56, 67쪽) (포르투갈령 잠베지강 연안의) 센가족에 관해서는 Declé, op. cit., 234쪽 이하, 바라라족의 경우는 Ruete, "Der Totenkultus des Barabra", in *Globus*, 76권, 339쪽 참고.

126 코스타리카의 인디언에 관해서는 Gabb, "On the tribes and languages of Costa Rica", in *Proc. Am. Phil. Soc.* (1875), 507쪽 및 Bovallius, "Resa i central Amerika", in *Internat, Arch. f. Ethnogr.*, 2권 78쪽, 표르트족에 관해서는 Dennett, op. cit., 178쪽과 주석들, 24쪽, 바롱가족에 관해서는 Junod, op. cit., 56, 128쪽 이하, 니암웨지족에 관해서는 Stuhlmann, *Mit Emin Pascha ins Herz von Afrika,* 90~91쪽, 통가족에 관해서는 Baessler, *Südsee Bilder,* 332~334쪽. 라이베리아의 나이지리아 부족에서도 같은 현상이 다른 형태로 나타난다. 왕의 시체는 그의 계승자가 죽었을 때 비로소 매장된다. 계승자가 통치하는 전 기간은 죽은 왕의 임시 매장 기간과 일치한다. 이 기간 동안 '실제로 죽은 것으로 간주되지 않는' 전前 왕은 후계자를 돕고 그가 행하는 기능을 돕는다. 따라서 왕은 자신의 죽음과 후계자의 죽음 사이의 기간에만 진정한 왕의 직분을 소유하게 된다. 왕은 살아 있는 동안 일종의 섭정만을 행사할 뿐이다.(Büttikofer, "Einiges über die Eingebornen von Liberia", in *Internat, Arch. f. Ethnogr.*, 34, 83~84쪽) 베냉에서도 같은 관습의 흔적이 발견된다. 여기서는 이전 왕의 죽음이 완결되어야만 새로운 왕의 즉위가 이루어진다. 이를 확인하기 위해 사람들은 왕과 함께 산 채로 묻힌 하인들에게 질문을 던진다. 하인들이 "왕이 매우 아프다"라고 답변하는 한 사람들은 음식을 가져다주며 마을에는 애도 기간이 지속된다. 사오일 정도 지나 답변이 없을 때, 비로소 후계자가 즉위하게 된다.(L. Roth, *Great Benin*, 43쪽, Nassau, *Fetichism in West Africa*, 220~221쪽 참고)

127 추장이나 그의 친척이 죽으면 무정부 상태나 일종의 해방 기간이 뒤따른다는 것은 일부 지역에서는 어김없이 일어나는 현상이다. 피지에서는 추장이 죽으면 피지배 부족들이 수도를 침략해 아무런 저항도 받지 않고 온갖 잔혹한 행위를 저지른다.(Fison, in *Journ. Anthr. Inst.*, 10권, 140쪽) 캐롤라인제도(Kubary, "Die Verbrechen und das Strafverfahren auf den Pelau Inseln", in *Original Mittheilungen aus der Ethnologischen Abteilung der Königlichen Museen zu Berlin*, 1권, 7쪽 및 *Ethnographische Beiträge zur Kenntnis der Karolinischen Inselgruppe und Nachbarshaft*, 70쪽 주 1)와 마오리족(Colenso, *On the Maori races of New Zeland,*

*in Transactions and proceedings of the New Zeland Institute*, 13권, 59, 63쪽, Dumont d'Urville, *Histoire générale des voyages*, 2권 448쪽) 사이에서도 같은 일이 벌어진다. 다른 지역의 경우 죽은 추장의 가족은 음식과 물품을 약탈당한다. 금기를 위반할 때마다 동일한 반응이 나타나는 점에 주목하라. 추장의 죽음은 그 측근들이 처벌을 감수해야 할 진정한 신성모독이다. 그래서 이방인들이 저지르는 약탈행위는 필수적으로 감당해야 할 속죄와 같은 것이다. 하와이제도에서는 사람들이 특별한 이름을 지닌 분노에 사로잡힌다. 일반적으로 범죄로 간주되는 거의 모든 행위(방화, 약탈, 살인 등)가 저질러지고 여성은 공공연히 매춘을 해야 한다.(Ellis, *Polynesian Researches*, 4권, 177, 181쪽, Campbell, *A voyage round the world*, 143쪽) 마리아나제도에 관해서는 Le Gobien, *Histoire des îles Marianes* (1700), 68쪽, 갬비어제도에 관해서는 Cuzent, *Voyage aux Gambier*, 118쪽, 베칠레오족에 관해서는 Shaw, loc. cit., 트치족에 관해서는 Dieterle, op. cit., 757쪽, 와이다족에 관해서는 Bosman, *Voyage de Guinée* (1705), 390쪽 이하. "왕의 죽음이 공표되자마자, 사람들은 할 수 있는 한 최선을 다해 이웃을 약탈한다. ……왕과 함께 정의가 죽었기에 이런 행위를 처벌할 권리를 지닌 사람은 없다." 약탈은 후계자가 선포되는 즉시 중단된다.



128 앞의 주를 참고하라. Grandidier, op. cit., 218, 220쪽 참고.

129 Fison, loc. cit.. 저자는 이중 장례식에 관해 어떠한 언급도 하지 않는다. 윌리엄스는 바누아레부섬에서는 추장의 죽음을 선포하는 것이 약탈의 신호라고만 언급한다.(Williams, *Fiji and the Fijians, the islands and the inhabitants*, 187쪽 이하) 당연히 한동안 추장의 죽음을 비밀에 부친다. 또한 윌리엄스(204쪽)는 발굴 의식이 이전에도 존재했음을 보여주는 흥미로운 전통을 보고한다.(198쪽 참고)

130 따라서 타히티에서 시체를 평평한 판 위에 놓고 난 후 즉시 치르는 의식은 '불순함을 묻는 것'을 목적으로 삼는다. 이는 살아 있는 자들이 불순함의 영향을 받지 않도록 하기 위해서이다.(Ellis, op. cit., 401~403쪽) 마오리족의 경우는 Taylor, op. cit., 99쪽 참고. 마찬가지로 아베스타의 의식은 '네 개의 눈을 가진 노란 개'를 시체 곁에 데리고 가야 한다고 규정한다. 이 개의 시선이 '전염을 때린다'. 이 사그디드Sagdîd 의식[조로아스터교 장례식의 필수적인 부분을 구성하는 의식]은 불순함을 없애지는 못해도 그 위험을 줄일 수 있다고 명시되어 있다.(*Zend-Avesta*, xi, 149쪽 및 *Vendidad*, 7권, 29쪽 이하, 8권, 16쪽 이하)

131 타히티에서 이 사악한 기운은 아우미하aumiha라는 특별한 이름을 가지고 있다.(Ellis, op. cit., 405쪽) 코스타리카의 브리브리족에게 (처음 임신한 여성의 몸에 이어) 가장 불결한 것은 시체이다. 따라서 임시 매장지 근처를 지나가는 동물은 오염되었으므로 죽여야 한다. 그 동물의 살은 먹을 수 없다.(Gabb, op. cit., 499쪽) 마찬가지로 다크마는 "악마 무리가 급습하고 질병이 발생하며" 범죄가 자행되는 저주받은 장소이다.(*Vendidad*, 7권, 56쪽 이하)

132 Man, "On the Andamanese and Nicobarese objects presented to Maj.-Gen. Pitt Rivers", in *Journ. Anthr. Inst.*, 9권, 281쪽 이하, 12권, 141쪽 이하. 이들은 버려진 마을 주변에 나뭇잎 화환을 걸어 낯선 사람들에게 위험을 경고한다.

133 Verguet, "Arossi ou San-Christoval et ses habitants", in *Revue d'Ethnographie* (1885), 193쪽, Somerville, "Ethnographical notes in New Georgia, Solomon Island" in *Journ. Anthr. Inst.*, 26권, 404쪽.

134 우리는 이 단어를 죽음 직후에, 때로는 단말마의 고통 속에서 발생하는 격렬한 정서적 흥분이 아니라 정해진 기간까지 고인의 특정 친척들에게 부과된 지속적이고 장기적인 상태로 이해한다. 이 구분(절대적인 구분은 아니다)에 관해서는 Ellis, op. cit., 407쪽 이하, Lafitau, op. cit., 2권, 438쪽, Nassau, *Fetichism*, 219쪽 참고.

135 토다족에게 시체를 의미하는 kedr라는 단어는 일차 장례식과 이차 장례식 사이의 간격과 죽은 자의 친척이 이 기간에 처하게 되는 특별한 상태를 동시에 의미한다.(Rivers, op. cit., 363쪽 이하)



136 Shortland, *Maori religion and mythology* (1882), 52쪽. 이 이야기는 정해진 기간이 만료되기 전에 아들이 금지 사항 하나를 위반했다고 덧붙인다. "그때 아버지의 성스러운 유해가 그에게 등을 돌렸다. 그러자 그는 죽었다." 여기서 영혼이 죽은 자들의 어두운 지하세계에서 과도기를 통과한다고 간주되는 점에 주목하자. 이러한 믿음과 임시 장례의 방식이 매장이라는 사실 사이에는 아마도 어떤 연관성이 있을 것이다. 추장의 영혼의 마지막 운명은 천상의 신들과 합류하는 것이다.(Taylor, op. cit., 100쪽) 언급된 문헌에서 죽어가는 사람에 대한 자의적인 환상을 볼 필요는 확실히 없다. 왜냐하면 사체를 발굴하기까지 기간이 일반적으로 2년에 불과하다는 점에서 규정된 의식이 실제로 지켜지기 때문이다. (Taylor, ibid., 99쪽 이하 및 Tregear, "The Maoris of New Zealand", in *Journ. Anthr. Inst.* (1889), 105쪽) 그러나 같은 마오리족 사이에서 고인의 가장 가까운 친척이 적절한 의식을 통해 그에게 부과된 특별한 신분에서 해방되어 고인과 맺은 유대를 끊을 수 있다는 점에 주목하자. 이때 애도 기간은 극도로 단축된다. (Shortland, ibid., 53~63쪽)

137 우리는 애도 기간이 임시 매장 기간과 일치하지 않는 경우 애도 기간이 단축된다고 가정했다.(이 책 22쪽 참고) 이 사실은 피지에 관해서 역사적으로 입증될 수 있는 것처럼 보인다. 이 섬(여기서는 첫번째 매장이 최종적이다)에서 애도는 10~20일 동안만 지속되는데, 이 기간을 백일 밤이라고 부른다. 이는 정확하게 다른 멜라네시아 섬에서 이루어지는 애도 기간 및 임시 매장 기간에 해당한다. 따라서 피지섬에서는 애도가 원래 백일 동안 지속되었다가 훗날 단축된 것으로 보인다.(Wilken, "Das Haaropfer", in *Revue coloniale*, 6권, 349쪽, Codrington, op. cit., 282~284쪽, Somerville, in *Journ. Anthr. Inst.*, 26권, 403~404쪽)

138 오스트레일리아인에 관해서는 Spencer & Gillen, *Northern Tribes*, 530쪽, Howitt, op. cit., 459, 467~468, 471쪽, 뉴기니의 파푸아인에 관해서는 Turner, *Samoa*, 348쪽, Van Hasselt, "Die Papuastämme an der Geelvinksbaai (Neuguinea)", in *Mitt. d. Geog. Ges. z. Jena* (1886), 118쪽, 투드섬의 원주민에 관해서는 Gill, in *Cambr. Anthr. Exp. to Torres Straits*, 5권, 258쪽, 아루제도의 원주민에 관해서는 Kolff, *Voyages of the Dourga*, 167쪽, Riedel, op. cit., 267쪽, Ribbe, "Ein Aufenthalt auf Gros-Seram", in *Festschrift Verein für Erdkunde, Dresden* (1888), 191쪽, Webster, *Through New Guinea and the cannibal countries*, 209쪽 이하, 뉴브리튼섬의 원주민, 뱅크스제도와 길버트 제도의 원주민에 관해서는 Danks, "Burial customs of New Britain", in *Journ. Anthr. Inst.* 21권, 354쪽 이하, Codrington, op. cit., 268쪽, Hale, *U.S. Explor. Exped.*, 6권, 99~100쪽, Meinicke, *Inseln des St. Oceans*, 2권, 339쪽, 마다가스카르인에 관해서는 Grandidier, op. cit., 217쪽 참고. 오리건주의 톨코틴족의 경우 화장이 진행되는 동안 과부가 이와 같은 의식을 지킨다.(Cox, in Yarrow, op. cit., 144쪽 이하)



139 Spencer & Gillen, ibid.. Van Hasselt, ibid..

140 따라서 이러한 관행은 때때로 고유한 의미의 엔도카니발리즘과 혼동된다.

141 금기시된 대상이 특정 조건에서 사용할 수 있는 마법의 힘을 숨기는 것은 일반적인 사실이다. 따라서 여기서 문제로 삼는 의식은 더이상 애도와 관련이 없는 단순한 마법적 작업이 될 수 있다.(Kingsley, *Travels in West Africa*, 478쪽, Dos Santos, in *Theal, Records of the Cape Colony*, 7권, 289쪽)

142 마찬가지로 타히티섬에서는 시체를 방부 처리하는 사람들이 일하는 동안 아무도 그들 가까이에 다가가지 않는다. 그들에게는 죽음의 불순함이 달라붙어 있기 때문이다. 그들은 손으로 만져서 오염된 음식을 먹으면 죽을지도 모른다고 두려워하여 자기 손으로 음식을 먹지 않는다.(Ellis, op. cit., 403쪽)

143 Junod, *Les Ba-Ronga*, 55, 471쪽, Casalis, *Les Bassoulos*, 269쪽 이하.

144 Goddard, "Life and culture of the Hupas", in *University of California Publications in Marican Archeology and Ethnology*, 1권, 78쪽 이하 및 2권, 351쪽. 애도자는 최근에 출산했거나 생리중인 여자와 마찬가지로 망가진 "나쁜 몸"을 가진 사람의 범주로 분류된다. 알래스카에 거주하는 우날리트족의 경우, 누군가 죽은 후 첫째 날 마을 주민 모두는 자신을 나약하고 기력이 없다고 여긴다. 그들은 악한 기운에 맞설 저항력이 거의 없다. 하지만 둘째 날이 되면 그들은 자기가 조금 더 단단해졌다고 생각한다. 셋째 날 그들은 시체가 얼어붙듯 자기들도 예전처럼 다시 정상적으로 단단해지고 있다고 말한다. 이때 소변 목욕은 그들을 악에서 구해내고 살을 다시 단단하게 만든다.(Nelson, "Eskimo about Bering strait", in *Annual Report, Bureau of American Ethnology*, 18권, 313쪽 이하) 우리는 시체의 상태와 살아 있는 사람들의 상태 사이에 밀접한 관계가 있음을 알 수 있다. 이들의 생각을 시체의 부패에 관한 일반적 믿음의 특정 형태(북극 기후와

관련된)로 간주해야 하는가? 영혼은 죽음 후 4일이 지나야 지상을 떠나며, 유콘강Kwikpagemut 하류에 거주하는 에스키모인들은 같은 시간이 경과할 때까지 장례식을 치르지 않는다.(Jacobsen, *Reise an der Nordwestküste*, 196쪽 참고. 그리고 이 책 35쪽을 보라.)

145 마부익섬에서는 애도자를 이 이름으로 부른다.(*Cambr. Anthr. Exp. to Torres Straits*, 5권, 249쪽)

146 바수토족에게 이 단어(암흑)는 암흑과 애도를 동시에 의미한다.(Casalis, ibid., 335쪽)

147 콰키우틀족에게서 볼 수 있는 일련의 애도 금기를 예로 들어보자. 고인의 가장 가까운 친척은 4일 동안 움직이지 않아야 한다. 그후 목욕재계를 하고 나면, 12일 동안 조금 움직일 수는 있지만 걷지는 못한다. 이 기간에 누군가 그에게 말을 걸면 다른 친척이 죽게 된다. 그는 한 노파의 도움으로 전년 간조 때 잡은 연어를 하루에 두 번 먹는다.(이 모든 요소는 생명에 반대되는 질서에 속한다.) 점차 단계적으로 그는 움직일 수 있고 다른 사람들과 대화할 수 있는 자유를 되찾는다.(Boas, "Notes on the ethnology of British Columbia", in *Proc. Am. Phil. Soc.* (1887), 427쪽) 와라문가족의 경우, 애도 기간 내내 고인의 친척 중 여자들에게는 절대적 침묵을 강요한다.(Spencer & Gillen, *Northern Tribes*, 525쪽) 전형적인 형태의 음식 금기는 뉴헤브리디스제도에 사는 원주민들 사이에서 발견된다. 고인의 직계 가족에게는 "좋은 음식"이 금지되는데, 특히 재배한 나무의 열매를 먹을 수 없고 단지 숲에서 얻은 야생 열매만 먹을 수 있다.(Codrington, op. cit., 281쪽) 마지막으로, 애도자들은 "예법의 의무를 면제받고", 일반적으로 사회적 노동, 공식 축제와 모임, 예배 의식을 삼가야 한다는 통상적 사실을 기억하도록 하자.(Lafitau, op. cit., 2권, 438쪽)

148 콜롬비아의 코가바 인디언에 관해서는 Sievers, *Reise in der Sierra Nevada de Santa Marta*, 97쪽, 에콰도르의 콜로라도족에 관해서는 Seler, op. cit., 6쪽, 사차족에 관해서는 Koch, op. cit., 85쪽 참고.

149 이러한 표상은 이중 장례식의 경우에도 개입하여 종종 뼈의 건조가 완료되는 데 필요한 기간을 결정한다. 그래서 마지막 의식이 죽음의 기념일과 일치하는 경우가 흔하다.

150 에스키모에 관해서는 Nelson, op. cit., 310쪽 이하, 319쪽, 427쪽, Turner, "Ethnology of the Ungava district", in *Ann. Rep. Bur. Ethn.*, 11권, 192~193쪽, Pinart, *Eskimaux et Koloches*, Idées religieuses et traditions des Kaniagmioutes, 5쪽, Venjaminov, "Les îles Aléoutes et leurs habitants", in *Nouvelles Annales des voyages*, 124권, 122쪽 등 참고. 오토 인디언에 관해서는 Yarrow, op. cit., 97쪽, 수족에 관해서는 Hidatsa, ibid., 199쪽, 주니족에 관해서는 Stevenson, "The Zuñi Indians", in *Ann. Rep. Bur. Am. Ethn.*, 22권, 307~308쪽, 호피족에 관해서는 Voth, "The traditions of the Hopi", in *Field Columbian Museum of Natural History*,

*Anthropological Papers* (1905), 8권, 20쪽, 시아족에 관해서는 Stevenson, "The Sia", in *Ann. Rep. Bur. Ethn.*, 11권, 145쪽), 아즈텍인에 관해서는 이 책의 주 91 참고. 피필족에 관해서는 Palacios, in *Ternaux–Compans, Recueil de documents*, 37쪽 참고. 이 텍스트들 가운데 일부는 애도 기간이 4일이 아니라, 4개월 혹은 4년이라고 보고한다. 40이라는 숫자는 여러 민족 사이에서 같은 역할을 한다. 루마니아인의 경우는 Flachs, *Rumänische Hochzeits und Totengebräuche*, 63쪽, 불가리아인에 관해서는 Strausz, *Die Bulgaren*, 451~453쪽, 코카서스의 (회교도) 아브차스족에 관해서는 v. Hahn, *Bilder aus dem Kaukasus*, 244~246쪽(영혼은 속죄의 고통에 시달리고 친척들은 깊은 슬픔에 빠진다), 바라브라족(누비아의 무슬림)에 관해서는 Ruete, in *Globus*, 76권, 339쪽, 체레미스족에 관해서는 Smirnov, "Les populations finnoises des bassins de la Volga et de la Kama", in *Publications de l'École des langues orientales vivantes*, IVe série, 8권, 140~144쪽. (친척들이 죽은 이에게 음식물을 제공해야 하는 의무는 40일째 되는 날 끝난다.) 끝으로 고대 프랑스 국왕이 죽으면 장례식까지 40일이 걸렸으며, 이 기간에 죽은 왕을 대신하는 허수아비에게 음식물을 제공했다는 사실을 기억하도록 하자. (Lalanne, *Curiosités des traditions, des mœurs et des coutumes* (1847), 294쪽) 고대 그리스인과 로마인의 장례 관습에서 숫자 3(또는 9)의 중요한 역할에 관해서는 Diels, *Sibillinische Blätter*, 40~41쪽 참고.



151 올로응아주족의 티와는 보통 7일간 계속된다.(Grabowsky, "Tiwah", 196쪽) 할마헤라에서 거행되는 의식은 한 달 내내 혹은 그 이상 지속된다.(v. Baarda, "Ein Totenfest auf Halmahera", in *Ausland*, 903쪽)

152 크로스(*In the Andamans and Nicobars*, 285쪽)에 따르면 카르니코바르섬에 사는 원주민들에게 이 의식은 그들이 행하는 모든 의식 중에서 가장 중요한 것이다.

153 티모르에 관해서는 Forbes, op. cit., 434쪽 참고. 브라케스는 티와에 들어가는 비용을 충당하기 위해 노예로 일하는 다약인의 사례를 언급한다.(Braches, *Rhein. Missionsb.*, 1882, 105쪽) 슈바너에 따르면 티와는 바리토 연안에서 비용이 가장 많이 들어가는 연회이다.(Schwaner, in L. Roth, 2권, 183쪽)

154 술라웨시 중부에 거주하는 토페바토족은 그다지 중요하지 않은 연회에서 물소 80마리, 염소 20마리, 돼지 30마리를 도축했다.(Kruyt, in *Med. Ned. Zend. gen.*, 39권, 35쪽) 로젠베르크(Rosenberg, *Der Malayische Archipel*, 27쪽)에 따르면 페르티비의 바탁족은 추장이 죽으면 물소 200마리를 도축했다.

155 해안가 다약족에 관해서는 Perham, in L. Roth, 1권, 207쪽, 올로마아냔족에 관해서는 Grabowsky, in *Ausland* (1884), 472쪽, 카르니코바르섬에서는 섬의 모든 마을 사람이 연회에 초대된다.(Solomon, "Extracts from diaries kept in Car Nicobar", in *Journ. Anthr. Inst.*, 32권, 205쪽) 때로는 800~1000명의 사람이 티와의 주요 연회에 참석하기도 한다.(Grabowsky, "Tiwah", 203쪽)

156 Hardeland, *Grammatik*, 351쪽, Grabowsky, "Tiwah", 188쪽.

157 올로마아냔족에 관해서는 Grabowsky, in *Ausland* (1884), 47쪽, Tromp, in *Rhei. Missionsb.* (1877), 47쪽. 술라웨시 중부의 알푸루족에 관해서는 Kruyt, op. cit., 34쪽. 여기서는 보통 3년 주기로 연회를 연다. 툰다이족은 마을에서 10명이 죽었을 때 연회를 여는데, 기일을 엄격히 정해놓지는 않는다. 카르니코바르섬 원주민들의 경우는 Kloss, op. cit., 285쪽 이하, Solomon, op. cit., 209쪽 참고. 이곳에서 연회는 3년 또는 4년마다 열리지만, 섬의 모든 주민이 동시에 연회에 참석할 수는 없다.(아마도 여러 마을이 서로에게 연회의 참석자이자 초대자이기 때문일 것이다.) 이들은 모든 시체의 유해가 건조될 때까지 기다렸다가 연회를 연다. 반면 다른 곳에서는 이러한 조건을 찾아볼 수 없다. 그래서 최종 장례식의 날짜는 시체의 상태와 별도로 정해진다.

158 (산동 라웅의 경우) 평균적으로 30구 정도의 유해가 안치된다.(Grabowsky, "Tiwah", 189쪽) 산동이 가득차면 그 옆에 두번째 산동을 세우고, 그것도 가득차면 다시 그 옆에 세번째 산동을 세운다.(Perelaer, op. cit., 246쪽)

159 Hardeland, *Wörterbuch*, 503쪽, Braches, op .cit., 101쪽, Grabowsky, op. cit., 188~189쪽, 200~201쪽, Meyer & Richter, op. cit., 125쪽 이하. 라웅Raung은 관棺을 의미하고 툴랑tulang은 뼈를 의미한다. 산동 툴랑은 대체로 하나의 기둥에만 세워진다. 뼈를 화장하는 관습은 말레이제도 여러 민족에게서 관찰할 수 있다. 예를 들어 바탁족(Hagen, in *Tijdschr. v. Ind. T. L. en Vk.*, 28권, 517쪽), 발리섬의 원주민(Crawfurd, op. cit., 255쪽, Van Eck, in Wilken, *Animisme*, 520쪽)과 오트다눔족(Schwaner, *Borneo*, 2권, 76, 151쪽)의 경우가 그러하다. 화장 관습은 아마 힌두교의 영향 때문일 것이다. 하지만 어떤 경우에도 이 관습이 인도네시아의 일반적인 장례 유형을 바꿔놓지는 않는다.

160 Schwaner, op. cit., 1권, 217~218쪽 및 2권, 7, 85, 120쪽, Grabowsky, loc. cit., Salomon Müller, op. cit., 402쪽 참고. 산동은 부유함을 나타낸다. 그래서 어느 마을은 산동의 숫자가 많다는 사실을 자랑스럽게 여긴다.

161 이렇게 멀리 떨어뜨려놓는 것은 아마도 납골당의 금기인 팔리pali 때문일 것이다.(Braches, 103쪽, Grabowsky, 198쪽 주 1 참고) 올로옹아주족에 관한 자료만 가지고는 그들이 진짜 공동묘지를 만들기 위해 한 마을을 구성하는 여러 가족의 산동을 모두 모아놓았는지 확인할 수 없다. 그런데 시홍의 올로마아냔족이 그런 식으로 산동을 모아놓는다고 한다.(Tromp, in *Rhein. Missionsb.* (1877), 43쪽, Grabowsky, in *Ausland* (1884), 474쪽)

162 따라서 산동 라웅은 카얀족의 사롱salong에 해당하고 산동 툴랑은 사라왁 해안가 다약족의 클리리엥klirieng[죽은 자의 뼈가 보관된 장식 기둥]에 해당한다. (L. Roth, 1권, 146, 148쪽, Nieuwenhuis, op. cit., 1권, 90쪽, 할마헤라에 관해서는 Halmahera, Baarda, loc. cit.)

163 L. Roth, loc cit., 및 152, 153쪽, Grabowsky, in *Ausland* (1888), 583쪽, Kükenthal, op. cit., 270쪽, Tromp, in *Bijdr. t. d. T. L. en Vk. v. Ned.– Ind.*, 5e série,

3권, 92쪽, Schwaner, in L. Roth, 2권, 197쪽 참고. 슈바너는 이러한 연관의 가능성을 지적한다. 여기서 인용된 텍스트는 오랑 오트의 살아 있는 나무와 산동 툴랑 사이에 있는 중간 형태의 매장지를 보여주는 것 같다.

164 보르네오섬에 관해서는 Grabowsky, "Tiwah", 200쪽, Nieuwenhuis, op. cit., 1권, 376쪽, Tromp, op. cit., 76쪽, Creagh, "On unusual forms of burials by people of the east coast of Borneo", in *Journ. Anthr. Inst.*, 26권, 33쪽(40개의 관이 있는 동굴에 관한 기술), 술라웨시에 관해서는 Riedel, in *Int. Arch. Ethn.*, 8권, 108~109쪽, Meyer & Richter, op. cit., 139쪽, Adriani, "Van Posso naar Todjo", in *Med. Ned. Zend. gen.*, 43권, 28, 38쪽, Kruyt, op. cit., 236쪽, Matthes, *Verslag van een uitstapje naar de ooster distikten van Celebes*, 68~69쪽 참고. 마테스는 거대한 지하 동굴 세 개를 찾아갔는데, 각각의 동굴에는 죽은 사람들의 뼈 더미가 서로 나란히 배열되어 있었고 많은 뼈가 관 안에 보관되고 있었다고 한다. 이슬람교가 유입되기 전 이 동굴은 일반적인 매장지로 이용되었다.



165 그 목록을 완전히 열거할 수는 없다. 따라서 때때로 (최종) 매장이라고만 언급하기로 한다.

166 Braches, op. cit., 101쪽. 니아스섬에서는 앞으로 언급할 것과 유사한 의식이 진행되는 동안 과부가 죽은 남편을 부르며 이렇게 말한다. "우리는 당신을 찾고 있다. 이제 당신을 외진 오두막 밖으로 나오게 해 (조상이 머무는) 큰 집으로 인도할 것이다."(홀로 고립된 오두막은 올로응아주족의 pasah와 동일하다. 이 논문의 주 10 참고) (Chatelin, "Godsdienst en bijgeloof des Niassers", in *Tijdschr. v. Ind. T. L. en Vk.*, 26권, 149쪽) 우리는 티와를 여는 노래에 등장하는 다음과 같은 표현도 같은 의미로 해석해야 한다고 본다. 제발 정령이 "고인의 방황을 끝내주기를, 그는…… 하늘에서 길을 잃은 새와 같고…… 흘러가는 금빛 모래알과 같으니…… 등등."(Hardeland, *Grammatik*, 219쪽)

167 Grabowsky, "Tiwah", 191쪽, Tromp, in *Rhein. Missionsb.* (1877), 47쪽, Kruyt, op. cit., 32쪽. 시체가 살아 있는 사람의 집에 보관되었을 때 연회 장소balai로 운반한다.(Grabowsky, in *Ausland* (1884), 472쪽)

168 Grabowsky, "Tiwah", 192쪽, Kruyt, 230쪽.

169 Kruyt, 26쪽.

170 올로로왕안족에 관해서는 Grabowsky, in *Ausland* (1888), 583쪽, 쿠타이의 다약족에 관해서는 Tromp, in *Bijdr. t. d. T. L. en Vk. v. Ned.– Ind.*, 5e série, 3권, 76쪽, 무루트족에 관해서는 L. Roth, 1권, 153쪽, 바바르섬 원주민에 관해서는 Riedel, *Sluik– en kroesharige rassen*, 362쪽, 니코바르에 관해서는 Solomon, 209쪽 참고. 우리는 올로응아주족에 관해 이러한 의식이 명시적으로 언급된 것은 찾지 못했다. 유해가 새로운 관으로 옮겨진다는 것만 알려져 있다.(Grabowsky, "Tiwah", 200쪽 참고)

171 Kruyt, 26쪽, 33쪽. 이것은 물리적으로 역겨울 뿐 아니라 초자연적 위험으로 가득찬 작업이다.

172 우리는 크로이트(loc. cit., 232쪽)가 보고한 바를 따른다. 뼈는 마치 특정 나무의 껍질 조각에 싸여 있는 것처럼 보인다. 일부 지역에서는 연회 기간에 나무로 만든 가면으로 머리를 장식한다.(231쪽) 포장된 뼈는 아주 작은 관에 넣는다.(235쪽) 티모르에 관해서는 Forbes, op. cit., 435쪽 참고.

173 올로마아냔족은 뼈를 화장하는데, 이것을 필수적인 정화 행위로 간주한다.(Tromp, in *Rhein. Missionsb.* (1877), 48쪽)

174 하르델란트의 텍스트의 한 구절이 이 해석을 확언하고 보충하는 것 같다.(Hardeland, *Wörterbuch*, 308쪽, 리아우liau 참고) 리아우 크라앙liau krahang 이라고 하는 육체적 영혼이 주된 영혼과 재결합할 수 있도록 사람들은 시체의 모든 유해를 모은다.(죽은 자가 생전에 잃어버렸던 모든 머리카락과 손발톱 등을 다시 유해에 붙여달라고 선한 정령들에게 기도한다.) 그런 다음, 신화적인 영혼 인도자 템폰 텔론이 유해에서 육체적 영혼을 빼내고 그의 아내가 이 영혼에게 생명의 물을 뿌려주면, 영혼은 생명과 의식을 되찾고 천상의 세계로 인도된다. 이 의식 전체에서 영혼이 겪는 (상상의) 사건은 시체에 행해진 의례와 정확히 대응하므로, 여사제들이 템폰의 아내에게 부여한 행위를 수행한다는 것은 확실해 보인다. 이 의례의 목적은 육체의 진정한 부활이다.



175 이는 "이 세상에서 부유하면 저세상에서도 부유하다"라는 자명한 이치에 근거한다.(Braches, op. cit., 102쪽, Grabowsky, "Tiwah", 192~193쪽) 물론 전시물들 각각의 영혼은 죽은 자를 따라간다고 여겨진다. 장례식에 참석한 가족이 낯선 사람들이 보는 앞에서 의기양양한 태도를 취하는 것도 당연하다.

176 Kruyt, 33, 235쪽. 그런데 크로이트의 이러한 해석은 이 의식의 영향력을 낮추는 것 같다. 여사제들이 참석하고 노래를 부른다는 사실에서 알 수 있듯, 이것은 죽은 자의 구원과 직접 연관된 행위이다. 다만 노래의 가사는 매우 모호하다. 아마도 이 의식과 다음 단락에서 묘사한 의식을 비교해야 할 것 같다.

177 Hardeland, *Wörterb.*, 609쪽, Grabowsky, "Tiwah", 200~201쪽. 무루트족에 관해서는 L. Roth, 1권, 153쪽.

178 Braches, 103쪽. 산동은 그것을 둘러싸고 있는 모든 것과 함께 금기시pali된다.

179 티모르해海에 관해서는 Van Lier, in *Int. Arch. Ethn.*, 14권, 216쪽. 그래서 사람들은 죽은 자와 계속 접촉하려고 애쓴다. 술라웨시 중부의 알푸루족은 뼈를 장식하는 데 쓰인 작은 나무껍질 조각을 보관하는데, 그들은 죽은 자가 지켜준다는 것을 확실하게 하려고 전쟁 때 이 껍질 조각을 지니고 다닌다.(Kruyt, 231쪽 각주 1) 바바르섬에서도 마찬가지로 산속 동굴에 유해를 안치한 여자들이 그곳에서 나뭇가지를 가져와 그 잎을 마을 주민들에게 나눠준다.(Riedel, *Sluik- en kroesharige rassen*, 362쪽) 술라웨시 동부에 거주하는 어떤 알푸루족은 뼈에 주술적인 효력이 있다고 믿고 그것을 가족들끼리 나눠 갖기까지 한다.(Bosscher & Matthissen, in Wilken, *Animisme*, 179쪽)

180 다른 뼈들은 집단 납골당으로 가져가거나 아예 발굴하지도 않는다. 니코바르에

관해서는 Solomon, 209쪽, Kloss, 82쪽, 토바의 바탁족에 관해서는 Wilken, "Iets over Schedelvereering bij de volklen van den Indischen Archipel", in *Bijdr. t. d. T. L. en Vk. v. Ned.– Ind.* (1889), 1권, 98쪽, 다약족의 경우는 (올로로왕안족에 관한) Grabowsky, in *Ausland* (1888), 583쪽, 올로마아냔족에 관해서는 Bangert, in Wilken, op. cit., 95~96쪽, 툰중족에 관해서는 Tromp, in *Bijdr. t. d. T. L. en Vk. v. Ned.– Ind.*, 3권, 76쪽, 부루에 관해서는 Forbes, 405쪽, 티모르해의 군도群島에 관해서는 Kolff, *Voyages of the Dourga*, 222쪽, Forbes, 324쪽.(죽은 자의 아들은 자신의 불행을 막기 위해 해골의 첫번째 경추 두 개를 걸치고 다닌다.) 유골을 보관하지 않는 일부 부족은 최종 장례식 때 죽은 자의 머리를 집단 무덤에 모아두기만 한다는 점에 주목하라.(Riedel, *Sluik– en kroesharige rassen*, 142, 362쪽)

181 앞의 각주에서 인용한 텍스트 및 Perham, in L. Roth, 1권, 211쪽 참고. 이것은 조상 숭배, 적어도 특정 조상에 대한 숭배에 관한 것이다. 그러나 최종 의식이 조상 숭배의 출발점이 될 수 있다고 해서 반드시 숭배적 성격을 갖는 것은 아니다. 인도네시아의 이차 장례식은 우리의 장례식과 기능에 있어서 다르지 않으며 신격화된 영혼들을 숭배하거나 그들과 화해하기 위한 것도 아니다. 죽음이 일어난 후 오랫동안 이차 장례식이 열린다는 사실을 오해해서는 안 된다. 숭배 행위는 일정한 간격으로 무한히 반복되지만, 죽은 자의 머리는 일련의 관행을 완결짓는다.

182 앞의 주 171 참고. 니코바르에서 유골을 발굴하는 일은 매우 위험한 작업으로 여겨지므로 특별한 예방 조치와 정화 의식이 필요하다.(Solomon, op. cit., 209쪽) 니아스섬 남쪽에서는 이 작업을 강제로 잡아둔 사람에게 부과했는데, 일이 끝나면 그의 머리를 잘라서 고인의 유해와 함께 두기도 했다.(Donleben, "Bijdragen tot de kennis van het eiland Nias", in *Tijdschr. v. Nederl. Ind.* (1848), 180쪽) 최근의 저자들, 특히 모딜리아니(*Un viaggio a Nias*, 280쪽)는 이와 같은 일을 관찰하지 못했다. 그에 따르면 죽은 이는 즉시 최종 매장된다.

183 예를 들어 올로마아냔족이 그러하다.(Grabowsky, in *Ausland* (1884), 471쪽) 시홍강 연변에 거주하는 사람들만 이 고대 관습을 지키고 있다.

184 Kruyt, op. cit., 35쪽. 최종 장례식 때 고인의 (일시적인) "집"을 파괴하는 의식은 숨바섬에서도 볼 수 있는데, 사람들은 이 의식을 치르면서 그때까지 말린 물소 가죽으로만 덮여 있었던 무덤을 완전히 봉한다.(Ross, "Bijdragen tot de kennis van de taal, land volkl op het eiland Soemba", in *Verhandt. v. h. Batav. Gen. v. K. en W.*, 36권, 56~58쪽) 올로응아주족도 때로는 유골을 발굴하지 않는다. 대신 적절한 주문을 외우며 잘 조각된 대나무 줄기를 무덤에 세우는데, 이것은 영혼이 죽은 자의 세계에 들어갈 수 있다는 신호이다.(Grabowsky, "Tiwah", 193쪽. 루앙 세르마타의 원주민에 관해서는 Riedel, op. cit., 329쪽 참고) 해안가 다약족의 거대한 장례 연회인 가웨이 안투Gawei Antu는 일반적으로 이차 장례식 없이

진행된다. 어떤 경우에는 단단한 목재로 만든 기념물을 무덤에 세우고 거기에 음식을 두는 것만으로 마무리되기도 한다.(L. Roth, 1권, 204~205, 208~209, 258쪽)

185 올로응아주족에 관해서는 Grabowsky, "Tiwah", 185쪽 이하 참고.(주된 시련은 불의 회오리바람을 통과하는 것이다.) 보르네오섬 중부의 바하우족에 관해서는 Nieuwenhuis, op. cit., 104쪽.

186 상이앙섬에서 가장 널리 알려진 템폰 텔론은 대기의 선한 정령을 가리킨다. 그는 자신의 노예 이름을 본떠서 "텔론의 주인"이라고 불린다. 하지만 그의 진짜 이름은 악어를 뜻하는 라우잉Rawing이다.(Hardeland, *Grammatik*, 352쪽 각주 43) 이와 관련해 산동을 장식하는 조각물이 일반적으로 뱀과 악어라는 점은 흥미로운 사실이다.(Perelaer, op. cit., 246쪽) 다른 한편, 여사제들이 부르는 노래의 한 구절에서 템폰 텔론은 자신이 호랑이라고 선언한다.(ibid., 281쪽) 그래서 마하캄의 다약족은 저명한 이가 죽으면 그에게 악어 머리를 가진 나무 호랑이 조각상을 바친다. 이 호랑이 조각상은 틀림없이 영혼의 여정을 도와주는 일을 맡는다.(Tromp, in *Bijdr. t. d. T. L. en Vk.*, 5$^{e}$ série, 3권, 63쪽) 그러므로 산동 근처에서 악어나 뱀과 결합된 호랑이 형상이 자주 발견된다.(Hardeland, ibid., 257쪽, Grabowsky, "Tiwah", 9쪽, fig. 9) 코뿔새도 비슷한 역할을 맡는다. 호랑이, 악어 혹은 코뿔새라는 용어가 여사제들의 전문 용어에서 남성과 여성, 그리고 저세상으로 이미 떠난 죽은 이들을 지칭하는 데 계속 사용된다는 것은 놀라운 일이다. 말레이제도에서는 인간과 악어 혹은 호랑이 사이의 특별한 친족관계에 대한 믿음과 죽음 후에 인간의 영혼이 이러한 동물들의 몸속에서 환생한다는 믿음을 흔히 관찰할 수 있다.(Epp, *Schilderungen aus Holländisch Ost-Indiens*, 159~160쪽, Wilken, *Animisme*, 68쪽 이하, 코뿔새에 관해서는 Pleyte, "Pratiques et croyances relatives au Bucéros dans l'archipel indien", in *Revue d'Ethnographie*, 4권, 313쪽 이하 및 5권, 464쪽 이하)



187 Hardeland, ibid., 209쪽, Grabowsky, ibid., 197~198쪽.

188 Hardeland, ibid., 236쪽 이하.

189 ibid., 252쪽. 이어지는 부분은 울만의 텍스트(Ullmann, in Grabowsky, loc. cit.)를 참고한다. 하르델란트의 텍스트에는 이 항해가 간략하게만 묘사되어 있고 특히 항해 도중 통과해야 할 시련에 관해서는 아무런 언급이 없기 때문이다.

190 이는 참석자들의 기쁨의 외침과 지옥에서 퍼져나오는 소음으로 증명된다. (Grabowsky, ibid., 198쪽)

191 이들은 고인이 생전에 머리를 잘라 '미리 보냈던' 노예들이거나 연회 때 제물로 바쳐진 희생자들이다.(Braches, op. cit., 102~103쪽)

192 Hardeland, op. cit., 269~273쪽. 이 이미지들과 장례식 도중 관찰할 수 있는 관습 사이의 대칭성에 주목하라. 영혼들이 천상의 집 주위를 돌며 추는 원무圓舞는 여사제들이 산동 주위를 돌며 추는 춤에 대응하며(이 책 39쪽 참고), 새로 도착한 영혼들의 치장은 뼈의 치장에 대응한다.

193 하지만 이 노래는 이전에 불렀던 노래를 본뜬 것이다.(Hardeland, 283쪽)

194 이제 모두 함께 살게 되고, 가족들은 다시 구성된다.(Grabowsky, ibid., 186쪽, Kruyt, op. cit., 28~29쪽 참고) 하지만 죽은 이들 가운데 일부는 따로 떨어져 산다. 우리는 뒤에서 이 점을 다룰 것이다.

195 Grabowsky, 187쪽, Kruyt, loc. cit.

196 Grabowsky, 188쪽 참고. 그런데 저자는 장례 연회를 가리키는 말을 영혼에게 적용하는 오류를 범한다. 우리가 살펴보겠지만 티와는 살아 있는 사람들이 실행하는 것으로 이해해야 한다.

197 Braches, 102~103쪽. 저자는 다음과 같이 결론짓는다. "티와는 임시로 만든 관 속에 있는 고인의 뼈를 산동으로 옮기고, 영혼을 '관이 숨겨져 있는 언덕'에서 산동이 있는 곳으로 인도하는 것 외에 다른 목적은 없다."

198 Grabowsky, "Tiwah", 190쪽. 어느 날 다약족 한 사람이 선교사의 설교를 듣고 나서 "우리의 천국은 산동이다"라고 말했다고 한다.(Grabowsky, ibid., 198쪽) 이 말을 하늘에 있는 '영혼의 도시'를 거부한다는 뜻으로 해석해서는 안 된다. 이 말은 기독교적 예언과 산동으로 가시화되는 믿음의 체계를 단순히 대조하기 위한 것이다. 알푸루족에 관해서는 Kruyt, op. cit., 235쪽 참고.

199 Braches, 105쪽.

200 사라와 해안에 거주하는 일부 다약족에게 연속해서 죽을 수 있는 횟수는 단 세 번뿐이다.(L. Roth, 1권, 213쪽) 찰머스(Chalmers, in Roth, 1권, 167쪽)는 네 번이라고 말하지만, 첫번째 죽음은 일시적인 기간의 끝과 영혼의 세계로의 진입에 해당한다. 각각의 존재 단계마다 영혼은 다른 이름을 지닌다. 세 차례 연속적 죽음에 관한 동일한 믿음이 술라웨시 중부 알푸루족에게서도 발견된다.(Kruyt, op. cit., 29쪽) 이들은 영혼이 매번 새로운 거주지로 이동한다고 믿는다. 이 각각의 장소에 주어진 이름은 분명히 힌두교나 이슬람교에서 유래한 것이다. 그러나 이 믿음의 기초는 독자적이다. 니아스의 원주민들은 죽음이 연속해서 아홉 번 발생한다고 믿는다. 타계에서 수명은 지상에서 살았던 햇수만큼 지속된다.(Wilken, *Animisme*, 65쪽)

201 다약족은 이 동물들의 고기를 흔쾌히 먹는다고 한다.(Perelaer, op. cit., 17~18쪽) 이 동물들은 순전히 초식성인데, 초식동물의 몸에는 인간의 영혼이 거주할 가능성이 크기 때문이다. 반면 헨드리히(Hendrichs, "Bootreisen auf dem Katingan in Süd-Borneo", in *Mitt. d. Geog. Ges. z. Jena* (1888), 106~107쪽)는 많은 다약족이 사슴이나 멧돼지 고기 또는 특정 종려나무 잎은 먹지 않는다고 주장한다. 그 안에 조부모의 영혼이 있을 수 있기 때문이다. 두 가지 증언은 서로 모순되지만 본질적인 면에서는 일치한다. 브라케스(103쪽)에 따르면, 올로응아주족은 물소를 인간의 증조부로 여긴다. 그래서 티와를 거행할 때 사람 대신 물소를 제물로 바친다.(Nieuwenhuis, 1권, 103, 106쪽)

202 우리는 올로응아주족(Braches, 102쪽, Grabowsky, "Tiwah", 187쪽)과

올로마아냔족(Grabowsky, in *Ausland* (1884), 471쪽)에게서 나타나는 믿음을 제시한다. 그러나 이 믿음은 열도의 다른 민족들에게서도 부분적으로 발견된다. 발리인들은 영혼이 천상에 머문 후 이슬이 되어 다시 지상에 내려와 같은 가족의 아이로 환생한다고 믿는다. 이것이 격세유전에 의한 유사성을 설명한다. (Wilken, *Animisme*, 61~62쪽) 니아스섬의 경우는 Wilken, ibid., 65쪽, 북서부 다약족은 L. Roth, 1권, 167, 213, 217~219쪽 참고. 몇몇 부족은 환생에 대한 믿음을 잃어버렸다. 영혼은 이슬의 형태로 지상에 돌아오거나 숲속의 이름 없는 식물이나 곤충 안으로 사라진다. 영혼의 실제적이고 개체적인 존재는 소멸한다. 당연히 여기에는 우리가 올로응아주족을 통해 봤던 원시적 믿음의 빈곤이라는 개념이 존재한다.

203 Perham, in L. Roth, 1권, 208쪽 참고. 사람들은 죽은 자가 나타나기를 바라지만, 적합한 시간에 적합한 방식으로 나타날 때만 그러하다.

204 이 책 19쪽 참고. "장례 연회가 끝나면 다약족은 죽은 자를 잊어버리고 죽은 자의 영혼들도 다약족을 잊어버린다."(Saint-John, in L. Roth, 2권 142쪽) 

205 살아 있는 자는 죽은 자에게 제물을 바치고, 죽은 자는 지상의 일, 특히 추수와 같은 일의 성공을 보증한다.(Kruyt, op. cit., 31, 36쪽)

206 로티섬에서는 영혼이 죽은 자의 세계로 떠나는 날 종려나무 잎을 특정한 방식으로 잘라서 희생된 동물의 피를 끼얹는 의식을 치른다. 사람들은 (마이크 maik라고 부르는) 이 잎에 죽은 자의 이름을 붙이고 이전에 죽었던 조상을 나타내는 똑같은 모양의 잎들에 붙여서 지붕 밑에 매달아 놓는다. 이 의식은 고인의 시성식에 해당한다. 마이크가 마모되고 벌레가 먹어 없어지더라도 다른 잎으로 교체하진 않는다. 사람들은 정령(니투스)을 두 부류로 나눈다. 하나는 내부의 정령으로서 아직 마이크를 가지고 있고 집 안에서 제사를 받는 정령이며, 다른 하나는 외부의 정령으로서 살아 있는 사람들만 그 이름을 기억하고 집 밖에서 제사를 받는 정령이다. 따라서 집에서는 가장 가까운 조상을 위해서만 제사를 지낸다. 일정 시간이 지나면, 영혼은 마을 전체에 공통된 조상들의 공동체 속으로 사라진다.(Heijmering., "Zeden en gewoonten op het eiland Rottie" in *Tijdschr. v. Nederl. Ind.* (1844), 6권, 365~366, 391쪽, Graafland, in *Mitt. d. Geog. Ges. z. Jena* (1890), 8권, 168쪽, Salomon Müller, op. cit., 289쪽, Wilken, *Animisme.*, 195쪽, 필리핀 사람들에 관해서는 Blumentritt, "Ahnencultus.", 150쪽 참고) 니아스섬 북부에 거주하는 사람들은 죽고 나서 곧 타계로 떠나는 그림자 영혼 말고도 20일이나 30일 후에 어느 정도 진짜 같은 거미로 변하는 심장 영혼이 있다고 믿는다. 거미는 줄곧 시체 곁에 머무는데, 고인의 친척들이 무덤 위에서 찾아 집으로 데리고 오면 그때부터는 조상의 이미지가 부착된, 화로 근처에 있는 작은 조각상에서 살게 된다.(Chatelin, in *Tijdschr. v. Ind. T. L. en Vk.* (1881), 26권, 147~155쪽, Modigliani, op. cit., 290, 293쪽 이하 및 646~647쪽) 죽은 사람 여러 명을 대상으로 한꺼번에 치르는 영혼

추출 의식이 (이차 장례식이 사라진 이후) 최종 장례식이 된 것은 확실해 보인다.

207 이러한 사실은 앞에서 논의한 것(39~40쪽)과 밀접한 관련이 있다. 아마도 마이크나 조각상을 죽은 자의 머리를 대신하는 것으로 여겨야 한다. 티모르해 제도의 일부 섬에서는 과도기적 형태가 나타난다. 이곳에서는 죽은 자의 머리를 집에 보관하고 죽은 자를 나타내는 조각상도 만든다. 영혼은 두개골이나 조각상에 영구적으로 거주하지 않는다. 사람들이 영혼을 불러일으킬 때, 영혼은 이 두 거주지 중에서 하나를 선택하는데, 파리가 앉는 곳이 바로 영혼이 선택한 장소로 간주된다.(Wilken, *Animisme.*, 178~179쪽)

208 올로응아주족이 마지막 의식을 티와라고 부르는 것도 바로 이 때문이다. 티와라는 말은 '자유롭다', '금지에서 해방되다'를 의미한다. 그것은 pali와 정반대되는 뜻을 지닌다.(이는 마오리족의 경우 노아noa가 타부tabou와 반대되는 것과 같은 의미이다.) (Hardeland, *Wörterbuch*, 608쪽)

209 Grabowsky, "Tiwah", 196쪽. 퍼햄(Perham, in L. Roth, 1권, 209쪽)은 사라왁의 다약족도 유사한 의식을 치른다고 언급하는데, 이 의식은 장례 연회에서 중요한 부분을 형성한다. 이들은 일정량의 투악tuak(취하게 하는 음료)을 대나무통에 따로 보관했다가 영혼에게 바친다. 이때 노인이 엄숙하게 이 음료를 마신다.

210 그러므로 여사제들이 외는 주문에서 고인의 친척들은 종종 어린아이로 불린다. (Hardeland, *Grammatik*, 216쪽)

211 ibid., 225쪽 이하, 276쪽.

212 이는 치유 마법에서 잘 알려진 것으로 환자의 몸에 박힌 유해한 물질을 제거하는 수술을 가리킨다. 여기서는 정령들(아마 실제로는 여사제들)이 '생명을 제한하는(즉 단축하는) 돌'을 환자의 몸 밖으로 빼낸다.

213 Hardeland, 246쪽. 우리는 훨씬 더 긴 주문에서 이 부분만 하나의 예로서 따로 소개한다. 이 주문은 그것을 외는 과정에서 일부 내용이 변형되면서 여러 번 반복된다.(216쪽 이하, 231, 244, 323쪽)

214 불행은 마치 독이 든 강에 있는 물고기처럼 맥없이 무기력해진다.(ibid., 245쪽)

215 이 책 38쪽 참고. 동일한 행동이 고인의 유해에 작용하면 그를 다른 생명으로 다시 태어나게 하고, 산 자에게 작용하면 그를 새 사람으로 만든다.

216 ibid., 276쪽 이하, 290쪽. 이 모든 텍스트의 밑바탕에는 서로 대립하는 두 종류의 주술적 세력이 구분되어 있다. 하나는(sial[불행과 질병을 일으키는 모든 악한 존재], palahan[해를 끼치는 온갖 주술 행위]) 개인의 생명력 또는 사회적 힘을 약화시키는 모든 것을 포함하는 세력이며, 다른 하나는 그러한 힘을 구축하거나 강화하는 세력이다. 여사제들은 애도 기간 고인의 친척들을 장악하는 세력을 마비시키고 유익한(신비로운) 에너지를 다량 비축해 사용하기 위해 애쓴다.

217 ibid., 231쪽, 354쪽 주 77.

218 몸에도 이러한 변화가 생긴다. 애도 기간에는 뼈가 분리된다.(다약족이 말하듯,

몸이 고갈되거나 약해질 때마다 이런 일이 생긴다.) 하지만 티와를 치를 때 뼈는 다시 연결된다.

219 집과 가구도 정화해야 한다. 이를 위해 사람들은 집과 가구류를 긁고 두들겨 그 안에 있는 "나쁜 것"(이것은 마치 살아 있는 사람처럼 여겨진다)을 빼낸다. 이 나쁜 것이 여사제들 위에 내려앉으면, 여사제들은 이것을 밖으로 가져가 배에 태워 "바다 한가운데 있는 그들의 거주지"로 쫓아낸다.(Hardeland, ibid., 328쪽 이하, 368쪽, Grabowsky, "Tiwah", 202쪽)

220 Wilken, *Animisme*, 124쪽 이하, in *Revue coloniale*, 3권, 258쪽 및 in *Bijdr. t. d. T. L. en Vk. v. Ned.– Ind.* (1889), 1권, 98쪽 이하 참고. Saint-John, in L. Roth, 2권, 143쪽도 참고.

221 Grabowsky, "Tiwah", 194, 198쪽 이하, 해안가 다약족에 관해서는 L. Roth, 1권, 258쪽 참고. 희생자의 피를 고인의 친척들에게 뿌리는 행위의 목적은 "울리트 ulit, 즉 금기가 해제되었음"을 표시하는 것이다. 이것은 복잡하고 독창적인 의례 형태이다. 그러나 살아 있는 노예나 죄수를 구할 수 없을 때는 다른 사람을 살해하여 그 머리를 가지고 모의 희생제의를 수행한다.(Tromp, in *Bijdr. t. d. T. L. en Vk. v. Ned.– Ind.*, 5e série, 3권, 81쪽) 저자들이 '사람 머리의 획득'만 언급하는 것은 관찰한 내용이 부분적으로 삭제되었거나 '머리 사냥'이 실제 희생제의를 대체하는 식으로 의식이 단순화되었기 때문이다.

222 우리는 이에 대한 확실한 증거를 제시할 수 없다. 하지만 로젠베르크(Rosenberg, *Der Malayische Archipel*, 157쪽 이하)에 따르면, 니아스섬 남부에서는 희생당한 인간 제물이 시체를 향해 마지막 숨을 내쉬도록 한다.(연회는 사망 직후에 열린다.) 마찬가지로 우리는 인간 제물의 피가 유해를 되살리는 데 사용되었을 것이라고 추측할 수 있다.(앞의 주 174 참고)

223 여기서 우리가 많은 문서에서 두드러지게 나타나며 빌켄이 다른 무엇보다도 장례식 희생의 기원으로 간주한 믿음, 즉 인간 제물의 영혼이 죽은 이의 노예가 되거나 천상의 세계에서 죽은 이와 동행한다는 믿음을 언급하지 않은 사실에 놀랄 수 있다. 이를 언급하지 않은 이유는 우리가 보기에 그러한 표상은 아무리 널리 퍼져 있더라도 부차적일 뿐이며 의식의 본질을 표현하지 않기 때문이다. 빌켄의 해석을 따르게 되면, 장례식을 위한 희생제의를 다른 경우(아들의 출산, 결혼식, 새로 지은 집의 낙성식 등)에 행해진 인간 희생제의와 본질적으로 상이한 별개의 것으로 간주해야 한다. 그러나 이런 희생제의들은 모두 동일한 작업, 즉 사람(또는 사물)의 상태를 변경하여 삶의 새로운 단계에 들어갈 수 있도록 하는 동일한 목적을 가지고 있다.(Hubert & Mauss, "Le sacrifice", in *Année sociologique*, 2권)

224 Grabowsky, "Tiwah", 203쪽 이하; in *Ausland* (1884), 474쪽, 448~449쪽; ibid. (1888), 583~584쪽. 올로응아주족의 경우, 고인의 가족은 여사제들이 강 한가운데에 뒤집어놓은 배에 올라타는 일을 세 번 반복한다. 올로마아냔족의

경우, 연회 참가자들은 바로 그 연회 장소에서 머리를 잘라 희생 제물로 바친 동물의 피로 목욕을 한다. 이 의식이 진행되는 동안 마을 입구에 커다란 나무 조각상을 세우는데, 이는 다음 연회 때까지 방금 개최한 연회의 좋은 효과를 연장하고 악령을 멀리하기 위한 것이다.

225 Grabowsky, "Tiwah", 202~203쪽, Perham, in L. Roth, 1권, 209쪽, ibid., 258쪽, Tromp, op. cit., 81쪽.

226 아룬타족의 경우 토템 조상들은 여러 명으로 이루어진 집단을 형성하는 반면, 와라문가족의 경우에는 집단이 현재 소유하고 있는 모든 영혼을 낳은 것으로 여겨지는 하나의 토템 조상이 존재한다. 그런데 이 차이가 절대적인 것은 아니다. 아룬타족 사이에서도 조상들은 그들 자신의 영혼이 아닌 다른 영혼들을 남겨두기 때문이다. 이 영혼들은 조상들이 운반하는 성스러운 물건(추링가)에 연결되어 있다.(*Northern Tribes.*, 150 쪽 이하, 161쪽 이하)

227 아룬타족에 대해서는 이것이 명시적으로 언급되어 있으나(*Native Tribes.*, 123쪽 이하, 150쪽 및 13장 참고), 다른 부족의 경우 한 명 이상 조상의 죽음이 토템 중심지가 형성되는 데 필요한 조건으로 주어지지는 않는다. 동물과 식물뿐 아니라 개인의 영혼도 조상이 의식을 수행하는 동안 조상의 몸에서 나온다. (*Northern Tribes.*, 157, 162, 301쪽) 다른 한편 조상의 죽음도 같은 결과를 가져온다.(ibid., 204, 247, 250쪽) 와라문가족의 경우 영혼의 식민지가 신화적인 뱀인 월룬콰를 토템으로 지닌 집단을 양육하는데, 이 식민지가 세워진 곳은 단일한 조상이 지하로 침투하려고 했던 바로 그곳이다. 이 조상은 마침내 지하에 도달하게 된다.(ibid., 241~242쪽)

228 *Northern Tribes.*, 330~331쪽, 157쪽 주 1 및 313쪽.

229 이것은 아룬타족 사이에서 빈번하게 발생한다.(ibid., 581쪽) 이 이름은 성스럽기 때문에 토템 집단의 나이 많은 구성원들에게만 알려져 있다.

230 모든 개인은 자기 안에 육화된 영혼이 어느 장소에서 왔는지 정확히 알고 있으며, 각자는 그 성스러운 장소와 밀접한 관계를 맺는다. (와라문가족의 경우) 각 개인의 비밀스러운 이름은 종종 그 장소에서 유래한다. 영혼의 이 '출생지'가 그의 정체성을 형성하고 종교 공동체에서 그의 위치와 기능을 결정한다.(*Native Tribes.*, 132쪽, *Northern Tribes.*, 448쪽 이하, 583~584, 254, 264쪽)

231 *Northern Tribes.*, 550~554, 173~174쪽.

232 저자들이 기술한 내용은 이 부족의 남쪽 거주지역에 사는 몇몇 집단에 관한 것이다.(ibid., 168쪽)

233 뼈 전체는 임시 매장지에서 꺼낸 직후 아무런 의식도 치르지 않고 개미총에 놓아둔다. 이때는 뼈가 있다는 사실도 외부에 표시하지 않는다.(ibid., 532~533쪽) 아마도 이 관행은 개미총이 때때로 조상이 남긴 영혼의 본거지로 간주된다는 사실과 관련 있을 것이다. 저자들이 장례식 때 지켜봤던 대로 죽은 자가 속한 토템 집단이 이 사실을 정확하게 증명한다.(ibid., 241쪽)

234 마찬가지로 빈빈가족도 요골을 따로 분리해놓는다. 최종 장례식이 끝난 후 요골은 죽은 자의 복수를 위한 원정에 계속 사용된다. 요골은 한참이 지난 후에야 다른 뼈가 들어 있는 관 옆에 묻힌다.(ibid., 554쪽, 463쪽) 요골을 특별한 재현의 대상으로 삼는 것은 오스트레일리아 원주민뿐 아니라 (뉴기니 북서쪽의) 룬 지역에 거주하는 파푸아 원주민 사이에서도 발견된다. 다른 뼈들은 동굴 안에 안치되지만, 사망자들의 요골은 작은 집에 놓인다. 이 의식이 진행되는 동안 남자들은 뱀의 움직임을 모방한 춤을 추는데, 그것은 전설에 따르면 한때 이 지역을 황폐화한 거대한 뱀의 죽음을 나타낸다고 한다.(v. Balen, "Iets over het doodenfest bij de Papoea's van de Geelvinksbaai" in *Tijdschr. v. Ind. T. L. en Vk.*, 31권 (1886), 567쪽 이하, 571~572쪽 참고)

235 *Northern Tribes.*, 168쪽. 와라문가족에게 토템 집단은 부족을 구성하는 두 개의 포족으로 나뉜다. 동일한 포족을 구성하는 여러 집단 사이에는 상당히 긴밀한 연대가 존재하는 것 같다.(248쪽, 163쪽)



236 마찬가지로 스펜서와 질렌이 참석한 다른 장례식들은 요골이 야영지에 들어온 지 6일째 되는 날, 검은 뱀을 대상으로 한 의식을 막 치른 후에 열렸다.(ibid., 193쪽 이하 참고)

237 간략히 설명하기 위해 우리는 여기서 독특한 의식 하나를 생략했다. 이 의식에서는 토템 상징으로 장식한 남자들이 신성한 그림에서 멀지 않은 곳에 다리를 벌리고 똑바로 선다. 이렇게 만들어진 일종의 아치형 다리 아래로 여자들이 연달아 기어간다. 그들 중 마지막으로 기어가는 여자는 등 뒤로 요골을 운반하는데, 그녀가 일어설 때 이 요골은 떨어지게 된다.(ibid., 540쪽) 이 의식은 신성한 그림이 불러일으키는 것과 동일한 사건, 즉 지하에서 조상이 사라진 사건을 극적으로 표현하는 것 같다.

238 다른 곳에서 두개골을 박살내는 것과 마찬가지로, 이 행위는 확실히 요골에 포함된 고인의 영혼을 해방시키는 효과를 지닌다.(Dubois, *Hindu Manners* (1899), 547쪽 참고)

239 *Northern Tribes.*, 740쪽 이하.

240 ibid., 542쪽, 162쪽.

241 *Native Tribes.*, 497쪽. 하지만 이 부족에게도 북부 부족들의 이차 장례식에 정확히 대응하는 것이 있다. 그것은 죽음 후 12개월 혹은 18개월이 지난 다음 거행하는, "무덤에 자란 나뭇가지를 밟는" 의식이다. 이 의식의 목적은 "슬픔을 땅에 묻고", 영혼에게 이제 살아 있는 자들과 결정적으로 이별할 때가 되었다는 것을 알려주는 것이다.(ibid., 503~509쪽)

242 아룬타족의 경우 이 단계에서 영혼은 살아 있는 사람의 영혼이나 육체가 없는 영혼을 가리키는 것과는 다른 특별한 이름(울타나Ulthana)을 지닌다.(ibid., 514, 655, 168쪽)

243 이 장소의 위치가 종종 무덤이나 시체가 놓일 방향을 결정한다.(*Native Tribes.*,

497쪽, *Northern. Tribes.*, 508, 542, 554쪽. 워초발룩족에 관해서는 Howitt, op. cit., 453쪽 이하, 450쪽 참고.

244 *Northern Tribes.*, 277쪽.

245 *Native Tribes.*, 512, 516, 521쪽. *Northern Tribes.*, 450쪽.

246 *Northern Tribes.*, 150쪽 이하, 162, 278, 327쪽. 일부 조상은 인간으로 간주되는 반면, 다른 조상은 뚜렷하게 동물, 특히 북부 부족의 토템 뱀으로 간주된다.

247 와라문가족에게서 영혼은 개인이 살아 있는 동안에도 그의 몸을 떠나 토템의 형상을 취할 수 있다는 믿음을 관찰할 수 있기에 이는 더욱 놀랍게 보인다. 이들은 사람이 죽었을 때 살인자로 추정되는 사람의 영혼이 희생자 주변을 배회한다고 믿는다. 그가 어떤 토템 집단에 속하는지 알아보기 위해, 이들은 매장지 근처에서 동물의 흔적을 찾을 수 없는지 확인한다.(*Northern Tribes.*, 526~527쪽)

248 Tylor, *Primitive culture* (4판), 2권, 236쪽. 주니족에 관해서는 Cushing, "Outlines of Zuni creation myths", in *Ann. Rep. Bur. Am. Ethn.*, 13권, 404쪽 이하. 이 특성은 남부 반투족들 사이에서는 특히 분명하게 나타난다.(Theal, *Records*, 7권, 404쪽 이하) 씨족 구성원의 영혼은 사후에 신성한 시조 동물의 몸으로 이동한다. '개인이 숭배하는 토템'의 경우도 마찬가지다.(타히티섬 원주민에 관해서는 Moerenhout, op. cit., 1권, 455~457쪽 참고) 죽은 이의 정령은 종종 그가 생전에 숭배했던 동물의 몸 안으로 돌아온다고 한다.

249 여기서 언급된 것이 전형적인 토테미즘과 무관하더라도 우리는 이 사실을 인용하고자 한다. 사실 우리는 신성한 동물이 시조인지 아니면 한 씨족에 특유한 것인지 알지 못한다. 똑같은 의식이 진행되는 동안 앵무새 깃털로 장식한 사람이 현재 고인의 영혼을 표상한다는 사실에 주목하라.(v. d. Steinen, *Unter den Naturvölkern Zentral-Brasiliens*, 504쪽 이하, 511쪽)

250 우리는 여기서 환생을 일으킬 것으로 여겨지는 규칙과 토템적 관점에서 개인의 정체성을 결정하는 규칙을 검토할 수는 없다.

251 *Northern Tribes.*, 34쪽.

252 *Native Tribes.*, 515쪽, *Northern Tribes.*, 546쪽. 아마도 이러한 사실을, 식인 풍습을 실천하는 루리차족에 관해 보고된 사실과 비교해야 할 것이다. 이들은 살해당한 사람들의 뼈를 파괴하기 위해 항상 주의를 기울인다. 그렇지 않으면 뼈가 재결합해 다시 살아난 희생자가 살인자에게 복수할 것이기 때문이다.

253 *Native Tribes.*, 507쪽, *Northern Tribes.*, 509, 525, 554쪽.

254 그러나 와라문가족의 경우 토템의 중심지는 어느 정도 집중되어 있다. 제한된 지역, 특히 험준한 지역은 여러 토템 조상들의 공동 거주지였던 것으로 보인다. (*Northern Tribes.*, 250쪽) 이러한 표상과 지하에 있는 죽은 자들의 집단 거주지의 표상은 크게 다르지 않다. 아룬타족은 정령이 지하 동굴에서 보내는 겨울밤의 추위를 좋아하지 않는다고 믿는다.(*Native Tribes.*, 513쪽)

255 아마도 두 사실 사이에는 모호한 상관관계 이상이 있을 것이다. 예를 들어 빈빈가족 사이에서는 고인의 뼈가 안치될 최종 매장지 역할을 하는 나무가 바로 죽은 자의 영혼을 위한 거주지가 아닌지 또는 그렇지 않았는지 자문해볼 수 있기 때문이다. 포경수술 후 포피를 보관하는 것과 관련된 유사한 사실에 대해서는 *Northern Tribes.*, 341쪽 및 Frazer, "The origin of circumcision", in *Independent Review* (1904), 211쪽 참고. 아룬타족의 경우 조상 영혼의 존속은 토템 문양이 새겨진 성스러운 사물인 추링가의 보존에 달려 있다는 점에 주목하라. 추링가는 몸이 없는 영혼의 거주지로 사용하기 위해 토템 조상이 사라지면서 떠난 장소에 남겨놓은 것이다.(*Native Tribes.*, 123쪽 이하, 132쪽 이하, *Northern Tribes.*, 258, 265~267쪽) 그런데 더 북쪽에 거주하는 부족들의 경우 의례적으로 장식된 뼈는 추링가와 동등한 것처럼 보인다. 뼈는 탈육화된 영혼의 몸을 구성한다. 또한 뼈는 성스럽고, 무언가를 비옥하게 만드는 주술적인 힘도 감추고 있다.(ibid., 531, 546쪽) 어쨌든 와라문가족이 거행하는 최종 의식의 목적은 상징적으로나마 지역의 토템 중심지에 요골을 모아두는 것이다.

256 토템적 특성을 지닌 최종 의식을 연구하기 위해서 우리는 오스트레일리아의 원주민들에게만 관심을 가졌지만, 이와 유사한 의식이 다른 토템 부족들에게도 존재했을 것이다.(틀링깃족에 관해서는 Krause, *Die Thlinkit*, 234~238쪽 참고) 고인을 기리기 위한 마지막 장례 연회에서 주최자는 토템의 휘장을 두르고 나타난다. 이때 밖에서는 가족 중 한 명이 신성한 동물의 울음소리를 흉내낸다. 그리고 노예들이 제물로 희생되는 동안 사람들은 가족의 기원과 조상의 공적을 노래한다.

257 Riedel. *Sluik- en kroesharige rassen*, 267쪽, v. Balen, op. cit., 567~568쪽, Salomon Müller, op. cit., 63, 72쪽, Rosenberg, op. cit., 417~419, 434, 511쪽, Turner, *Samoa*, 147쪽, Verguet, op. cit., 208~209쪽, Ellis, op. cit., 4권, 360쪽 ; Mœrenhout, op. cit.,1권, 101~102쪽, Catlin, *Notes*, 89쪽 이하, Swan, *N.-W. Coast*, 191~192쪽, Gabb, in *Proc. Am. Phil. Soc.* (1876), 497쪽 이하, Plümacher, "Etwas über die Goajira-Indianers", in *Ausland* (1888), 43쪽, Crevaux, *Voyages*, 549, 561~562쪽, Batchelor, "Notes on the Antankarana and their country", in *Antanan. Ann.*, 3권, 30쪽, Grandidier, op. cit., 225, 227~229쪽 참고. 케브슈르족의 경우 같은 성을 가진 사람들은 모두 같은 매장지에서 결합한다. (Radde, *Die Chewsuren und ihr Landop*, 93쪽)

258 Standing, "Malgasy "Fady"", in *Antanan. Ann.*, (1883), 7권, 73쪽.

259 Adair, *History of the American Indians* (1775), 129쪽 이하, 183쪽.

260 특히 Standing, ibid. Bosman, op. cit., 232, 476쪽, Dobrozhoffer, *Historia de Abiponibus*, 296~297, 310쪽, Carver, *Travels throught the inferior parts of North America* (1871), 400~402쪽.

261 *Myths of the New-World*, 259쪽 이하.

262 Brinton, ibid., 254쪽 이하. 메사야족에 관해서는 Marcoy, in Preuss, op. cit., 105쪽. 메사야족은 해방된 영혼이 그들의 몸에 들어간다는 두려움 때문에 숲속에 뼈가 놓인 장소를 피해 다닌다.

263 V. Humboldt, *Ansichten der Natur* (1826), 1권, 224~227쪽. 일부 유골 단지에는 온 가족의 뼈가 들어 있는 것으로 보인다.

264 Squier, *Aboriginal monuments of the State of New-York*, 67쪽 이하, 125~130쪽 ; C. Thomas, "Report on the mound exploration of the Bureau of Ethnology", in *Ann. Rep. Bur. Ethn.*, 12권, 672쪽 이하, 539쪽 ; Yarrow, op. cit., 119, 129, 137, 171쪽 ; Saville, "Exploration of zapotecan tombs in southern Mexico", in *American Anthropologist* (1899), New Serie, 1권, 350쪽 이하, Preuss, op. cit., 10~11쪽, 39쪽 이하. 이 뼈 더미 일부에서 수백 개의 해골이 발견되었다. 다 건조된 뼈들만 이러한 공동 무덤에 안치될 수 있었다는 것은 뼈의 상대적인 위치 및 장식, 극히 작은 크기의 관(이로 인해 멸종한 피그미족의 전설이 되살아났다) 등 많은 경우 쉽게 입증할 수 있는 사실이다. 그곳에는 무질서하게 쌓여 있는 뼈도 있었고, 서로 감싼 형태로 대칭적으로 배열된 뼈도 있었다.



265 하지만 아주 최근에 묻혀 아직 분해되지 않은 시체를 파냈을 경우에는 시체를 닦고 새 옷으로 덮어주기만 했다. 이 시체는 그대로 다시 공동 무덤 바닥에 묻혔다.

266 그뒤에는 마을 전체가 참여하는 공동 연회가 이어졌는데, 족장은 이 연회를 "큰 오두막"에 모인 죽은 자들에게 바쳤다. 대규모의 중앙 연회가 가정이나 지역적 특색을 띤 소규모 연회에 접목된 것처럼 보인다.

267 죽은 자의 가족이 이 거대한 재화의 비용을 부담했다. 연회 때는 뼈를 감싼 옷에서 떼어낸 조각들도 나눠주었는데, 이 조각들은 주술적 특성을 지니고 있어 귀중한 것으로 취급된다.(Brébeuf, *Relation de ce qui s'est passé dans la Nouvelle-France en l'année 1635* (1637), 2권, 142쪽 이하, Lafitau, *Mœurs des sauvages Amériquains* (1724), 2권, 446~457쪽, Hunter, "The land of souls", in *Annual Report Canadian Institute. Toronto* (1889), 5쪽 이하) 브레뵈프의 이야기는 아티냐우엔탄족, 즉 곰 민족에 관한 것이다. 이로쿼이족과 착토족에게서 발견되는 유사한 '영혼의 축제'에 관해서는 Yarrow, op. cit., 168~173쪽을 보라. 장례식 때 선물을 분배하는 의식은 특별히 북서부 인디언들이나 서쪽 에스키모인들 사이에서 두드러지게 나타난다.(Krause, op. cit., 223쪽, Jacobsen, op. cit., 259쪽 이하. Nelson, op. cit., 363쪽 이하. Yarrow, op. cit., 171쪽 이하)

268 최종 장례식의 집단적 특성이 이 재통합의 방식을 변경한다는 점에 주목하라. 한 시기에 죽은 자들은 다른 죽은 이들과 결합하지 않고 그들끼리 결합하기 때문이다. 의식의 의미는 분명히 동일하다.

269 정확히 우리에게 알려진 바에 따르면, 연회가 거행되는 동안 연합체의 두 집단 사이에 불화가 발생했고, 그중 한 집단이 관습을 어기면서 의식에 참여하지 않았다.

270 Codrington, *The Melanesians*, 261쪽 이하. 이 말은 사아섬에서 유래한다.

271 이 위험은 때때로 매장했다는 사실을 비밀로 유지함으로써 방지된다. (Codrington, ibid., 219쪽, Ellis, *Polynesian Researches*, 1권, 405쪽, Mœrenhout, op. cit., 1권, 554~555쪽)

272 Koch, op. cit., 34쪽, Gumilla, *Histoire naturelle, civile et géographique de l'Orénoque* (1758), 1권, 316쪽 참고.

273 Man, in *Journ. Anthr. Inst.*, 11권, 86쪽 및 12권, 146쪽. 중간 단계 기간에 시체가 있던 곳을 불길하다고 여겨 회피하는 것(이 책 32~33쪽 참고)과 장례 연회 후 뼈와 접촉하는 것을 익숙하고 유익하다고 여기는 것 사이에는 두드러진 대조가 성립한다. 하와이제도의 원주민에 관해서는 Campbell, op. cit., 206~207쪽, Mariner, op. cit., 서문(L쪽). 영국령 기아나의 카리브인에 관해서는 Rich. Schomburgk, *Reisen der Brüder Schombrugk in Britsch Guiana,* 2권, 432쪽.

274 오리노크 남부에 거주하는 아라와크족에 관해서는 W. Raleigh, *Relation des Voyages de Coréal* (1722), 2권, 201쪽, 프랑스령 기아나의 카리브인에 관해서는 Biet, op. cit., 392쪽, de Neuville, "Lettre sur l'origine, le pays et la religion des Gyuanois", in *Mémoires pour l'histoire des sciences et des beaux-arts de Trévoux* (1723), 29권, 448쪽, 주마나족과 투카노족에 관해서는 v. Martius, *Beiträge zur Ethnographie und Sprachenkunde Amerika's zumal Brasiliens*, 485, 599쪽 참고.

275 이러한 연관은 현대 힌두 설화에서 분명하게 나타난다.(Monier Williams, in Oldenberg, op. cit., 476쪽 주1 참고) 매장하지 않고 남겨진 사자의 유령은 살아 있는 사람들을 괴롭히는데, 이는 까마귀가 그의 뼈를 갠지스강으로 가져가는 날까지 계속된다. 그때 비로소 사자는 천상의 행복을 누린다.(Caland, *Altind. Totengebr.*, 107쪽 참고)

276 *Cambr. Anthr. Exp. to Torres Straits*, 5권, 355쪽 이하.

277 이 책 33쪽 참고.

278 힌두교에 따르면, 죽은 자는 무엇보다도 프레타preta, 되돌아오는 자 혹은 유령이다. 그는 일정 시간이 지나야 피타라스pitaras[고대 인도의 브라만교 성전聖典 중 하나인 리그베다에 등장하는 단어로 죽은 조상을 의미]의 세계에 들어간다.(Caland, *Ueber Totenverehrung bei einigen der Indogermanischen Völker*, 22쪽 이하, Oldenberg, *Religion du Véda*, 473쪽 이하)

279 Brinton, *Myths of the New-World*, 258쪽을 보라. Petitot, *Traditions indiennes du Canada nord ouest*, 37, 150, 461쪽 및 de Bourbourg, *Popol-Vuh*, 173~177쪽도 참고.

280 White, *Ancient history of the Maori*, 2권, 90쪽 참고.

281 예를 들어 압차스족의 경우가 이에 해당한다. 그들 중 일부는 40일째 열리는 연회 때 영혼이 해방되어 신과 결합한다고 믿지만, 다른 이들은 영혼이 바로 그날 태어난 아이의 몸 안에 들어간다고 믿는다.(v. Hahn, *Bilder aus dem Kaukasus*, 244~246쪽)

282 Petitot, *Traditions indiennes*, 275쪽 이하.

283 이들은 이름이 영혼의 한 종류일 뿐이라는 것을 알고 있다.

284 Nelson, op. cit., 289, 379, 424쪽 이하, 490쪽, Rink, *Danish Greenland*, 206쪽, Cranz, History of Greenland (1820), 1권, 149, 342쪽, Holm, "Ethnologisk skizze af Angmagsalikerne", in *Meddelelser om Grønland*, 10권 (1888), 111~113, 372~373쪽, Nansen, *Eskimo life*, 228쪽 이하. 이름을 전달하는 것은 의무이다. 이를 어기면 아이에게 나쁜 영향이 미친다.(케브슈르족에 관해서는 v. Hahn, *Bilder aus dem Kaukasus*, 212쪽 이하) 한두 살 된 아이가 아프면, 가족은 어떤 영혼이 해를 끼치고 있는지 알아내기 위해 점쟁이를 찾았다. 그런 다음 아이에게 죽은 자의 이름을 붙였다.(이는 죽은 자의 영혼의 이름을 전달해 되살림으로써 죽은 자를 달래려는 의도임이 분명하다.) (Petitot, *La Région du grand lac des Ours*, 277쪽, Krause, op. cit., 282쪽)



285 Crant, loc. cit. 그러나 홀름은 이 말을 반박하는 것 같다. 애도 기간이 끝나면 죽은 자의 이름을 더이상 입에 올리지 않는다. 링크에 따르면, 개인이 출생 직전에 사망하거나 유달리 고통스러운 상황에서 사망한 경우, 그의 이름을 아무 까닭 없이 말할 수는 없다. 아이에게는 일상적으로 사용되는 다른 이름이 주어진다. (Jacobsen, op. cit., 57쪽)

286 Swan, N.-W. *Coast*, 189쪽. 고인의 이름에 대한 매우 일반적인 금기를 지켜야 하는 기간은 대부분 정해지지 않는다. 하지만 아룬타족의 경우에는 애도를 끝내는 의식 후에 고인의 이름을 자유롭게 발음할 수 있다.(이때에도 일부 친족 집단은 제외된다.) (Spencer & Gillen, *Native Tribes*, 498쪽)

287 영혼-이름의 해방이 항상 새로 태어난 아이 몸 안에 육화하면서 이루어지는 것은 아니다. 여러 인디언 부족들 사이에서, 특히 추장이나 저명한 사람이 죽었을 경우, 이름은 일정 기간 '시체와 함께 매장'되었다가 새로운 추장이나 다른 저명인사에 의해 되살아난다. 이것을 '고인 X의 부활'이라고 부른다. 이때부터 살아 있는 사람이 고인으로 간주되고 그의 모든 권리를 갖는다. 이로쿼이족 사이에서는 이름의 전달을 계기로 '가족의 슬픔이 사라진 때'를 기념하는 큰 연회를 연다.(Lafitau, op. cit., 2권, 434쪽 ; Brébeuf, op. cit., 92쪽 ; 틀링깃족에 관해서는 Krause, op. cit., 234쪽 이하) 무스콰키 알곤킨족의 경우, 마지막 의식에서 영혼을 죽은 자의 세계로 데려가는 역할을 담당하는 인물은 고인의 이름을 자기 이름에 덧붙인다. 그는 이제 고인을 대표하고 유족의 의무를 수행한다.(Owen, *Folk-lore of the Musquakie Indians*, 83~86쪽) 이 경우 '이름의 부활'과 영혼이 죽은 자의 세계에 들어서는 것은 밀접하게 연관되어 있다.

288 Goddard, "Hupas", 72쪽. 고인의 친척들에게 마법의 '약'을 투약하거나 희생제의가 좋은 영향을 미칠 것이라는 확신을 심어줌으로써 이러한 결과를 얻을 수 있다.(Junod, *Ba-Ronga*, 56쪽 이하, Arbousset, *Relation d'un voyage au Nord-Est de la colonie du Cap de Bonne Espérance* (1842), 558~565쪽)

289 힌두교 의식에는 돌을 세우는 규정이 있는데, 이 돌은 살아 있는 사람들을 보호하고 그들을 죽음과 분리하는 장벽으로 쓰인다.(Caland, *Altind. Totengebr.*, 122쪽)

290 이러한 재통합의 전형적인 예는 케브슈르족에게서 관찰할 수 있다.(v. Hahn, op. cit., 207, 228쪽 이하) 재통합은 강렬한 집단적 기쁨 속에서 이루어진다. 사람들은 노래를 부르고 춤을 추고 서로 껴안는데, 이런 행동은 평소 같았으면 추악하다고 여겨지는 것들이다.

291 Petitot, *La Région du grand lac des Ours*, 119쪽 이하 및 *Traditions indiennes*, 271~272쪽. Alden, in Yarrow, op. cit., 161쪽 참고. 그로-방트르족에 관한 부분을 참고하라. 시체는 평평한 단 위에 놓이는데, 이 단은 시체를 노출했을 때 사용했던 것이다. 이제 아무도 시체를 건드릴 엄두를 내지 못한다. 시체를 만지게 되면 불행이 닥칠 것이다.(그것은 나쁜 약을 투약하는 것과 같다.)

292 예를 들어 카리브제도 사람들의 경우가 그러하다.(de Rochefort, *Histoire naturelle et morale des Antilles de l'Amérique*, 568쪽 이하, Preuss, op. cit., 19~20쪽)

293 팔라우섬에 관해서는 Kubary, in *Orig. Mitteil. a. d. Ethnol. Abt. d. königl. Mus. Berlin*, 1권, 10쪽 참고. 이곳에서 장례식은 애도가 끝나는 100일 후에 열린다. 자바의 경우는 Crawfurd, *History* (1820), 1권, 96쪽, 통가는 Baessler, *Südsee Bilder*, 335쪽 참고. 이 지역의 관습은 죽음 이후 1년이 지날 때까지는 여전히 묘비를 세우지 않는 유대인들의 관습을 떠올리게 한다. 죽은 이의 집을 폐쇄하는 남부 반투족의 의식도 같은 의미를 지닌다.(Junod, op. cit., 51, 56쪽, Declé, *Three years*, 233쪽 이하, du Chaillu, *Voyages et aventures*, 268쪽 이하 참고)

294 따로 분리해 보관했던 고인의 옷이나 동산動産을 파괴하거나 매장하거나 혹은 낯선 사람에게 분배하는 의례는 최종 의식에서 필수적인 행위라고 자주 보고된다. 와페턴에 거주하는 수족에 관해서는 NcChesney, in Yarrow, op. cit., 195쪽, 타라후마족에 관해서는 Lumholtz, *Unknown Mexico*, 1권, 384쪽, 영국령 기아나의 아라와크족에 관해서는 Rich. Schomburgk, op. cit., 457~459쪽, 케브슈르족에 관해서는 v. Hahn, op. cit., 230쪽 참고. 같은 의례가 여러 민족, 특히 보로로족과 코스타리카의 브리브리족에게는 이차 장례식의 주된 부분을 이룬다.

295 Lichtenstein, *Reisen im südlichen Africa* (1811), 1권, 423쪽. 아이가 죽었을 때는 시신을 안치한 오두막 문만 닫아놓는다. 이 경우 전염은 외부로 퍼지지 않는다.

296 Man, in *Journ. Anthr. Inst.*, 12권, 146쪽.

297 벤디다드Vendidad의 한 구절은 시체로부터 발생하는 오염 영역의 정의에 관한 것이다. 이 영역의 범위는 존재의 등급에서 죽은 자가 차지하는 위치에 따라 다르게 나타난다. 죽은 자가 사제라면 열 사람이 오염된다. 그가 전사라면 아홉 사람, 농부라면 여덟 사람, 양치기 개라면 일곱 사람이 오염되는 식이다. 그러나 만약 죽은 자가 우상 숭배를 하는 이방인일 경우, 혹은 이단자이거나 개구리처럼

아리만Ahriman이 만든 동물일 경우에는 시체와 접촉해도 살아 있는 사람은 어떤 종류의 오염도 일으키지 않는다. 그런 존재가 오염의 근원으로 취급받는 것은 오직 살아 있을 때뿐이다. 죽으면 더이상 그런 식으로 취급받지 않는다. 아마 이교도의 가까운 친척조차도 그의 죽음을 애도하지는 않을 것이다. *Zend Avesta* (trad. Darmesteter), 2권, XIII쪽 이하, 75~78, 105, 190~191, 193, 235, 251쪽.

298 마오리족을 다룬 한 텍스트에서 이 점이 명확하게 나타난다. 문명을 개화시킨 영웅 마우이는 인간이 되돌아오지 않고 죽어버리는 운명을 원하지 않았다. 그에게 죽음은 "인간의 품위를 낮추는 것, 인간의 존엄에 대한 모욕"으로 보였기 때문이다.(White, *Ancient history of the Maori*, 2권, 91쪽) 이 모욕의 불쾌감을 줄이기 위해 사람들은 때때로 고인의 지위를 실제로 격하시킨다. 따라서 타히티에서는 고인이 아레오이 비밀결사단의 일원일 경우 그 결사단의 사원에서 의식을 치러, 고인이 과거 입문식을 통해 받았다고 여겨지는 "신성하고 신비한 영향력을 그의 몸에서 모두 없앴다." 그래야만 시신이 평범한 사람처럼 묻힐 수 있었다.(Ellis, *Polynesian Researches*, 1권, 244쪽)



299 또는 조로아스터교의 언어로 말하자면, 선한 피조물은 "죽음으로 가득찬" 아리만이 우두머리를 맡은 악마들에 의해서만 파괴된다.(*Zend Avesta*, 2권, 68~69쪽)

300 그런데 이 두 원인은 상호배타적이지 않다. Spencer & Gillen, *Northern Tribes*, 519쪽 및 *Native Tribes*, 48쪽, Van Hasselt, "*Die Nuforesen*", 197~198쪽, Forbes, *Wanderings*, 438쪽, Colenso, *On the Maori Races*, 26, 63쪽, Turner, *Samoa*, 2권, 50쪽 이하, 272쪽, Ellis, *Polynesian Researches*, 1권, 395쪽, Marnier, *An account of the natives of the Tonga Islands*, 1권, 374~375쪽, Kubary, "Die Religion der Pelauer", in *Bastian's Allerlei aus Volks und Menschenkunde* (1888), 5, 47쪽, Dodge, *Our wild Indians*, 100쪽, Yarrow, op. cit., 123쪽, Koch, "Animismus der Südamer. Indianer", 38쪽 이하, von den Steinen, *Unter den Naturvölkern Zentral-Brasiliens*, 348쪽, Bosman, *Voyage de Guinée*, 224쪽, Kingsley, *Travels in West Africa*, 459쪽, du Chaillu, *Voyages et aventures*, 382쪽 참고. 더 추가할 수 있지만, 이 몇 가지 참고문헌만으로도 이러한 믿음이 일반적이라는 사실을 충분히 입증할 수 있다.

301 예를 들어 중국에서는 아버지의 죽음을 효심이 부족한 아들 탓으로 돌린다.(de Groot, *The religious system of China*, 1권, 69쪽)

302 Godden, "Naga.", in *Journ. Anthr. Inst.*, 26권, 195~196쪽. "우리가 너를 볼 수 있다면 창으로 너를 죽일 것이다! 우리는 너의 살을 먹을 것이다! ……어디로 도망쳤느냐? 우리 가운데 있는 친구들을 죽이는 너보다 더 잔인한 적은 없다."(Batchelor, *The Ainu and their Folk-lore*, 324, 384~385쪽)

303 Spencer & Gillen, *Northern Tribes*, 516쪽, Kingsley, *Travels in West Africa*, 463쪽 참고.

304 추장의 죽음에 관해서는 앞서 31쪽에 언급한 사실들을 보라.

305 환생에 대한 믿음이 지배적인 사회에서 이것은 말 그대로 진리에 해당한다. 각 씨족은 잃어버려서는 안 되는 일정한 수의 영혼을 보유하고 있기 때문이다. 그 영혼들을 잃어버리면 멸종에 시달릴 위험을 감수해야 한다.

306 죽은 자를 위한 연도식에서 읽는 요한복음의 한 구절을 상기하라. "나는 부활이요 생명이다. 나를 믿는 자는 죽었어도 살 것이며, 나를 믿고 살아가는 사람은 결코 죽지 않을 것이다." 신앙, 즉 개인과 눈에 보이는 교회의 친밀한 결합은 그에게 보이지 않는 교회와 미래에 있을 재결합을 보증한다. 이는 무덤에서 낭송되는 마지막 기도문에 분명히 나타난다. ut, sicut hie eum vera fidesjunxit Jidelium turmis, ita illic eum tua miseratio societ angelicis choris. [지상에서 참된 신앙으로 신도들 무리에 들었듯이 천상에서는 주님의 자비로 천사들의 반열에 들게 하소서.]

307 하지만 부활의 개념은 바뀌지 않는다. "몸은 그것을 떠난 영혼과 다시 합류한다. 영혼은 굴욕의 무덤에 잠시 남겨둔 몸이 영광스럽게 있는 것을 볼 것이다." (abbé Haigneré, *Des rites funèbres dans la liturgie romaine*, 23쪽) "경건한 기독교인의 유해는 영광스럽게 부활할 때까지 무덤 속에서 잠을 잘 것이다." (31, 49쪽) "썩을 몸으로 묻히지만 썩지 않은 몸으로 다시 살아난다……,"(바울, 고린도전서, 1장, 15, 42절 참고)

308 항상 그렇다는 것은 아니다.

309 케브슈르족에 관해서는 v. Hahn, *Bilder ans dem Kaukasus*, 223쪽 참고. 죽음은 "불결한 사회에서 순수하고 깨끗한 집으로 가는 통로"이다. 영혼은 순수하다. 반면 시체는 악취를 풍기고 불순하다.

310 앞의 56~57쪽을 보라. 민족지학적 사실에 관한 연구로 드러난 이 죽음의 표상이 한 가톨릭 옹호론자가 표현한 기독교 신앙과 정확히 일치한다는 것은 놀라운 일이다. "문명화된 기독교인에게 죽음은 보편적 문명의 장 밖으로 각 개인을 영원히 배제하는 것과는 거리가 멀다. 그것은 무한한 문명으로의 입문이자 지상의 나라에서 천상의 나라로 가는 통로이다."(Dufour in Haigneré, op. cit., 60쪽 이하) 이렇게 가톨릭 신자들은 강렬한 집단적 삶에 참여하기 때문에 종종 사회적 현실에 대한 직관을 가지고 있다.

311 Frazer, *The Golden Bough*, 3권, 429쪽 이하. 마찬가지로 희생제의를 위한 준비, 즉 "인간의 세계에서 신의 세계로의 통로"는 새로운 종으로 재탄생하는 세속적 존재의 죽음을 함축한다.(Hubert & Mauss, "Le sacrifice", in *Année sociologique*, 2권, 48쪽 이하)

312 예를 들어 딜스(Diels, *Sibillinische Blätter*, 48쪽)를 보라. 저자는 이 세 가지 의식의 유사성을 그것들이 모두 정화 의식을 치른다는 사실로 설명한다. 하지만 왜 정화가 삶의 이러한 세 가지 계기에 필수적인가를 설명하는 것이 중요하다.

313 따라서 죽음과 마찬가지로 출생은 종종 집 밖에서 일어나야 한다. 예를 들어

에스키모의 경우 Wells & Kelly, "English–Eskimo vocabularies", in *Bureau of Education Circular of information*, 2호, Washington (1890), 18쪽, 케브슈르족에 관해서는 Radde, *Die Chewsuren*, 79, 91쪽 참고. 사망의 경우와 마찬가지로 출생 때도 불순함은 전염된다. 불순함은 갓 태어난 아이의 어머니, 그리고 종종 아버지에게까지 확장되며 상중에 있을 때와 똑같은 격리된 삶을 그들에게 부과한다.

314 장례식처럼 결혼식도 고통을 수반한다. 한 집단에서 다른 집단으로의 이행은 쉽게 이루어질 수 없다. 이 이행을 가로막는 저항을 극복해야만 한다. 그래서 납치 의식이 종종 결혼식의 필수적인 부분으로 나타나는 것이다. 마찬가지로 장례식을 치르는 동안 시체가 운반되는 것을 막으려는 친척이나 친구들, 그리고 이들과 시체를 반드시 떼어놓으려는 공동체의 나머지 사람들 사이에는 의례적인 다툼이 일어난다. 이때 살아남은 자들에게 폭력을 행사해야 한다. 카르니코바르섬에 관해서는 Kloss, *In the Andamans and Nicobars*, 304쪽, 티모르에 관해서는 Gramberg, "Eene Maand in de binnenlanden van Timor", in *Verhandelingen van het Bataviaasch Genootschap van Künsten en Wetenschappen*, 36권, 212쪽, 로티섬에 관해서는 Heijmering, "Zeden en gewoonten", 359쪽 이하, 뉴브리튼에 관해서는 Danks, op. cit., 352쪽 이하, 펠라우섬에 관해서는 Kubary, "Die Todtenbestattung auf den Pelauinseln", in *Orig. Mitteil. a. d. Ethnol. Abt.d. königl. Mus. Berlin*, 1권, 11쪽, 로페즈곶의 오룽구 사람들에 관해서는 Nassau, *Fetichism in West Arrica*, 236쪽 이하 참고. 마찬가지로 과부를 두고, 그녀가 남편과 다시 합류하기(가령 화장할 때 쓰는 장작더미에서)를 바라는 시댁 식구들과 그녀를 살아 있는 사람들의 세상에서 살게 하려는 친정 식구들 사이에서는 종종 다툼이 벌어진다. 틀코틴족의 경우는 Yarrow, op. cit., 145쪽 이하 참고.

315 슈르츠(Schurtz, *Altersklassen und Männerbünde*)와 그의 저서에 관한 서평(*L'Année*, 6권, 317쪽) 참고.

316 깨어 있는 동안에는 이러한 감정의 흐름이 억제된다. 하지만 여전히 고통을 수반하는데, 우리는 보통 깨어 있을 때 실재에 대한 선명한 지각과 생생한 느낌을 가지기 때문이다. 그러나 사고가 이완될 때, 그림자가 저무는 저녁이나 잠을 자는 동안 외부의 사물에 대한 표상이 사라질 때, 주관적인 세계가 복수하기 시작한다. 과거처럼 살아 움직이는 죽은 자의 이미지가 깨어 있는 동안에는 계속 억압되었다가, 이제부터 의식을 지배하기 시작한다. 죽음 이후 찾아오는 내면의 비탄과 혼란 상태는 빈번하게 환각과 꿈을 일으켜 그 상태가 연장되게 한다.(Koch, "Animismus der Südamer. Indianer", 21쪽)

317 이 새로운 이미지가 살아 있는 사람들의 의식 속에서 지속될 것인지는 중요하지 않다. 종종 최종 의식은 죽은 자에 대한 기억을 삭제하는 효과를 일으킨다. 조상들과 다시 통합하면서 고인은 익명의 집합성 안에서 길을 잃게 될 것이고,

사람들은 그를 더이상 한 명의 개인으로 생각하지 않을 것이다. 그러나 망각조차도 단순하고 순전히 부정적인 과정이 아니다. 그것은 어떤 재건 작업 전체를 수반한다.

318 Arch. Campbell, *The doctrines of a middle state between death and resurrection* (1721) 참고.

319 연옥 개념은 사실 최종적 구원 이전 단계의 개념을 도덕적 언어로 전환한 것뿐이다. 중간 단계 동안 영혼의 고통은 처음에는 영혼이 처한 과도기적 상태에 따른 결과로 나타난다. 하지만 종교적 진화의 후기 시점에 이르면, 영혼이 받는 형벌은 지상에서 저지른 죗값을 치르는 데 필요한 속죄로 여겨진다. 이러한 변화는 매우 정상적인 것으로서 프레타와 관련된 힌두교 신앙에서 발생했다. (Oldenberg, op. cit., 476쪽 이하)

320 사회는 우리가 지적한 내면의 활동뿐 아니라 종종 직접적 행동으로도 그러한 균형 상태에 도달한다. 피의 복수 제도가 발생한 특정 원인이 무엇이든 간에, 그 제도 덕분에 집단이 죽음으로 인해 축적된 감정을 분출할 수 있다는 점은 확실하다. 이것은 살인자로 추정되는 사람을 처형해 죽은 자의 영혼을 달랜다는 믿음으로 표현된다. 따라서 복수의 완수가 종종 최종 장례식과 애도 기간을 끝내기 위한 필수 조건이 된다.(Steinmetz, *Ethnologische Studien zur Entwicklung der Strafe* 및 Mauss, *La religion et les origines du droit pénal* 참고)



321 죽음에 의해 야기된 것과 유사한 상태 변화에 대해서도 똑같이 주장할 수 있을 것이다. 입문식은 종종 매우 오랜 시간 동안 지속되고 그 기간 청소년은 전이 상태에 머무르면서 수많은 금기 사항에 종속된다는 점을 상기하자. 마찬가지로, (많은 사회에서 첫 아이가 태어나야 끝나게 되는) 결혼 이후의 기간도 불안하고 특별한 성격을 지닌다. 마지막으로 언급할 것은 육체적 출생만으로는 아이를 살아 있는 사람들의 사회 안으로 들여보내기에 충분하지 않다는 점이다. 신생아에 대한 표상은 죽은 사람에 대한 표상과 완전히 유사하다.(Cushing, "Remarks on Shamanism", in *Proc. Am. Phil. Soc.*, 36권, 184쪽, Batchelor, *Ainu Folklore*, 240쪽 참고)

322 이것은 아베스타에 명시되어 있다. 신자가 죽은 직후 시체의 악마인 드루즈 나수 Druj Nasu가 악령이 사는 북부 지역에서 "맹렬한 파리의 형태로" 내려와 시체를 점령한다. 시체가 썩는 것은 그 악마가 존재한다는 표시다.(*Zend Avesta*, 2권, 38쪽 주 22 및 96쪽 이하) 가톨릭교회에서도 비슷한 표상을 사용하고 있다. 시신에 성수를 뿌림으로써, "교회는 무엇보다도 먹이를 삼키려는 욕망으로 빛나는 황갈색 눈을 가진 악마를 쫓아내려고 하는 것 같다." 향을 피우는 목적은 "예수 그리스도의 좋은 향으로 시체에서 발산되는 악취를 다 덮어버리는 데 있다."(Haigneré, op. cit., 40쪽 이하 참고)

323 특히 프로이스(Preuss, op. cit., 239쪽 이하)를 보라.

324 이 책 43쪽을 보라. 우리가 여러 번 인용한 흥미로운 소책자에서 에녜레 신부는

장례식의 표상과 영혼의 표상 사이에 존재하는 일관된 유사성을 힘주어 강조했다. "신이 영혼과 함께 하시는 일을 교회는 시신과 함께 한다. 교회는 죽음의 침대에서 안식처까지 시신을 뒤따라갈 것이다. ……교회는 영혼이 하느님의 품 안으로 들어가기 위해 천국의 문이 열린다고…… 생각하면서 시신을 (성화된) 땅에 안치한다."(Haigneré, op. cit., 21쪽 이하, 48~53쪽)

325 Tromp, "Sihong.", 42~44쪽, Grabowsky, "Duson-Timor", 474쪽. 올로마아냔족에게 애도 기간은 성인의 경우 49일이라는 점을 상기하라. 그리고 아이의 유해가 들어 있는 관은 가족 무덤 밖에 둔다는 점에 주목하라. 올로응아주족의 경우 "아이를 위해 티와를 치르는 경우는 드물다."(Grabowsky, "Tiwah", 180쪽) 표르트족은 빈민과 노예가 죽었을 때처럼 아이의 시신도 바로 매장한다.(Dennett, *Notes on Folklore*, 22쪽) 『마누 법전』에서도 2세 미만 아이의 시신은 화장하지 않고 바로 매장하되 뼈도 모아서는 안 된다고 규정한다. "아이의 시신은 나무 조각처럼 숲속에 버려지며 아이 부모의 불순함은 3일간만 지속한다."(Bühler, *The laws of Manu, Sacred Books of lac East*, Oxford, 25권, 180쪽) 그러나 아이에게 이미 치아가 있는 경우 화장은 선택 사항이다. 이러한 특성은 플라니우스의 저작(Pline, *Histoire naturelle*, 7권, 72쪽)을 떠올리게 해준다. hominem prius quam genito dente cremari mos gentium non est.(치아가 나오기 전에 죽은 사람은 화장하지 않는 것이 일반적인 관행이다.) 토다족은 2세 미만의 아이가 죽었을 경우 같은 날 일차 장례식과 이차 장례식을 모두 치른다. (Rivers, op. cit., 391쪽)

326 Schwaner, *Borneo*, 2권, 195쪽, Perham, in L. Roth, 1권, 205쪽, Goudswaard, *De Papœwa's van d. Geelvinksbaai*, 70쪽, Van Balen, "Doodenfest.", 560~561쪽, Van Hasselt, "Die Nuforesen", 198쪽, Riedel, *Sluik- en kroesharige rassen*, 239쪽 참고.

327 Tromp, "Koetei", 92쪽. 필리핀의 타갈족에 관해서는 Careri, in *Blumentritt, "Ahnencultus."*, 165쪽 참고. "그들은 영혼과 조상이 나무에 산다고 상상한다."

328 "원주민들은 아이의 영혼이 즉시 태어난 곳으로 돌아와 똑같은 여자의 자궁에서 곧 환생할 것이라고 믿는다."(Spencer & Gillen, *Northern Tribes*, 609쪽) 따라서 유아 살해는 큰 문제가 아니다. 이러한 믿음과 성인의 영혼에 관한 믿음의 대조에 주목하라.(이 책 51~52쪽) 알곤킨족과 몽골인은 7세 미만 아이들의 시신을 사람들의 왕래가 잦은 길 가장자리에 두어 그들의 영혼이 쉽게 환생할 수 있도록 한다.(Preuss, *Begräbnisarten der Amerikaner*, 216, 257쪽, Owen, op. cit., 23쪽 참고)

329 코스타리카인들은 어린아이에 대해 죽었다고 말하지 않고 천사들과 합류했다고 말한다. 이때 장례식은 눈물이 배제된 즐거운 연회로 치른다.(Wagner & Scherzer, *Die Republik Costa-Rica*, 196쪽. Lumholtz, *Unknown Mexico*, 1권, 448~449쪽 참고) 루마니아인도 마찬가지다.(Flachs, *Rumänische Hochzeits und Totengebräuche*, 46쪽) 불가리아인에 관해서는 Strausz, *Die Bulgaren*, 452쪽,

가톨릭 신앙의 경우는 abbé Désert, *Le livre mortuaire*, 279, 286쪽. "Deus qui omnibus parvulis.... dum migrant a saeculo... vitam illico largiris aeternam."(신은 세상을 떠나가는 모든 아이에게 즉각 영생을 주신다.) 특정한 나이 미만의 아이가 죽었을 경우 애도를 생략하거나 그 기간을 극히 단축하는 것은 매우 일반적인 현상이다. 중국에서는 8세 이상의 아이가 죽었을 때에만 상복을 입는다.(de Groot, *The religious system of China*, 522쪽 및 329쪽, 1075쪽도 참고) 카얀족은 아직 이름이 없는 아이가 죽었을 경우(이름을 붙이는 의식은 태어난 지 한 달 후에 열린다) 표면적으로 어떠한 애도도 갖지 않는다.(Nieuwenhuis, op. cit., 1권, 44쪽) 당연히 부모의 개인적 슬픔은 매우 격렬할 수 있다. 그러나 사회적 반응인 애도의 의무는 없다.

330 주술사나 수도자가 죽으면 아이가 죽었을 때처럼 취급되는 경우도 유사하게 설명할 수 있다. 실제로 해안가 다약족은 샤먼의 시신을 나무에 매달아놓는다. (Perham, in L. Roth, 1권, 205쪽) 마찬가지로 힌두교 수도자도 죽으면 곧장 매장되는데, 그들에게는 "타계로 가기 위한 화장의 성사聖事가 필요하지 않다."(Caland, *Altind. Totengebr.*, 93~95쪽) 그들은 자신들의 특별한 활동으로 인해 살아 있는 동안 이미 지상의 사회에서 배제된다. 그들은 이미 영혼의 세계에 속해 있다. 말하자면 그들은 죽음에서 면제된 것이다.



331 Spencer & Gillen, *Northern Tribes*, 402쪽 주 1, 506, 512, 545쪽. 일반적인 이중 장례식과는 달리 노인을 즉각 매장하는 관습은 아루제도의 파푸아인들 사이에서도 볼 수 있다.(Ribbe, in *Festschr. d. Ver. f. Erdk.*, Dresden (1888), 191쪽 이하) 애도 기간의 부재(혹은 축소)는 노인의 경우에 빈번하게 발생한다. 마다가스카르 남부의 사칼라바족과 남아프리카의 베추아나족은 노인이 죽으면 "잠들어 있다"라고 말한다. 노인의 장례식은 축제 분위기 속에서 열린다.(Kürze, "Das Volk der Süd. Sakalava", in *Mitt. d. Geog. Ges. z. Jena*, 8권, 43쪽, Arbousset & Daumas, *Voyage d'exploration au Nord–Est de la colonie du Cap*, 475쪽) 플로리다주 팜강 연변 거주민의 경우는 Gomara, *Histoire générale des Indes occidentales* (1568), 45쪽 참고. 루마니아인의 경우는 Flachs, op. cit., 62쪽.

332 따라서 그들의 죽음은 악의적인 영적 개입을 의미하지 않고 '자연스러운' 것으로 종종 간주된다.(Van Hasselt, "Die Nuforesen", 197~198쪽, Kubary, "Die Religion der Pelauer", 3~5쪽, Macdonald, "Manners, customs superstitions and religion of South Africa tribes", in *Journ. Anthr. Inst.*, 19권, 273쪽, Le Braz, *La légende de la mort* (2판), 1권, XXII쪽 참고)

333 마찬가지로 월라로이족은 여자의 시신을 중요한 의식 없이 곧장 매장한다. 이는 여자가 종교 생활에 전혀 참여하지 않는다는 이유로 쉽게 설명된다.(Howitt, op. cit., 467쪽) 반면 와라뭉가족은 환생할 때마다 영혼이 성별을 바꾼다고 믿기 때문에 남자가 죽든 여자가 죽든 똑같은 장례식을 거행한다.(Spencer & Gillen, *Northern Tribes*, 546쪽, 530쪽)

334 Grabowsky, "Tiwah", 181쪽, L. Roth, *Sarawak*, 1권, 140쪽 이하, Nieuwenhuis, *Quer durch Borneo*, 1권, 91쪽 이하, Forbes, *Wanderings*, 324쪽, de Clercq, in *Int. Arch. Ethn.*, 2권, 208쪽, Standing, "Mal. "Fady"", in *Antanan. ann.*, 7권, 73쪽, Kubary, "Die Verbrechen und das Strafverfahren auf den Pelau Inseln", in *Orig. Mitteil. a. d. Ethnol. Abt. d. königl. Mus. Berlin*, 1권, 78쪽 및 *Ethnographische Beiträge*, 126쪽. 남부 반투족은 벼락에 맞아 죽은 친척을 애도하는 것을 금지한다. 이때 애도는 하늘에 대한 반역 행위로 즉각 죽음을 초래할 것이기 때문이다.(Arbousset & Daumas, op. cit., 446쪽, Macdonald, in *Journ. Anthr. Inst.*, 19권, 295쪽, Theal, *Records of S.-E. Africa*, 7권, 401쪽) 머리 가죽이 벗겨져 죽은 전사의 시신은 '단지 썩은 고기'에 불과하기에 절대 매장하지 않는다. 그의 영혼은 소멸했다고 간주된다.(Dodge, *Our Wild Indians*, 101~102쪽, 159쪽) 우리가 아는 바와 같이, 자살한 자를 공동묘지의 봉헌된 땅에 묻지 않는 관습은 기독교 민족들 사이에 매우 널리 퍼져 있다. 예를 들어 아일랜드인의 경우는 Mooney, in *Proc. Am. Phil. Soc.* (1888), 287~288쪽, 불가리아인의 경우는 Strausz, op. cit., 454쪽 이하 참고. 운마테라족과 카이티시족은 부족의 법을 어기고 금기시된 여자와 결혼한 남자가 죽으면 평평한 판에 시신을 노출하지 않고 즉각 매장한다.(Spencer & Gillen, *Northern Tribes*, 512쪽)



335 Wilken, *Animisme*, 197쪽 이하, Chalmers, in L. Roth, 1권, 167쪽, Dodge, op. cit., 102쪽. 목이 졸려 죽은 자의 영혼은 항상 시체 근처에 머문다.

336 L. Roth, 1권, 219쪽, Kruyt, "Een en ander.", 29쪽.(자살한 사람을 위한 마을은 따로 마련된다.) 서부 에스키모인들의 경우 비명횡사한 사람은 하늘로 올라가 햇빛을 받으며 풍요 속에서 살아가게 된다. 반면 나머지 사람들은 지하세계로 이동한다.(Nelson, "Eskimo about Bering Strait", 423쪽) 고대 아즈텍인들은 전사한 모든 남자와 출산중에 죽은 모든 여자(이 여자는 전자와 합쳐진다)는 태양에 이끌려 하늘에서 산다고 여겨졌다. 그러한 죽음은 친척에게 기쁨을 안겨다주는 영광스러운 죽음이었다. 익사자나 벼락 맞아 죽은 사람의 죽음도 이와 유사하게 표상되었다.(Sahagun, *Histoire générale des choses de la Nouvelle Espagne*, trad. Jourdanet, 346, 400쪽 이하, 433쪽 이하) 비정상적으로 죽은 사람과 저주받아 죽은 사람을 동일시하지 않도록 주의해야 한다. 비정상적으로 죽은 사람이 선택된 사람으로 여겨질 수 있기 때문이다. 하지만 두 가지 죽음은 모두 격리와 분리를 의미한다는 점에서는 본질적으로 서로 일치한다.

337 티와를 치르지 않은 사람의 영혼은 영원히 '죽은' 상태로 남게 된다는 것을 기억하라.

338 Junod, op. cit., 412쪽 이하. "번개와 죽음을 낳는 하늘도 쌍둥이의 탄생을 매우 특별한 방식으로 다스린다."

339 예를 들어 Kingsley, *Travels in West Africa*, 472쪽 이하 참고. 쌍둥이의 어머니에게 가해지는 처우는 과부가 겪는 처우와 같다. 사람들은 그녀의 옷을 찢고 소지품을

부순다. 또한 그녀를 불결한 사물인 양 내몬다. 그녀는 추방된 자로 살아간다. 죽음을 모면한 쌍둥이는 그들의 어머니조차 손대고 싶지 않은 무서운 대상이다. 쌍둥이가 서로 멀지 않은 부족들 사이에서 때로는 죽음에 내던져진 혐오스러운 존재로 취급되고, 때로는 거의 신성한 존재로 여겨지는 것은 놀라운 일이다. 그래도 그들은 항상 격리된다.

**오른손의 우월성**

1 이에 관해서는 다음의 분석과 논의를 참고하라. Daniel Wilson, *Lefthandedness*, Londres, 1891, 149쪽 이하. Dr J. Jacobs, *Onze Rechthandigheid*, Amsterdam, 1892, 22쪽 이하. J. Jackson, *Ambidexterity, Two-handedness and two-brainedness. An argumet for natural development and rational education*, Londres, 1905, 41쪽 이하.



2 Wilson, 183쪽 이하 ; Baldwin, *Développement mental dans l'enfant et dans la race*, 67쪽 이하 ; Van Biervliet, "L'homme droit et l'homme gauche", in *Revue philosophique*, 1899, 47권, 276쪽 이하.

3 Jacobs, 25쪽 이하.

4 Bastian & Brown-Sequard, in Wilson, 193~194쪽.

5 Rollet, "La taille des grands singes", in *Revue scientifique*, 1889, 198쪽 ; Jackson, 27쪽 이하 및 71쪽.

6 Jacobs, 30, 33쪽.

7 Wilson, 140, 142쪽.

8 Wilson, 127~128쪽 ; Jackson, 52, 97쪽. 저자는 선천적으로 오른손잡이인 사람의 비율을 17%로 추산한다. 그런데 이 수치를 어떻게 얻었는지는 밝히지 않는다. 방 비에르블리에(Van Biervliet, 142, 373쪽)는 "진짜 양손잡이가 존재한다"는 사실을 받아들이지 않는다. 그에 따르면, 98%의 사람들이 오른손잡이다. 하지만 이는 성인들만 대상으로 계산한 결과이다. 게다가 그는 "양손잡이"라는 단어에 매우 협소한 의미를 부여한다. 여기서 중요한 것은 뼈의 치수나 근육의 강도가 아니라 두 손 중 어느 한 손의 사용 가능성이다.

9 Jacobs, 33쪽.

10 Wilson, 139쪽 이하 및 148~149, 203쪽. 왼손잡이는 왼손의 타고난 손재주와 오른손이 습득한 기술을 누린다.

11 Jackson, 195쪽 이하를 보라. Lydon, *Ambidextrous and free-arm blackboard drawing and design*, Londres, 1900 및 Omer Buyse, *Méthodes américaines d'éducation générale et technique*, 145쪽 이하도 참고. 영국에서는 수년 전부터 양손잡이문화협회 Ambidextral Culture Society가 운영중이다.

12 특히 롬바르디아와 투스카니의 농민들에 관해서는 Lombroso, "Lefthandedness", in *North American Review*, 1903, 444쪽 참고. 롬브로소는 왼손잡이에 대한 낡아빠진 편견을 자신이 과학적으로 정당화했다고 믿는다.

13 이 연구를 뒷받침하는 민족지 대부분은 마오리족, 더 정확하게는 투호이Tuhoe라는 매우 원시적인 부족으로부터 수집한 것으로, 우리는 엘스던 베스트Elsdon Best가 『뉴질랜드연구소의 거래(및 절차)』(이하 *Tr. N.-Z. I.*로 표기)와 『폴리네시아 사회』(이하 *J. P. S.*로 표기)에 발표한 자신의 논문에 매우 정확하게 기록해놓은 자료를 따랐다.

14 종교적 양극성에 관한 우리의 설명은 간단한 개요에 불과하다. 여기에 제시된 아이디어 대부분은 『사회학 연보』에 발표된 뒤르켐 및 위베르와 모스의 작업에 익숙한 독자라면 친숙하게 받아들일 수 있는 것들이다. 이 설명에 포함되었을 몇 가지 새로운 견해는 좀더 발전시켜서 증명 가능한 자료를 덧붙여 다른 지면에서 논할 것이다.

15 이 불가피한 혼동의 몇 가지 예를 앞으로 살펴보게 될 것이다. 뒤에서 대지, 여성, 왼쪽이 속하는 열등한 등급에 관해 논한 것을 보라.

16 사회적 이원론에 관해서는 McGee, "Primitive numbers", in *Ann. Rep. Bur. Am. Ethn.*, 19권, 836쪽 이하 및 845쪽, Durkheim & Mauss, "De quelques formes primitives de classification", in *Année sociologique*, 6권, 7쪽 이하 참고.

17 이 점에 관해서는 특히 Spencer & Gillen, *Northern Tribes of Central Australia*, 298쪽 참고.

18 한 부족을 이루는 두 개의 반쪽이 부족 소유의 한 공간에 자리를 잡을 때가 종종 있는데(야영할 때 혹은 의식을 치를 때 등등), 이때 부족의 반은 오른쪽을 차지하고 다른 반쪽은 왼쪽을 차지한다는 점에 주목하라.(Durkheim & Mauss, 52쪽 이하, Spencer & Gillen, 28, 577쪽 참고)

19 사실 그 시초는 원시 단계에 존재한다. 여기서 여성과 어린이는 성인 남성에 비해 본질적으로 속된 계급을 형성한다.

20 하늘과 성스러운 요소의 동일성, 대지와 속되거나 불길한 요소의 동일성에 관해서는 (마오리족의 경우) Tregear, *The Maori race*, 408, 466, 486쪽, Best, "Maori eschatology", in *Tr. N.-Z. I.*, 38권, 150쪽 이하 및 188쪽 그리고 "The lore of the Whare-Kohanga(II)", in *J. P. S.*, 15권, 155쪽 참고. 이를 천상의 신과 지하의 신에 관한 그리스의 대립과 비교해보라.

21 특히 Best, "The lore of the Whare-Kohanga(I)", in *J. P. S.*, 14권, 206쪽 이하 및 "Maori magic", in *Tr. N.-Z. I.*, 34권, 73쪽 이하 참고.

22 Best, in *J. P. S.*, 15권, 26쪽.

23 마오리족에 관해서는 Colenso, "On the Maori races of New Zeland", in *Tr. N.-Z. L.*, 1권, 348쪽 이하, Durkheim, "La prohibition de l'inceste", in *Année sociologique*, 1권, 40쪽 이하, Crawley, *The Mystic Rose, A study in primitive marriage*, Londres, 1902 참고.

24 Best, in *Tr. N.-Z. L.*, 34권, 87쪽 및 in *J. P. S.*, 15권, 161~162쪽 ; Tregear, 330쪽 이하, 392, 515쪽. Best, "Omens and superstitious beliefs of the Maoris", in *J. P. S.*, 7권, 241쪽도 참고.

25 마태오복음 6장 3절. 오른손과 왼손의 상호 금기시된 관습에 관해서는 Burckhardt, *Arabic Proverbs*, 2권, 282쪽.

26 맥기는 원시적 사유의 이원론적 구조를 우리와 다른 관점에서, 다른 용어를 가지고 설명했다. 그는 오른쪽과 왼쪽의 구별을 앞과 뒤의 대립만을 인식하는 원시적 체계에 덧붙여진 것으로 생각한다. 그러나 이 주장은 우리가 보기에 자의적이다.(McGee, op. cit., 843쪽 이하 참고)

27 인도유럽어에서 '오른쪽'을 나타내는 어간 deks-는 인도·이란어의 dàksina에서 리투아니아어, 슬라브어, 알바니아어, 게르만어 및 그리스어를 거쳐 켈트어의 dess에 이르기까지 다양한 형태로 나타난다.(Walde, *Lateinisches Etymologisches Wörterbuch*, 'dexter'를 다룬 곳 참고)

28 이러한 용어(Skr. savyáh, Gr. λαιός, Gr. σκαιὸς, etc.)에 관해서는 Schrader, *Reallexikon der indogermanischen Altertumskunde*, 'Rechts und Links'를 다룬 곳 및 Brugmann, "Lateinische Etymologien", in *Rheinisches Museum für Philologie*, 43권, 1888, 399쪽 이하 참고.

29 그리스어 εὐώνυμος 및 ἀριστερός, 젠드(조로아스터교 경전)의 vairyàslara(=더 좋은), 고대 고지高地 독일어 winistar(de wini, 친구), 아랍어 aisar(=행복한. Wellhausen, *Reste des Arabischen Heidentums*, 2권, 199쪽 참고) 등이 그 예이다. 부르크만Brugmann에 따르면, 여기에 '불길한'을 뜻하는 라틴어도 포함해야 한다. 그림 형제(*Geschichte der deutschen Sprache*, 2권, 681쪽 이하 및 689쪽)와 최근 부르크만(loc. cit.)에 따르면, 왼쪽은 원래 인도·유럽인에게 호의적인 쪽을 의미했을 것이다. 그런데 이런 문헌학자들은 왼쪽의 참된 본질을 감추기 위해 마련된 언어적 인공물에 속아왔다. 여기서 문제가 되는 것은 확실히 반어법이다.

30 메이예Meillet씨가 친절하게도 우리에게 보내준 편지에서 이 사실을 알려주었다. 메이예씨에게 이 자리를 빌려 감사를 전한다. 메이예씨는 이러한 설명을 이미 제시한 바 있다.(Meillet, *Quelques hypothèses sur les interdictions de vocabulaire dans les langues indo-européennes*, 18쪽 이하)

31 또한 같은 이유로 "절름발이, 실명, 청각 장애와 같은 질병과 신체장애를 가리키는 명칭은 언어마다 다르다."(Meillet, loc. cit.)

32 예를 들어 Pictet, *Les origines indo-européennes*, 2권, 209쪽 이하 참고.

33 프랑스어 droit는 후기 라틴어의 directum(올바른 것, 정의)에서 유래한다.(Diez, *Etymologisches Wörterbuch der romanischen Sprachen*, 5권, 272쪽, 'ritto'를 다룬 곳 참고)

34 리덴에 따르면, 이 단어는 산스크리트어 sâdhyà와 연관되어 있다.(Lidén, "Armenische Studien", in *Göteborgs Högskolas Arsskrift*, 12권, 75쪽 이하)

메이예가 우리에게 이 점을 알려주었는데, 그는 이 어원이 어긋남이 없고 매우 확실하다는 뜻을 지녔다고 본다.

35 Best, "Notes on the art of war as conducted by the Maori of New Zealand", in *J. P. S.*, 11권, 25쪽 및 "Notes on the custom of rahui", in *J. P. S.*, 13권, 236쪽.

36 Von Meyer, "Ueber den Ursprung von Rechts und Links", in *Verhandlungen der Berliner Gesellschaft für Anthropologie*, 5권, 1873, 26쪽. Gerhard, *Ueber die Gottheiten der Etrusker*, 54쪽 이하 및 Pott, *Die quinare und vigesimale Zählmethode*, 260쪽 참고. 그리스인과 로마인 사이에서는 오른쪽이 종종 신의 노여움을 푸는 기도문에서 원용된다.(호라티우스, 『서간시*Epistulae*』, 1권, 7, 94행 이하. "quod te per genium dextramque deosque penates obsecro et obtestor..."(집의 수호신에게 간청하고 간청하오니, 당신의 특별한 능력과 오른손으로...) Sittl, *Die Gebärden der Griechen und Römer*, 29쪽 주 5를 보라.

37 Grimm, op. cit., 685쪽.

38 Best, in *J. P. S.*, 7권, 123, 133쪽.

39 Darmesteter, *Zend-Avesta*, 2권, 129쪽 주 64.

40 이 관습은 고대(이집트, 그리스, 로마)로 거슬러올라간다. 금속(처음에는 철, 나중에는 금)에는 마력으로부터 사람을 보호해주는 이로운 미덕이 부여되는데, 반지에 새겨진 문자가 그 미덕에 힘을 더한다. 반면 왼손 네번째 손가락에 붙여진 이름은 그 손가락의 마법적 성격과 기능을 증명한다. 그것은 '이름 없는 손가락'이고 '주술사'이며, 웨일스어로 '마법의 손가락'이다.(다랑베르그 Daremberg와 사글리오Saglio가 편찬한 사전(1873)의 'Anulus'및 'Amuletum' 항목과 Pott, 284쪽 이하 및 295쪽 그리고 Hofmann, "Ueber den Verlobungs-und den Trauring", in *Sitzungsberichte der Kaiserlichen Akademie der Wissenschaft, Philo.-Hist. Klasse*, 65권, 850쪽 참고) 보호 마법을 의미하는 scaevola(왼쪽을 뜻하는 scaevus에서 유래)라는 단어에 대해서는 Valeton, "De modis auspicandi Romanorum", in *Mnemosyne*, 17권, 319쪽 참고.

41 Best, in *J. P. S.*, 7권, 130쪽 이하 및 Tregear, 211쪽 이하.

42 또는, 결국 마찬가지지만, 신이 메시지를 보낸다고도 볼 수 있다. 고대인(Plutarque, *Questions Romaines*, 78 및 Festus, 17, 'sinistrae aves'를 다룬 곳 참고)이 제안했던 이 설명은 발레톤(Valeton, op. cit., 287쪽 이하)에 의해 확실히 입증되었다. 아랍인들 사이에서도 동일한 불확실성이 발견된다.(Wellhausen, 202쪽 및 Doutté, *La société musulmane du Maghrib. Magie et religion dans l'Afrique du Nord*, 359쪽 참고)

43 제자리를 빙빙 도는 춤을 추는 이슬람 수도승들은 오른손을 들고 손바닥이 위로 향하게 해 하늘의 축복을 모으고, 왼손이 땅을 향하게 해서 오른손이 받은 축복을 아래 세계로 전달한다.(Simpson, *The Buddhist praying-wheel*, 138쪽 및 이 책 89쪽 참고)

44 Gill, *Myths ands songs from the South Pacific*, 128쪽 이하, 297쪽 이하 참고. 히브리어 jamin, 산스크리트어 dàkshina, 아일랜드어 dess는 모두 오른쪽과 남쪽을 나타낸다.(Schrader, 'Himmelslegenden'를 다룬 곳 참고) 한편, 그리스인에게 동쪽은 세계의 오른쪽이고 서쪽은 세계의 왼쪽이다.(Stobée, *Ecl.*, 1권, 15, 6)

45 이것이 태양이 호루스의 오른쪽 눈이고 달이 왼쪽 눈인 이유이다. 폴리네시아에서도 마찬가지이다.(Gill, 153쪽 참고) 예수의 십자가형에 관한 기독교적 표현에서 태양은 새로운 교회가 승리하는 십자가의 오른쪽 지역을 비추며, 달은 사악한 도둑과 타락한 회당이 있는 왼쪽을 비춘다.(Mâle, *L'art religieux du XIIIe siècle en France*, 224쪽 이하 및 229쪽 참고)

46 Simpson, op. cit., 그리고 이 책 89쪽 참고.

47 Best, in *J. P. S.*, 7권, 123쪽 및 11권, 25쪽 ; Tregear, 506쪽, 40쪽 참고.

48 Eylmann, *Die Eingeborenen der Kolonie Süd–Australiens*, Berlin, 1909, 376쪽. 이 사실을 알게 된 것은 마르셀 모스의 친절한 가르침 덕분이다.



49 오늘날 한 위생학자가 순진하게도 이러한 표상을 공식화하고 있다.(Liersch, *Die linke Hand*, Berlin, 1893, 46쪽)

50 피타고라스학파에 따르면 서로 균형을 이루면서 우주를 구성하는 대조표는 유한과 무한, 홀수와 짝수, 오른쪽과 왼쪽, 남성과 여성, 안정한 것과 불안정한 것, 직선εὐθύ과 곡선, 빛과 어둠, 선과 악, 위와 아래로 구성된다.(Aristote, *Métaphysique.*, 1권, 5장 그리고 Zeller, *Die Philosophie der Griechen*, 321쪽 이하 참고) 피타고라스의 대조표는 우리가 제시한 표와 완벽하게 일치한다. 사실 피타고라스학파는 매우 오래된 대중적 관념을 간단히 정의하고 거기에 적절한 형태를 부여했을 뿐이다.

51 Wilson, 18~19쪽.

52 Mallery, "Sign–language among the North–American Indians", in *Ann. Rep. Bur. Ethn.*, 1권, 364쪽.

53 Mallery, 414, 416쪽 이하, 420쪽 이하. 혐오감을 표현하는 제스처에 관해서는 Quintilien, 11권, 3, 113쪽 이하, in Sittl, 358쪽 참고.

54 Schrader, 'Gruss'를 다룬 곳 참고. El Bokhari, *Les traditions islamiques*, trad. Houdas & Marcais, 1권, 153쪽 참고.

55 El Bokhari, 1권, 157쪽. 반대로 진djinn[아랍·이슬람 신화에 등장하는 정령]이 출몰하는 장소에 들어갈 때는 왼발부터 들어간다.(Lane, *Modern Egyptians*, 308쪽)

56 왼손이 개입할 때는 오른손의 대역을 맡아 오른손이 하던 대로 따라할 뿐이다. (White, *Ancient history of the Maoris*, 1권, 197쪽) 그래도 왼손은 종종 무시당한다.(Sittl, 51쪽 주 2 및 88쪽 이하 그리고 Simpson, 291쪽 참고)

57 창세기 48장 13절 이하.

58 프라닥시나pradakshina[힌두교와 불교에서 신성한 대상을 시계방향으로 배회하는 의식]와 디질deasil[태양의 운행 방향으로 도는 것]에 관해서는 Simpson, 75쪽 이하, 90쪽 이하, 183쪽 이하와 특히 칼란트의 논문(Caland, "Een Indogermaansch Lustratië-Gebruik", in *Verslagen en Mededeelingen der Koninklijke Akademie van Wetenschappen, Afd. Letterkunde*, 4권, 2쪽)을 참고하라. 이 의식이 준수되었음을 보여주는 흔적은 인도·유럽 각지에서 찾아볼 수 있다.

59 Platon, *Lois*: τοίς χθονίοις θεοίς ... αριστερά νέμων όρθότατα τού της εύσεβείας σκοπού τυγχάνοι("지하의 신들에게는…… 짝수와 왼편과 같은 차선의 것들을 봉헌[함으로써]…… 경건함의 표적을 가장 정확하게 맞힐 수 있을 것입니다.") [플라톤, 『플라톤의 법률 1』, 김남두 외 옮김, 나남출판, 2018, 217쪽] Sittl, 188쪽 이하도 참고.

60 Gudgeon, "Maori religion", in *J. P. S.*, 14권, 125쪽.

61 Kruyt, *Het animisme in den Indischen Archipel*, 259, 380쪽 주 1.

62 Martène, *De antiques Ecclesiae ritibus*, 2권, 82쪽. Middoth, in Simpson, 142쪽 이하 참고.

63 Simpson 및 Caland, loc. cit., 그리고 Jamieson, *Etymological Dictionary of the Scottish language*, 'widdersinnis'를 다룬 곳 참고. 마녀들은 악마에게 경의를 표하기 위해 왼손을 내민다.

64 Best, in *J. P. S.*, 13권, 76쪽 이하, 236쪽 및 14권, 3쪽 그리고 in *Tr. N.-Z. I.*, 34권, 98쪽. Goldie, "Maori medical lore", in *Tr. N.-Z. I*, 37권, 75쪽 이하.

65 Kausika sùtra 47장, 4절, in Caland, "Altindisches Zauberritual", in *Verhandelingen der Koninklijke Akademie van Wetenschappen Afd. Letterkunde N. R.*, 3권, 2호 및 ibid., 184쪽 참고. 몸의 왼쪽에서 피를 빼내면 죽음을 초래한다.(Best, "Tuhoe Land", in *Tr. N.-Z. I.*, 30권, 41쪽 참고) 반대로 오른쪽에서 나온 피는 생명을 주고 재생시킨다.(십자가에 못박힌 그리스도의 상처는 항상 오른쪽에 있다.)

66 Lartigue, "Rapport sur les comptoirs de Grand-Bassam et d'Assinie", in *Revue coloniale*, 7권, 1851, 365쪽.

67 Lartigue, loc. cit., Burckhardt, 186쪽, Von Meyer, 26, 28쪽.

68 바로 이것이 강력한 마법의 힘을 부여받았다고 믿어지는 실제 혹은 가상의 존재가 왼손잡이로 표현되는 이유이다. 캄차달족과 에스키모에게는 곰이 바로 그런 존재이다.(Erman, in *Verhandl. d. Berlin. Gesells. f. Anthr.*, 1873, 36쪽 및 J. Rae, in Wilson, 60쪽 참고)

69 Usener, *Götternamen*, 190~191쪽. 피타고라스학파 사람들은 다리를 꼬았을 때 왼발을 오른발 위에 두지 않도록 주의했다.(Plutarque, *De vit. pud.*, 8행 및 El Bokhari, 1권, 75쪽 이하 참고)

70 로마의 수권手權에 관해서는 Daremberg & Saglio, 'manus'를 다룬 곳 참고. 그리고 Sittl, 129쪽 이하, 135쪽 이하. 로마인들은 오른손으로 자신의 선의를 맹세했다. 아랍어로 맹세는 jamin, 즉 오른쪽을 뜻한다.(Wellhausen, 186쪽)

71 페르시아어로 '왼손을 주다'라는 말은 배반한다는 의미다.(Pictet, *Les origines indo-européennes*, 3권, 227쪽) Plaute, *Persa*[페르시아 사람], 2권, 2장, 44행: 'furtifica laeva'[은밀한 왼손] 참고.

72 Schrader, 'Gruss'를 다룬 곳 참고 그리고 Caland, "Een Indogermaansch." 314~315쪽을 보라.

73 Sittl, 27쪽 이하, 31쪽, 310쪽 이하.(δεξιοῦσθαι, dextrae [두 단어 모두 오른쪽을 뜻함])

74 기독교의 성상에서 오른쪽과 왼쪽의 중요성에 관해서는 Didron, *Iconographie chrétienne. Histoire de Dieu*, 186쪽 및 Mâle, 19쪽 이하를 보라.

75 마오리족에 관해서는 Best, in *Tr. N.-Z. J.*, 38권, 199, 221쪽.

76 Leonard, *The lower Niger and its Tribes*, 310쪽. 여자는 남편의 얼굴을 왼손으로 만져서도 안 된다.

77 '배꼽 아래'에 있는 몸의 틈새를 세정하기 위해 왼손만 사용하는 것에 관해서는 Lartigue, loc. cit. ; L. Roth, "Notes on the Jekris, Sobos and Ijos of the Wari District of the Niger Coast Protectorate", in *Journ. Anthr. Inst.*, 28권, 122쪽 ; Spieth, *Die Ewhe-Stämme*, 1권, 235쪽 ; 말레이인에 관해서는 Jacobs, 21쪽 ; *Lois de Manou*, 5권, 132, 136쪽 ; El Bokhari, 1권, 69, 71쪽 ; Lane, 187쪽.

78 Best, in *J. P. S.*, 11권, 25쪽 및 Tregear, 332쪽 이하.

79 Tregear, loc. cit.

80 예를 들어 윌슨이 인용한 칼라일Carlyle이 그러하며(Wilson, 15쪽), 커싱Cushing도 마찬가지다.(F. H. Cushing, "Manual concepts. A study of the influence of hand-usage on culture growth", in *American Anthropologist*, 5권, 1892, 290쪽)

81 이에 대한 설명은 Jackson, 51, 54쪽을 보라. 하지만 여기에는 가장 중요한 논의가 빠져 있다. 드니케르와 슈르츠가 보여준 것처럼 방패는 뛰어난 손재주를 필요로 하는 방어용 무기에서 파생되었을 가능성이 매우 높다.(Deniker, *Races et peuples de la terre*, 316쪽 이하 및 Schurtz, *Urgeschichte der Kultur*, 352쪽 이하) 게다가 방패의 사용을 모르는 민족도 상당수다. 실제로 마오리족이 그렇다.(Perey Smith, "Futuna. Horne island and its people, Western Pacific", in *J. P. S.*, 1권, 43쪽 및 Tregear, 316쪽) 그런데 그들에게는 오른쪽과 왼쪽의 구별이 특히 두드러지게 나타난다.

82 Cushing, op. cit., 290~291쪽 및 "Zuñi fetiches", in *Ann. Rep. Bur. Ethn.*, 2권, 13쪽 이하를 보라. 스토베우스의 *Eclogae*에 나오는 헤르메스 트리스메기스투스의 흥미로운 구절(Stobée, Ecl., 1권, 59쪽)과 중국인에 관한 Brinton, "Lefthandedness in North American aboriginal Art", in *American Anthropologist*, 1896, 176~177쪽 참고.

83 왼손으로 만질 수 없는 것처럼, 성스러운 기둥은 똑바로 서 있는 동안 밤이나

(속된) 낯선 사람에게 놀라지 않아야 한다.(Best, “The art of the Whare Pora”, in *Tr. N.-Z. I.*, 31권, 627쪽 이하, 656쪽 이하 및 (베스트의 해석을 따르는) Tregear, 225쪽 이하 참고)

84 브라만이 착용하는 끈은 반드시 올바른 방향, 즉 왼쪽에서 오른쪽으로 엮어야 한다.(같은 단락의 앞부분 참고) 반대로 엮은 끈은 조상들에게 바쳐질 것이며 살아 있는 사람은 사용할 수 없다.(Simpson, 93쪽을 보라)

85 Von Meyer, 27쪽 이하 및 Jacobs, 33쪽 이하를 보라.

86 첫째, 이 이론이 가정하는 방향 체계가 비록 매우 일반적이며 아마도 기본적인 것처럼 보여도 보편적인 것과는 거리가 멀다.(Nissen, *Orientation, Berlin*, 1907 참고) 둘째, 천체 영역은 균일한 특성을 지니지 않는다. 예를 들어 힌두교인과 로마인에게 북쪽은 신이 거주하는 regio fausta(상서로운 지역)인 반면, 남쪽은 죽은 자에게 속한다. 셋째, 태양의 운행에 관한 표상이 제 역할을 수행했다면, 남반구를 차지하는 사람들에게는 오른쪽과 왼쪽이 반전되어야 한다. 그러나 호주인과 마오리족의 오른쪽은 우리의 오른쪽과 일치한다.

87 이러한 제약은 엄밀한 의미에서 교육뿐 아니라 미개인들 사이에서 강렬하게 집합적이고 율동적인 성격을 가진 놀이와 춤, 작업 과정에서도 발휘된다.(Büher, “Arbeit und Rhythmus”, in *Abhandlungen der Königlich Sächsischen Gesellschaft der wissenschaften*, 39권, 5호 참고)

88 왼손잡이의 비율이 문명인보다 미개인에게서 더 높게 나타난다는 것이 입증된다면, 사회적 제약과 선택이 장기적으로 인간 유형을 수정했을지도 모르는 일이다. 그러나 이 점에 대한 증거는 모호하고 의미가 거의 없다. (Colenso, in *Tr. N.-Z. I.*, 1권, 343쪽, Wilson, 66쪽 이하 그리고 석기시대의 인간에 관해서는 Wilson, 31쪽 이하 및 Brinton, 175쪽 이하 참고)

89 특히 Hamelin, *Essai sur les éléments principaux de la représentation*, 76쪽.

**해설**

# 로베르 에르츠, 어둡고 불순한 존재의 탐구자

박정호

이 책은 로베르 에르츠(1881~1915)의 대표적인 논문인 「죽음과 이중 장례식」(1907. 원제는 '죽음의 집합표상 연구를 위한 기고')과 「오른손의 우월성: 종교적 양극성에 관한 연구」(1909)를 우리말로 옮긴 것이다. 에르츠는 우리 학계에는 낯선 인물이다. 그는 뒤르켐학파의 젊고 유능한 연구자로서 종교사회학 분야에서 탁월한 업적을 남겼으며, 프랑스 민족학의 거장 마르셀 모스Marcel Mauss의 제자이자 동료로서 훗날 모스의 사상에 커다란 영향을 미치기도 했다. 불행하게도 에르츠는 학자로서 필생의 역작을 남길 충분한 시간을 갖지 못했다. 1차세계대전이 한창이던 1915년 만 33세의 나이로 전사했기 때문이다.

이 책에 번역된 두 논문은 에르츠가 생전에 발표한 것으로, 영어권에서는 1960년 『죽음과 오른손』이라는 제목의 책으로 출간된 바 있다. 책의 서문을 쓴 영국의 저명한 인류학자 에드워드 에번스프리처드Edward Evan Evans-Pritchard는, 에르츠의 저술이 프랑스에서 두 세기 동안 축적되어왔던 사회학적 사유의 정점을 보여주는 대표적 사례라고 평가한다. 다시 말해, 분업, 연대, 자살, 주술, 희생제의, 토테미즘, 개인주의 등 당시 프랑스 사회학이 주시했던 그 어떤 연구 대상과 비교해도 뒤처지지 않는 학문적 가치가 '죽음'과 '오른손'에 내재한다는 것이다. 그런 점에서 에르츠의 글은 분명 20세기 초 프랑스 사회학의 방법과 시야, 주제와 전망을 파악하는 데 없어서는 안 될 중요한 역사적 자료로 볼 수 있다.

하지만 에르츠가 품은 학문적 목표는 프랑스 사회학의 지적 전통을 추종하는 것도, 거기에 혁신적 돌파구를 도입하려는 것도 아니었다. 그는 신중한 태도를 유지하면서 죽음의 의례와 오른손의 우위라는 문제에 접근했다. 그는 막대한 양의 민족지로부터 하나의 완결된 체계를 향해 뛰어오르는 대범한 이론가의 얼굴보다는, 사실들 자체의 구체성과 다양성을 존중하는 겸허한 자료수집가의 면모를 보여준다. 에르츠는 자신이 모으고 분류한 자료를 손에서 놓지 않고 흥미로운 사회학적·인류학적 질문들을 계속해서 제기했다. 현장의 사실들에 밀착하려는 이런 태도에는 때로 값비싼 대가가 뒤따른다. 그는 마오리족 자료를 붙잡고 있다가 박사학위 논문으로 계획한 '죄와 속죄'에 관한 연구를 끝내 완결짓지 못했다. 이 책의 두 논문에 담긴 400개가 넘는 주석 또한 이론으로의 성급한 도약보다는 사실 하나하나가 드러내는 특이성을 남김없이 기록하고자 했던 에르츠의 신중한 태도를 잘 보여준다.

죽음과 오른손은 일견 단편적인 주제로 보인다. 그것은 거대한 사회학적 사유 대상의 가장자리에서, 중심 줄거리를 보조하거나 장식하는 주변부 이야깃거리로 들린다. 그러나 에르츠는 이 두 대상을 사회적 삶의 심층을 파고드는 데 효과적일 뿐 아니라 집합적 의식과 도덕의 역사적 변천을 탐구하는 데도 적합한 연구 주제로 만들었다. 그에게 죽음과 오른손은 20세기 초 프랑스 사회학의 본심을 단번에 드러내는 시금석에 해당한다.

에르츠의 사회학에서 죽음과 오른손은 '불순함'이라는 관념과 밀접히 연관된다. 죽음에는 인간의 몸을 부패시키는 불순한 힘이 발붙이고 있으며, 오른손에는 왼쪽의 불순한 기운과 대립하는 온갖 덕목들이 모여든다. 에르츠는 죽음의 불순함을 관리하고 해소하는 장례식과 왼쪽의 불순함과 맞서기 위해 고안된 오른손의 우월성에 주목한다. 그리고 사회가 인간의 몸을 어떻게 해석하고 분류하고 평가하는지, 또한 그러한 과정을 통해 사회가 자신의 생존과 권위를 어떻게 유지하는지 보여준다. 썩어들어가는 주검 앞에서 모든 인간 집단은 고유의 상상력을 발휘해 죽음의 전염으로부터 자신의 생명력을 지켜낸다. 한편 어느 사회든 오른손잡이가 절대다수라는 평범한 사실 속에는 좌우 비대칭을 통해 이원적 분류체계의 외연을 확장하려고 하는 사회의 도덕적 권위가 숨어 있다.

이처럼 죽음과 오른손에는 집합적 사고와 행위, 감정의 복합체가 응축되어 있다. 죽음의 집단적 관리와 오른손의 배타적 특권에 주목하면서, 에르츠는 지적 표상과 도덕적 권위의 무궁무진한 원천인 사회의 핵심에 다가서는 통로를 찾아낸다. 이 통로는 먼 과거, 먼 이국의 지층 깊숙이 파묻혀 사라져버린 유물이 아니다. 그것은 모든 문화 형태가 그 독특한 개성과 고유한 지리적·역사적 맥락 속에서 빚어낸 인류의 공통된 주제에 가깝다. 우리가 만들고 우리를 만드는 사회를 심층적으로 이해할 수 있는 유력한 단서가 죽음과 오른손에 있는 것이다.



## 생애와 지적 활동

에르츠는 1881년 6월 22일 파리 서쪽 교외의 생클루에서 태어났다. 1900년 파리 고등사범학교에 진학한 에르츠는 베르그송의 강의를 들었으며 괴테와 니체의 사상에 심취하기도 했다. 1902년 에밀 뒤르켐Emile Durkheim이 소르본대학에 사회학 강좌를 개설하자 그의 학문적 이력은 결정적 전환기를 맞게 된다. 그는 이제 막 제도권에 진입한 뒤르켐의 사회학, 특히 지식사회학 분야에서 제기된 연구 질문에 큰 관심을 갖는다. 그가 지식사회학에서 중요하게 생각한 질문들은 도덕 철학, 지각의 구조와 발달, 마음의 기본 범주, 이성의 사회적 토대에 관한 것이었다. 이 질문들은 과거에는 철학이나 신학에 의해서만 사변적으로 연구되었다. 에르츠는 뒤르켐의 사회학이 새로운 방법과 지적 도구를 도입해 이 문제를 전혀 다른 관점에서 제기한 점에 주목한다.

1904년 철학 교사자격시험을 통과한 에르츠는 같은 해 알리스 바우어 Alice Bauer와 결혼한다. 그리고 곧장 뒤르켐이 이끄는 사회학 연구팀에 합류했으며 같은 해 런던의 대영박물관에서 학위논문 작성을 위한 자료 수집에 몰두할 기회를 얻는다. 1904년부터 이듬해까지 대영박물관에 축적된 방대한 양의 민족지와 역사적 자료를 탐색하면서 에르츠는 「죽음과 이중 장례식」과 「오른손의 우월성」, 그리고 죄와 속죄에 관한 연구 노트를 작성한다.

에르츠의 부인 알리스는 당시 런던의 생활상을 이렇게 묘사한다. "온종일 대영박물관의 도서관에서 작업한 후 에르츠는 하이게이트에 있는 작은 집 안을 이리저리 오가며 저녁 시간을 보냈다. 그는 곰곰이 생각하면서 산더미 같은 자료에서 서서히 떠오른 아이디어를 가다듬었다. 그가 무언가 발견했다고 확신한 날은 환희의 날이었다. 그는 새로운 사회학적 사실을 찾아냈다고 느꼈다. 죽음, 이행…… 부활, 입문, 죽은 자와 저세상의 통합……. 이제 막 청소년기를 지난 23세의 젊은 학자는 보르네오의 다약족과 함께 몇 달을 살았다고 해도 좋을 만큼, 그것도 그들의 언어까지 배울 정도로 자신의 작업에 푹 빠져 있었다. 그에게 다약족은 색인 카드의 대상이 아니라 살과 뼈를 가진 현실이 되었다."(Alice Hertz, "Préface", *Mélanges de sociologie religieuse et de folklore*, 1928, X쪽) 알리스에 따르면, 「죽음과 이중 장례식」은 도서관에서 수집한 자료만 가지고 작성된 것이 아니었다. 이 논문을 구상하고 집필하도록 이끈 힘은 집적된 자료 너머에 있는 현지의 다약족과 접촉하기를 꿈꾸었던 에르츠 자신의 갈망이었다.

영국에서 돌아온 에르츠는 1906년 고등학교 철학 교사직을 그만두고 고등연구원École Pratique des Hautes Études에 들어가 본격적인 연구 활동에 전념한다. 그는 고등연구원에 개설된 모스의 종교사회학과 민족학 강의를 청강하면서 뒤르켐이 창간한 『사회학 연보*L'Année sociologique*』의 종교사회학 분야 편집진으로 활동한다. 종교는 뒤르켐학파의 가장 중요한 사회학 연구 대상이었다. 사회가 본질적으로 물질적·경제적 힘으로 지배된다고 생각했던 다른 사회학자들에 맞서 뒤르켐은 종교가 인간의 집단적 사고와 행위의 원천이자 모든 제도의 원형이라는 점을 공식화했다. 이는 세속적이라고 여겨지는 현대 사회의 믿음과 지식 체계에서도 마찬가지다. 뒤르켐은 종교에 관한 연구를 제자들에게 강조했으며, 자신의 작업뿐 아니라 그의 조카인 모스, 그리고 『사회학 연보』를 중심으로 모였던 동료들에게도 종교적 사실에 관한 체계적인 연구와 조사를 진행하도록 부추겼다. 이러한 지적 분위기에서 에르츠는 죽음의 표상, 오른쪽과 왼쪽의 종교적 양극성, 죄와 속죄에 관한 연구에 몰입할 힘을 얻게 된다.

하지만 에르츠는 뒤르켐학파의 일반적인 연구 경향에 대해 어느 정도 독립적인 입장을 취했다. 뒤르켐학파 대부분이 사회적 통합과 도덕적 연대를 강화하는 메커니즘에 관심을 두었다면, 에르츠는 오히려 사회적 통합의 불안정성과 도덕적 연대의 파열을 부각하는 쪽으로 연구 방향을 틀었다. 이런 점에서 모스는 에르츠를 "인간 정신의 어둡고 사악한 측면"(Marcel Mauss, "In memoriam, l'œuvre inédite de Durkhiem et de ses collaborateurs", *Œuvres* III, 1969, 511쪽)을 강조한 학자로 평가했는데, 죽음과 왼손 그리고 죄인과 속죄의 제물이 바로 그러한 측면을 단적으로 드러내는 주제어에 해당한다. 어둡고 사악한 측면을 강조하는 것은 사회적 삶이 상호보완적이고 대립적인 체계들의 공존으로 이해되어야 한다는 점을 암시한다. 가령 사회적 유대에 관한 완전한 지식은 그 유대가 파괴되었을 때 발생하는 일을 정확하게 이해하지 않고서는 불가능하다. 사회 통합은 그와 대립하는 사회 해체와의 긴밀한 연관 속에서만 존재할 수 있다. 그렇지 않다면 사회에는 어떠한 '균형'도 존재할 수 없을 것이다. 강력한 사회 통합과 도덕적 연대의 기저에는 매우 거칠고 폭력적인 파열이 존재한다. 에르츠는 사회가 똑같은 모습으로 현상 유지되는 것을 막아주는 방식들, 가령 죄를 범한 사람이나 불순한 기운에 오염된 사람처럼 사회에 타격을 입히는 존재의 중요성, 그리고 이들을 사회로부터 격리하고 재통합하는 제도와 표상의 역동성을 힘주어 강조했다. 그는 사회의 어두운 측면을 부각함으로써 사회학의 이론적 결여가 끊임없이 환기되기를 원했다.



에르츠의 이력 중에서 간과해서는 안 될 중요한 부분은 사회주의와의 만남이다. 에르츠는 확고한 정치적 열정을 가지고 여러 사회운동에 적극 참여하면서 페이비언 사회주의Fabian socialism 활동가가 되었다. 그는 1908년 모스가 '로베르 에르츠 그룹'이라고 명명한 사회주의 연구모임을 결성했다. 이 모임에는 모스뿐 아니라 뤼시앵 레비브륄Lucien Lévy-Bruhl, 마르셀 그라네Marcel Granet, 모리스 알박스Maurice Halbwachs, 프랑수아 시미앙François Simiand, 위베르 부르쟁Hubert Bourgin과 같은 뒤르켐학파 다수가 참여했다. 같은 해 『사회주의 연구지*Les Cahiers du socialiste*』를 창간해 연구 결과를 발표하고 사회주의가 상아탑 안에 갇히는 것을 막기 위해 사회 정책에 관한 실질적인 정보를 정당과 노동조합에 제공했다. 그는 지적 노동의 상당 부분을 사회주의에 바쳤다. 1910년에는 『사회주의 연구지』에 「사회주의와 인구 감소」를 발표했고, 1912년에는 시드니 웨브Sydeny Webb의 『생디칼리즘이란 무엇인가』를 직접 번역하기도 했다. 이는 당면한 정치적 문제에 깊이 개입하려 했던 사회주의자 에르츠의 정치적 열정을 잘 보여준다. 하지만 그가 원했던 사회주의는 합리적 이성에 근거한 사회주의보다는 종교적 사회주의에 더 가까웠다. 그는 사회주의가 종교적 토대 위에 구축되기를, 그래서 비합리적 열정과 이상으로 채워지기를 고대했다.

1912년, 에르츠는 먼 이국의 민족지에서 벗어나 유럽 사회의 민족지를 직접 작성하는 기회를 얻는다. 그해 봄 휴가를 떠난 에르츠는 이탈리아의 발레다오스타 지역에 있는 코네Cogne 마을에서 베스Besse라는 성인 숭배에 관한 현지 조사를 수행하고 1913년 『종교사 논집*Revue de l'histoire des religions*』에 「베스 성인, 알프스산맥 지역의 숭배에 관한 연구」를 발표했다. 이는 매우 획기적인 일이었다. 당시 프랑스의 사회학은 문서로 기록된 사실들을 분류하고 분석함으로써 학문적 체계를 구축하고 있었다. 뒤르켐과 모스를 비롯해 『사회학 연보』의 동료들 대부분은 직접적인 현지 조사와는 거리가 멀었다. 하지만 에르츠는 사회학 연구 초기부터 타문화에 속한 사람들과 함께 숨쉬면서 그들의 살아 있는 사고와 행동을 직접 관찰하고 기록하려는 민족지적 열정을 갖고 있었다. 에르츠의 이 열정은 1차세계대전의 참혹한 현장에도 그대로 이어졌다.

1914년 1차세계대전이 발발하자 프랑스는 총동원령을 내렸고 이에 따라 에르츠는 전장에 나서게 된다. 그는 후방의 병참부서에서 근무할 수 있었음에도 자발적으로 최전선의 전투부대에 자원한다. 일상의 사회학 작업장으로부터 단절된 에르츠는 전쟁터를 현장 연구의 장으로 활용했다. 그는 부대를 이끌면서 병사들의 출신 지역의 설화와 속담을 수집해 정리했다. 이는 1917년 「전선에서 참전 군인들로부터 수집한 마옌 및 기타 지역의 설화와 속담」이라는 제목의 글로 『민간전승 논집*Revue des Traditions populaires*』에 실리게 된다. 하지만 에르츠는 전장에서 수집한 자료가 발표되는 것을 지켜보지 못했다. 그는 1915년 4월 13일 프랑스 북동부 마르셰빌앙우에브르에서 독일군과 맞서다 사망했다.

동시대를 살았던 여러 위대한 저자들과는 달리 에르츠는 제대로 된 저서를 남기지 못했다. 에르츠의 원고를 다시 정리해 출간하는 일은 모스가 맡았다. 1차세계대전이 끝나자 모스는 본격적으로 프랑스 사회학의 재건에 나서면서 에르츠가 남긴 논문과 서평, 민족지 연구 노트를 정리하기 시작한다. 모스의 『증여론 *Essai sur le don*』에 등장하는 유명한 마오리족의 하우hau는 바로 에르츠의 연구 노트에서 찾아낸 것이었다. 모스는 1922년 에르츠의 미완성 논문 원고를 정리해 「미개사회에서의 죄와 속죄」라는 제목으로 『종교사 논집 *Revue de l'histoire des religions*』에 발표했으며, 알리스 에르츠의 도움으로 에르츠의 대표적 논문 네 편을 모아 1928년 『종교사회학과 민속학 논문집 *Mélanges de sociologie religieuse et folklore*』을 출간했다.



「죽음과 이중 장례식」과 「오른손의 우월성」은 이제 막 뒤르켐학파의 일원이 된 20대 청년 에르츠가 품었던 학문적 주제와 방향이 가장 잘 드러나 있는 논문으로 평가받는다. 이제 두 논문의 핵심 내용을 간추려 살펴보고 그 결론으로부터 끌어낼 수 있는 사회학적 의의를 검토해보자.

## 죽음과 이중 장례식

인간은 늘 죽음의 잔혹성과 불가피성에 시달려왔다. 썩어가는 주검은 무無 그 자체로 누구도 피할 수 없는 운명을 가장 흉측한 이미지로 전달한다. 부패하는 시신 앞에서 인간은 사물이 된 자신을 보며 모든 것이 허사가 되어버리는 무력감과 공포를 느낀다.

인간은 죽은 자를 그냥 내버려두지 않는다. 인간은 장례를 치르는 유일한 동물이다. 종교가 "성스러움을 관리"(위베르)한다면, 장례식은 종교의 힘을 빌려 '죽음을 관리'한다. 장례식을 통해 인간 집단은 주검을 썩지 않는 유해로 만들고 죽음의 독성으로부터 사람들을 보호하며, 시신과 영혼을 주의 깊게 분리하고 죽은 자와 그의 소유물을 이 세상에서 저세상으로 보낸다. 장례를 거치면서 죽음의 가혹한 현실은 집단이 꿈꾸는 복잡하고 정교한 상상의 세계로 이전한다. 그래서 죽음은 다른 곳으로 가는 여정이나 통로, 혹은 부활, 윤회, 환생 등으로 재번역된다. 죽음은 장례 의식을 경유하면서 집합표상의 대상이 되는 것이다.

에르츠는 "우리는 모두 죽음이 무엇인지 잘 안다고 생각"(9쪽)하지만, 죽음은 직관적으로 이해할 수 있는 단순한 사실이 아니라고 잘라 말한다. 집합표상으로서 죽음은 개인의 내밀한 의식에 즉각 주어지는 주관적 사실이 아니다. 죽음은 개인의 근심거리로 축소되지 않는다. 그것은 모든 사람이 관여해야 할 집단의 문제이며, 그런 의미에서 우리의 사고, 감정, 행위를 일정한 방향으로 끌고가는 제약으로 작용한다. 따라서 죽음을 둘러싼 집단적인 "믿음, 정서, 행위의 복합체"(9쪽)가 죽음의 고유한 성격을 만들어낸다. 모든 사회는 죽음을 특정한 언어로 말하고, 시신은 특별한 조건 아래 세심한 대우를 받아야 하고, 살아 있는 사람들은 애도의 의무와 금기사항을 준수해야 한다. 죽음은 집단의 소관으로서, 공동체 전체에 전혀 다른 규모의 긴장을 주는 현실로 나타난다.

에르츠는 죽음을 집합표상의 대상으로 삼음으로써 죽음의 인류학적 연구에 기본 토대를 마련했다. 그의 연구는 죽음이라는 주제에 관심을 둔 이들에게 여전히 중요한 출발점이다. 이러한 지속적인 관심의 주된 이유는 그의 연구가 장례식, 죽은 자들에 대한 두려움, 시체의 불순함, 애도의 의무와 같은 다양하고 널리 관찰되는 현상을 의미심장한 분석틀로 설명하기 때문이다. 그 분석 틀의 뼈대는 '이중 매장' 혹은 '이중 장례식'이라고 부르는 의례이다.

## 죽었지만 아직 죽지 않은 상태



「죽음과 이중 장례식」에서 에르츠는 인도네시아 보르네오섬 다약족의 장례식에 관한 수많은 자료를 상세히 분석한다. 다약족은 사망 직후 시신을 최종적으로 매장하지 않는다. 이들은 시신을 임시로 특별한 장소에 보관하거나 매장한다. 그리고 꽤 오랜 시간이 지난 후 다시 유해를 수습해 최종 매장지로 옮긴다. 이처럼 다약족은 시신을 두 차례 매장하는 기이한 풍습을 가지고 있다.

여기서 당혹스러운 의문이 생긴다. 왜 죽은 자를 곧장 저세상으로 떠나보내지 않는가? 죽음의 의례를 단번에 완료하지 않고 뒤로 미루는 이유는 무엇인가? 에르츠는 다약족이 죽음을 순간적으로 일어나는 일로 보지 않는다는 점에 주목한다. 이들의 사회에서는 누군가 죽게 되면, 그는 '죽었지만 완전히 죽지 않았다'고 여긴다. 살아 있지는 않지만 아직 최종적으로 죽지도 않은 기간을 에르츠는 '중간 단계 기간'이라고 부른다. 이 기간은 시신을 임시로 매장하고 나서 마지막으로 매장하기까지의 기간에 해당한다. 이렇게 다약족은 두 차례의 매장으로 장례의 시작과 끝을 표시한다.

중간 단계 기간은 사회마다 다르다. 보통 2년 정도이지만 4년 혹은 10년이 걸리기도 한다. 에르츠는 최종 장례식이 장기간 미뤄지는 근본적 이유를 시체의 부패와 결부해 설명한다. 즉 "시체가 완전히 부패해 뼈만 남을 때까지 기다려야 하기 때문"(13쪽)에 최종 장례식이 지연된다는 것이다. 따라서 중간 단계 기간은 "시체가 순전히 뼈만 남은 상태에 도달하는 데 필요한 시간에 해당"(14쪽)한다.

상식적으로 봤을 때 장례는 죽은 자를 서둘러 봉인해서 살아 있는 사람들의 세계 밖으로 배제하는 의례로 여겨진다. 하지만 다약족의 장례는 이런 상식과는 거리가 멀다. 그들이 치르는 장례의 본질은 죽은 자는 완전히 죽을 때까지 아직 죽은 게 아니라는 관념을 그들 자신에게 강제하고, 그 관념에 따라 '시신, 영혼, 생자' 사이의 새로운 관계를 창출하는 데 있다. 이 새로운 관계를 제도화하는 장치가 바로 이중 장례식이다.

## 중간 단계

중간 단계는 죽음의 독성이 기승을 부리는 시기다. 이 단계에서 시신과 영혼, 살아 있는 사람들 모두 위험하고 불안정한 상태에 놓인다. 시신은 부패해 악취가 나고 영혼은 정착할 곳이 없어 방황하며, 고인의 유족은 죽음의 불순함에 전염되어 공동체로부터 격리된다.

다약족 사회는 썩어가는 주검이 악령의 공격과 같은 해로운 영향력에 취약하다고 믿는다. 악에 대한 저항력이 약한 시체는 함부로 다가가서는 안 될 금기처럼 나타난다. 조심성 없이 시체를 건드렸다가는 그 안에 깃든 불결한 기운이 온몸에 퍼지게 된다. 부패하는 시신은 한 개인뿐 아니라 공동체마저 위태롭게 만드는 파괴적 에너지를 품고 있다. 이런 상태에서는 시신을 최종적으로 매장할 수 없다. 따라서 다약족은 시신을 관에 넣고 밀봉해 어떤 장소에 보관하는 일차 장례식을 거행하고 살이 모두 썩어 사라지기를 기다린다. 한참이 지난 후 죽은 이의 시신을 불로 태우고 티와tiwah라고 부르는 대연회를 열면서 이차 장례식을 치른다.

에르츠는 다약족의 이중 장례식을 비교의 준거로 삼고, 다른 문화권에서 펼쳐지는 다양한 장례식과 어떤 공통점과 차이점이 있는지 추적하는 방법론적 원칙을 따른다. 일단 염두에 두어야 할 것은 어느 문화권이든 부패하는 주검에 대한 공포와 혐오가 보편적 현상이라는 점이다. 따라서 세계 곳곳에서 시신의 자연적 부패 과정을 단축하거나 억제하기 위한 다양한 조치가 취해진다. 살이 부패하지 않도록 미리 태워 없애는 화장火葬, 부패 과정을 차단하는 방부처리, 직접적인 식인 풍습(엔도카니발리즘endocannibalisme)과 간접적인 식인 풍습(야생 동물에게 먹이로 주는 것), 그리고 시신을 온전한 모습으로 보존하는 미라화 등이 바로 그런 사례이다. 에르츠는 시신의 부패를 둘러싼 조치가 아무리 다양하더라도 모두 다약족의 일차 장례식의 특징을 공유하고 있다고 본다. 일차 장례식은 죽은 자를 단번에 삭제하는 의식이 아니라 시신에서 마른 뼈만 추출하기 위한 의식이다. 매장이든 화장이든 식인 풍습이든 어떤 형태로 일차 장례가 진행되더라도 그 목적은 단 한 가지, 즉 시신에서 건조된 뼈를 수습한다는 공통점을 지닌다. 고인의 몸이 마른 뼈로 환원된 후에야 이차 장례를 치를 수 있기 때문이다.



죽음 후에 곧장 시신이 최종 매장되지 않는 것처럼 죽은 자의 영혼도 즉각 최종 안식처에 도달하지 못한다. 중간 단계 기간에 영혼은 깃들 곳을 찾지 못해 "시신 주변에 머물면서 숲을 배회하거나 죽기 전 살았던 장소를 들락날락 오간다."(16쪽) 중간 단계에서 영혼은 길을 잃어 이곳저곳을 헤매며 평온한 안식처를 초조하게 기다리는 것으로 표상된다. 이 기간 내내 영혼은 고통스러운 방황의 시간을 보낸다. 그래서 악의를 품고, 살아 있는 인간들을 병들게 한다. 그 적의를 달래기 위해서 산 자들은 정성을 다해 영혼을 돌봐야 한다.

죽음의 불순함이 내뿜는 해로운 기운은 고인의 유족에게도 옮겨진다. 한마디로 이들은 '상喪을 당하는' 것이다. 이들이 상중에 획득한 불순함은 공동체 전체를 위험에 빠뜨릴 수 있다. 그러므로 모든 사회는 이들을 격리해 그 더러움으로부터 자신을 보호하려고 한다. 고인과 가장 가까운 근친은 유족을 대신해 모든 더러움을 혼자 짊어지고 공동체 밖에서 떨어져 살기도 한다. 그는 자신에게 퍼진 불순한 기운의 모든 흔적을 제거하기 전에는 그곳에서 나와선 안 된다. 한편 중간 단계 기간은 고인의 시신과 그 영혼을 돌봐야 하는 의무적인 애도 기간으로, 엄격한 금기사항에 의해 일상의 행위가 제한되는 시기다. 유족은 음식, 옷, 장식, 머리카락 모양 등에서 정상적인 생활 방식을 따를 수 없다. 다른 사람들과 함께 대화나 식사도 할 수 없다. 죽었으나 죽지 않았다는 믿음에 따라 유족은 고인의 고통스러운 상황에 몸소 동참한다. 이처럼 다약족의 죽음 관념에는 죽은 자와 산 자 사이에 의무적인 연대의 표상들이 사슬처럼 이어져 있다.



## 죽음의 완료

시체의 젖은 살이 사라지고 마른 뼈만 남으면 마침내 중간 단계는 완료된다. 썩지 않는 뼈는 중간 단계를 완전히 통과한 고인을 상징하는데, 다약족 사회에서는 그런 자만이 '최종적으로 죽을 수 있는' 자격을 획득해 이차 장례식의 대상이 될 수 있다. 반대로 축축한 살이 여전히 뼈에 붙어 있는 시신은 더러움의 영역에서 빠져나오지 못한 고인을 가리킨다. 아직 불순함을 씻어내지 못한 고인을 저세상에서 환대할 리 없다. 따라서 이차(혹은 최종) 장례식은 시체가 불순함에서 완전히 해방된 상태에서 이루어진다. 이처럼 다약족 사회는 시체의 부패를 장례식의 전체 구조와 결부시키는 집단적 상상력을 다양한 제도를 통해 구현한다.

에르츠는 다약족을 포함한 여러 민족 집단의 최종 장례 의식을 관찰한 후, 거기에는 세 가지 목적이 있음을 밝혀낸다. 첫째는 고인의 유해를 최종 매장하는 것, 둘째는 영혼을 죽은 자들의 세계로 들여보내는 것, 셋째는 산 자들을 애도의 의무에서 풀어주는 것이다.

중간 단계 기간이 끝나면, 사람들은 고인의 임시 매장지에서 뼈를 수습해 최종 매장지로 운반하는 의식을 거행한다. 최종 매장지는 일반적으로 집단적 성격을 띤 공동 무덤인데, 그런 점에서 유해를 옮기는 의식은 무척 의미심장하다. 그 의미를 에르츠는 이렇게 지적한다. “최종 의식에서 유해를 수습해 이전하는 것은 단순한 장소 변경이 아니라 죽은 이의 상태에 중대한 변화를 일으키는 일이다. 유해를 옮김으로써 죽은 이는 사후부터 처해 있던 고립 상태에서 빠져나와 조상의 몸과 재결합할 수 있다.”(37~38쪽) 중간 단계에서 고인은 산 자들의 세계에서 분리되어 악취를 풍기며 사지가 썩어들어가는 혹독한 고통을 홀로 견뎌낸다. 마침내 그 고독한 장기간의 역경을 거치고 나면, 뼈로 환원된 자신을 반겨줄 죽은 자들의 세계에 들어서게 되는 것이다.



시신이 겪는 이 과정을 영혼도 똑같이 겪는다. 이차 장례식은 죽은 자의 뼈를 둘러싸고 행해지는데, 이때 영혼을 무겁게 내리누르는 고통을 풀어줄 또다른 장례도 함께 치러진다. “이 장례의 목적은 영혼의 불안한 조바심을 해소해 죽은 자들의 세계에 엄숙하게 인도하는 데 있다.”(41쪽) 이처럼 다약족 사회는 고인의 시신과 영혼이 각각 거쳐야 할 고난의 여정들 사이에 깊은 유사성을 부여한다. 죽은 자가 뼈로 ‘물질화’되고 영혼으로 ‘탈물질화’되는 이중적 과정을 두 개의 상반된 벡터가 아니라 하나의 통일된 표현 양식으로 치밀하게 다듬는 것이다. 이차 장례식은 고인의 뼈와 영혼 모두를 죽음의 손아귀에서 구해내 조상들의 세계로 인도하는 의식이다. 한편, 다약족은 천상의 세계에 입장한 영혼이 그곳에서 영원한 안식을 누리지 않고 다시 지상으로 내려와 인간이나 동물로 환생한다고 믿는다. 따라서 죽음은 단 한 번 일어나는 파괴적 사건, 피할 수 없는 개인의 패배를 뜻하지 않는다. 다약족 사회는 환생이라는 집단적 상상력으로 죽음에 대한 승리를 선포하는 것이다.

에르츠는 이차 장례식의 궁극적 목적이 유족의 해방에 있다고 본다. 고인과 가까웠다는 이유로 유족은 중간 단계 기간 사회적으로 죽은 존재로 취급받는다. 하지만 고인의 뼈와 영혼이 조상들의 세계로 복귀하는 것처럼, 유족도 애도의 의무에서 벗어나 정상적인 생활을 되찾는다. 여기서 주목해야 할 점은 살아 있는 자들이 중간 단계의 기간을 조정할 수 있다는 것이다. 가령 일부 다약족은 최종 장례 의식을 치르는 와중에 산 사람을 제물로 바치는 희생제의를 따로 거행하기도 한다. 이는 인신 공양을 통해 그들의 몸 안에 배게 된 죽음의 불순함을 서둘러 없애기 위함이다. 또한 최종 의식이 끝나기도 전에 평상시의 복장을 차려입음으로써 스스로 애도 기간을 종결하는 경우도 있다. 희생제의로 선수를 치거나 스스로 애도 의무를 면제하는 행위는 정상적인 사회적 존재로 빨리 되돌아가려는 애도자들의 욕망을 반영한다. 장례의 주체는 죽은 자가 아니라 어디까지나 의례를 집행하는 유족이기 때문이다.

그러므로 이차 장례식의 핵심은 상喪의 감염을 치료하고 고인과 맺었던 의무적 유대 관계를 해소해 평상시의 사회적 삶을 복원하는 데 있다. 에르츠는 애도 의무의 종결과 함께 발생하는 영혼의 상징적 변화 과정에도 주목한다. 애도의 의무가 끝남에 따라 악의를 품었던 영혼은 사람들의 세속사를 지켜주는 수호신으로, 즉 사람들이 경외심을 갖고 제사와 기도를 드리거나 자기 몸에 지니고 다니는 그런 수호신으로 변한다. 그때 죽은 자가 지상에 남긴 뼈는 성유물聖遺物이 되고, 죽은 자에 대한 혐오와 공포는 숭배로 바뀐다. 이처럼 죽은 자들의 세계에 편입된 다음에야 고인은 살아 있는 사람들을 보호하는 이로운 존재가 되는 것이다.

## 통과의례로서의 죽음

에르츠가 기술한 다약족의 죽음 표상에는 평온한 것이라곤 도무지 찾아볼 수 없다. 그들의 죽음 의례는 고인을 편안한 안식처로 곧장 인도하지 않고 혹독한 시험대에 장기간 올려놓는다. 다약족의 이중 장례식은 시신과 영혼, 유족 모두가 고통스러운 중간 단계를 느리게 통과하는 이행 과정으로 짜이는데, 이는 통과의례에서나 볼 수 있는 가시덤불 가득한 시공간적 차원을 두 차례의 장례 의식 사이에 끌어들인 것과 같다.

그런 점에서 이중 장례식과 그 가운데 놓인 중간 단계는 통과의례의 전체 도식과 매우 흡사하다. 실제로 다약족의 장례 의식을 다룬 민족지 문헌에는 통과의례의 구조—분리 단계, 주변부 단계, 재통합 단계—를 암시하는 의례적 상징과 신념, 행위로 가득차 있다. 에르츠의 분석에서 가장 흥미롭고 중요한 부분이 바로 여기에 있다.

먼저 분리 단계부터 살펴보자. 죽음이 발생하면 시신과 영혼, 유족은 모두 끔찍한 힘을 부릴지도 모르는 불순한 존재로 취급되어 공동체에서 분리된다. 고인은 임시 매장지에서 은둔해야 하고 유족은 공동체 밖 외진 곳으로 추방되고 영혼도 정해진 거처 없이 방황하는 신세로 내몰린다.

이중 장례식의 중간 단계는 통과의례의 주변부 단계에 상응한다. 이 기간은 시신, 영혼, 유족이 각자 통과해야 할 고유한 시간으로 분기된다. 그 기간은 살의 부패 기간이고 영혼의 방황 기간이자 유족의 애도 기간이다. 이들은 모두 중간 단계에서 어떤 모호한 주변부 상황에 놓인다. 죽은 자가 그 상황을 가장 명확하게 보여준다. 그는 '죽었으나 아직 죽지 않은' 상태, 말 그대로 이도 저도 아닌 모호한 전이 상태에 처한다. 영혼도 이런 운명을 피할 수 없다. 에르츠가 정확히 묘사했듯, "영혼은 두 세계의 주변부에 사는 셈이다. 위험을 무릅쓰고 저승에 들어서면 침입자로 취급된다. 반면 이승에서는 사람들이 가까이하기를 꺼리는 귀찮은 손님이 된다.”(18쪽) 시신과 영혼이 장기간 통과해야 할 모호한 상황은 유족도 똑같이 짊어져야 할 부담으로 작용한다. 중간 단계에서 유족은 자신들이 속했던 공동체의 문화적 규정을 받지 않는 이방인 신세로 전락한다.

하지만 시신, 유족, 영혼이 모질게 겪는 주변부 단계는 완전한 추방이나 격리가 아니다. 방 주네프Van Gennep가 보여주었듯, 통과의례를 겪는 입문자는 사회 구조 외부의 변칙적 단계에 있기에 위험한 존재로 인식되지만, 마침내 사회의 구성원 자격을 회복하면서 사회에 재통합된다. 이런 의미에서 중간 단계는 마치 입문자가 한 상태에서 다른 상태로 통과하기 위해 겪어야 할 전이 단계와 유사하다. 순례를 떠난 신참자 혹은 성인식을 치르는 소년처럼 시신과 영혼, 그리고 유족은 모두 처음에는 일련의 고통스러운 과정을 거친다. 그리고 마침내 최종 장례식을 통해 각자 가야 할 곳으로 진입한다. 뼈만 남은 시신은 공동 무덤에서 조상들의 뼈와 재통합하고, 유족은 자기가 살던 공동체로 복귀하며, 영혼은 천상에 올라가 조상 영혼들의 환대를 받는다.

에르츠는 이중 장례식에서 죽은 자와 산 자, 그리고 영혼 모두 나란히 같은 길을 걷도록 만드는 집단적 상상과 의례의 조합을 지적함으로써 장례식에 관한 피상적 해석을 넘어선다. 다약족을 비롯한 많은 인간 집단의 다양한 장례 의식은 그 기간과 복잡성에 상관없이 시신, 영혼, 유족이 서로 의존하면서 한 영역에서 다른 영역으로 이행하는 장면을 한 편의 드라마처럼 재현한다. 중간 단계는 시신, 영혼, 유족의 비밀 집회와도 같아서, 그 기간에 이들은 서로 기묘한 영향을 주고받으며 모종의 질서를 지켜나간다. 이 질서를 지키는 것은 극히 중요한 일이다. 부패 기간, 애도 기간, 방황 기간의 자연스러운 일치가 바로 그 질서의 핵심인데, 이를 어기면 마치 세상의 균형이 깨진 듯 해로운 힘들이 무질서하게 난립하기 시작한다. 가령 최종 매장하기 전에 애도를 임의로 멈출 수 없으며, 애도가 끝나지도 않았는데 영혼을 수호신처럼 여길 수도 없다. 이런 일은 다약족의 말에 따르면 모두 벼락 맞을 죽음을 부르는 것들이다. 바로 그러한 우려로 중간 단계는 그토록 많은 주의를 필요로 하는 시기로 여겨지는 것이다.

## 썩는 살과 썩지 않는 뼈



그런데 왜 그런 통과의례의 시련이 필요한가? 다약족 사회가 이중 장례식을 통해 분리와 재통합의 과정을 연출하는 이유는 무엇인가? 에르츠는 그 궁극적 이유를 사회가 죽음이라는 파멸의 힘 앞에서 입증해야 할 자기 영속성에서 찾는다.

모든 개인은 죽을 수밖에 없는 필멸의 존재다. 하지만 개인이 죽더라도 사회는 영속하며 또 그래야 한다. 개인의 죽음과 함께 몰락하는 사회가 있다면, 그것은 사회라는 이름을 붙이기 힘든 일시적 모임에 불과하다. 사회는 개인의 자궁에서 태어나 개인들 사이에서 성장하고 죽는 유기체가 아니기 때문이다. 모든 사회는—씨족 사회이든 종족 사회이든 상관없이—이전 사회에서 유래해 다음 사회로 이어지는 질긴 생명줄을 갖고 있다. 개인의 필멸과 사회의 영속, 에르츠는 바로 이 둘 사이의 길항에서 이중 장례식을 낳는 원동력을 짚어낸다.

사실 개인이 죽으면 사회는 충격과 두려움에 사로잡힌다. 사회는 개인들로 이루어지기에, 그들이 죽을 때마다 사회는 자신을 침식해들어가는 파괴적 에너지를 느낀다. 즉 "사람이 죽을 때 사회는 구성원 한 명만 잃는 게 아니다. 사회는 자기 삶의 원리와 자기 신념에 타격을 입는다."(61쪽) 개인의 죽음은 사회의 영속성을 위험에 빠뜨리는 신성모독적인 힘으로 작용한다. 따라서 사회는 어떻게든 자기 존재의 영원한 근거와 끈질긴 생명력을 구성원들에게 전달해야 한다.

이를 위해 사회가 마련해놓은 의례 장치가 바로 이중 장례식이다. 에르츠는 다약족을 비롯해 세계 여러 지역의 다양한 장례의식에서 언제나 특징적으로 등장하는 것이 '뼈의 추출'이라고 지적한다. 중간 단계를 거쳐 추출되는 하얀 뼈는 죽은 자가 세상에 남긴 불멸의 요소이다. 사람들은 고인의 주검에서 찾아낸 이 불멸의 요소를 매개로 사회의 영속성을 복원한다. 고인의 하얀 뼈가 바로 사회의 불멸성을 상징하는 것이다. 따라서 이중 장례식의 핵심은 사회가 썩지 않는 뼈들로 이루어졌음을, 즉 사회가 그 자체 골화骨化된 실체로서 불멸의 모습을 취한다는 점을 극적으로 연출하는 데 있다.

소멸하는 살은 개인의 것이지만 썩지 않는 뼈는 사회에 귀속된다. 죽음의 집합표상은 썩지 않는 뼈를 영속성의 상징으로 만들고 그것에 두번째 생명(죽은 자들의 삶)을 부여함으로써 죽음을 내쫓는다. 에르츠가 정확하게 언급했듯, "시체에서 뼈만 남기는 것은 궁극적인 구원의 조건이자 표시로 나타난다. 거의 변형되지 않는 뼈에 대해 죽음은 더이상 영향력을 행사할 수 없기 때문이다."(66쪽)

이제 우리는 왜 다약족이 '죽었지만 아직 죽지 않은 상태'를 상상하는지 알 수 있다. 그것은 죽음 안에 여전히 활동하는 '불순한 생명력'이 있기 때문이다. 시체에서 흘러나오는 체액과 악취, 썩어들어가는 살은 죽은 자가 아직 죽지 않았음을 나타내는 불순한 생명력의 흔적이다. 이 흔적들은 공동체의 생명을 위협하는 감염의 근원이다. 따라서 중간 단계 기간에 시체에서 나오는 불순한 생명력을 없애야만 한다. 이중 장례식은 '생물학적' 죽음 안에서 아직 살아 있는 불순한 생명을 '사회적으로' 죽이는 의례 장치이다. 통과의 시련이 바로 여기에서 나온다. 죽은 자의 살을 뼈에서 떼어내거나 불로 태우거나 동물에게 먹이로 주거나 아니면 직접 먹는 행위는 모두 죽은 자가 감내해야 할 사회적 죽음의 방식이다. 이 시련의 시간에 영혼은 방황의 시간으로, 유족은 애도의 시간으로 동참한다. 이렇게 해서 외면할 수 없는 자연적 사실인 죽음은 문화적 대상으로 재해석된다. 인간은 자연히 죽게 마련이지만 문화는 죽은 자를 한 번 더 죽인다. 이 문화적 죽음으로 사회는 죽지 않는 성스러움을 보장받는다.

다양한 민족지 자료를 검토하면서 에르츠는 죽음이 순간적 단절이 아니라 통과해야 할 길고 긴 시간에 속해 있음을 확인한다. 그는 이 시간 동안에 시체의 부패와 영혼의 운명, 그리고 살아 있는 자들의 애도 사이에서 맺어지는 긴밀한 연관성을 꿰뚫어본다. 그리고 죽음이란 사회가 죽은 자들의 뼈로 이루어진 불멸의 공동체를 매개로 자신의 영속성과 구성원들의 결속을 보장하기 위해 마련한 제도라는 점을 간파한다. 물론 생물학적 죽음에 대한 사회의 반작용은 장구한 역사 속에서 풍화되어 전혀 다른 문화적 형태로 바뀌어가기 마련이다. 현대인의 죽음 표상은 다약족의 이중 장례식과 같은 복잡한 의례로 지탱되지 않는다. 오늘날의 장례는 죽음을 에워싼 두꺼운 의례의 껍질이 점차 사라져왔던 긴 역사적 과정의 영향 아래 형성된 것이다. 이와 관련해 에르츠는 이중 장례식 제도가 무너짐에 따라 죽은 자와 산 자의 관계가 어떻게 변했는지 날카롭게 지적한다.

> 이 제도는 종종 눈에 띄게 퇴보하기도 한다. 몇몇 사회에서는 원래 관습의 흔적만 뚜렷이 남아 있다. ……하지만 다른 민족들에게서는 이러한 흔적조차 발견되지 않는다. 그들에게 장례 연회는 그저 장례 기간을 끝내거나, 애도를 끝내거나, 탈육화된 영혼의 행복을 위해 마지막으로

> 제사를 지내는 것 말고는 다른 목적을 지니지 않는다. 그런데 이러한 기능도 차례차례 최종 의식에서 제외되거나 그 중요성을 잃어버린다. 이미 살펴봤듯, 죽은 자의 몸과 영혼 사이에는 긴밀한 연관성이 존재한다. 그래서 본격적인 장례식이 사망 직후에 열리게 되면, 사람들은 자연스럽게 그 순간부터 영혼의 구원을 보장하려고 한다. 하지만 애도의 성격과 의미는 바뀌고 만다. 애도는 산 자가 죽은 자의 현재 상태에 동참하고 있음을 나타내는 것이 아니라 슬픔을 의무적으로 표현하는 것으로 바뀐다. 애도 기간은 이제 죽은 자와 관련된 표상에 의존하지 않는다. 그 기간은 전적으로 집안 사정이나 사회적 연고로 결정된다. 또한 죽은 사람의 친척들을 의무에서 풀어주는 특별한 의식도 더이상 필요하지 않다. 그들은 정해진 애도 기간이 끝나면 어떤 식으로든 스스로 회복된다. 이렇게 쇠퇴해진 결과, 최종 의식은 고인에게 경의를 표하고 그의 죽음을 기념하는 것 외에 다른 목적이 없는 단순한 기념식으로 축소된다.(59쪽)

오랫동안 인간 사회는 죽음을 분리와 통합의 고통스러운 과정으로 인식했고 그 과정에 적절히 부합하는 의례 절차를 제도화해왔다. 그런데 오늘날 죽음 의례는 이 과정을 크게 단축했다. 최종적 죽음을 뒤로 미루고 장례를 유예하는 것은 상중의 유족을 불편하게 만드는 일이 되었다. 중간 단계의 음침한 시공간, 그리고 시신, 영혼, 유족이 함께 겪는 전이적 존재 방식은 죽음의 표상에서 대부분 지워졌다. 죽음은 이행이 아니라 사라짐이 되었다. 죽음은 사회의 존속과 거의 상관없는 일, 극히 간소화된 의례로 해결할 수 있는 사적인 사건으로 축소되었다. 죽은 자들의 뼈가 집결하는 묘역은 골화된 불멸의 사회를 재현하지 않는다. 그곳은 고인에 대한 사적 기억들로만 가득 채워져 있다. 전체 사회가 골화되는 게 아니라 고인에 대한 개별 기억이 골화되는 것이다. 결국 이렇게 해서 죽음의 애도는 집단적 의례의 틀에서 벗어나 개인의 내밀한 경험 안으로 흡수되었다. 이것이 바로 살아 있는 자들의 편의를 향해 죽음 표상이 나아갔던 문화적 진보의 결과이다.

## 오른손의 우월성



지금까지 인간 사회는 왼손잡이보다 오른손잡이로 채워져왔다. 오른손잡이는 순전히 생물학적으로만 결정되는 사실이 아니며, 자유롭게 고를 수 있는 두 가지 선택지 중 하나는 더더욱 아니다. 오른손잡이가 우세해진 주된 이유는 무엇보다도 사회가 구성원들의 운동신경과 정신 활동에 행사하는 편향된 교육에서 찾아야 한다. 사회는 오른손잡이가 되라고 '사실상' 명령하거나 권유하기 때문이다. 최근까지도 아이들은 오른손으로 수저와 연필을 잡아야 하고 오른쪽이 올바른 방향이라고 배우지 않았던가. 오른손잡이가 되는 것은 이 세상이 오른쪽을 선호하고 왼쪽을 기피하는 방식으로 설계되었음을 수용하는 일과 관련이 깊다. 몇몇 예외가 있지만, 우리의 기본적 몸짓과 일상적 행위는 좌우 비대칭적으로 분배된 힘과 도덕을 무의식적으로 따르는 경우가 흔하다. 왜 그럴까? 대다수 사회가 오른쪽의 기술적 우위를 공식화하고 오른쪽에 도덕적 올바름이 있다고 포교하는 이유는 무엇인가?

에르츠는 「오른손의 우월성」에서 오른손에 부여된 특권의 사회적 기원이라는 문제에 몰두한다. 그는 한 치의 오차 없이 완전히 포개지는 인간의 두 손에 판이한 자질과 덕성이 부여된 이유를 추적한다. 그리고 브로카의 유명한 명제("우리는 오른손잡이다. 왜냐하면 우리의 대뇌가 왼편잡이이기 때문이다"(74쪽))를 숙고하면서, 그러한 생물학적 사실이 굳이 문화적 이상('오른손잡이가 되어야 한다')으로 전환되는 근거가 무엇인지 캐묻는다. 에르츠는 브로카의 명제가 오른손의 우위를 설명하기에 불충분하다고 생각한다. 그는 대뇌 좌반구의 생리학적 우위를 인정하지만, 그것이 오른손의 우위에 미치는 영향은 '아주 미비'할 뿐이라고 결론짓는다. 오른손의 특권은 신체 내부가 아닌 외부, 즉 사회가 개인에게 미치는 강제적 압력에서 찾아야 할 사회학적 문제라는 것이다.

놀랍게도 대다수 사회는 사물과 기호의 올바른 사용을 오른손에 맡겨왔다. 그에 따라 왼손은 평가절하되고 사실상 '절단'된 채 예속된 상태에 놓이게 되었다. 오른손잡이는 "모든 이가 따라야 할 이상이며 사회가 적극적인 제재를 통해 존중하라고 강요하는 이상이다. ……왼손잡이가 된다는 것은 하나의 위반으로서, 당사자는 비웃음을 사고 공공연하게 사회적 지탄을 받는다." (77쪽) 에르츠는 오른손과 왼손의 불평등한 생리적 발달에는 세계를 이원적으로 구분하는 사회적·종교적 관념들의 총체, 즉 뒤르켐의 용어로 집합표상이 존재한다고 주장한다. 집합표상은 그저 상징적 수준에 머무는 관념이 아니다. 집합표상은 자연 세계에 존재하지 않는 이원성을 인간의 두 손에 새겨넣어 오른손이 왼손에 대해 우위를 차지하도록 만든다. 사회는 오른손의 특권으로 자신의 이상을 표현한다. 집단이 꿈꾼 관념이 개인의 신체를 물리적으로 장악하는 것이다. 그러므로 브로카의 명제에서 대뇌 좌반구는 사회로 바꿔 다시 고쳐 써야 한다. 즉 "우리는 오른손잡이다. 왜냐하면 사회가 오른쪽을 선호하기 때문이다."

## 종교적 양극성

오른손잡이는 사회가 개인에게 강요하는 세속적 이상에 속한다. 그런데 모든 세속적 이상이 종교에서 출현했듯, 오른손잡이의 이상 또한 종교적 기원을 갖는다. 오른손과 왼손의 비대칭성은 종교적 신앙과 감정의 언어에 바탕을 두고 있다. 정확히 말해 그것은 종교 세계의 두 극을 이루는 성과 속, 순수와 불순의 이원적 대립에서 유래한다.

에르츠는 종교 세계의 분류체계가 대립하는 두 극으로 이루어진다는 사실을 논의의 주춧돌로 삼는다. 한쪽 극에는 성스러움이 위치하며 그 반대쪽 극에는 속됨과 불순함이 자리를 잡는다. 성스러운 것은 존경과 숭배를, 불순한 것은 혐오와 공포를 불러일으킨다. 이러한 양극 대립은 적대적인 짝을 이루는 온갖 종류의 대립을 총괄한다. 모든 긍정적인 힘, 가령 "생명을 보존하고 확장하는 힘, 건강과 사회적 우월함, 전쟁터에서의 용기와 작업에서의 탁월성을 주는 힘"은 성스러움의 극을 향해 결집한다. 반면 속됨과 불순함의 극에는 질병과 죽음의 힘, "존재를 억압하고 약하게 하고 훼손하는" 해로운 영향력이 모여든다. 동쪽과 남쪽은 "생명이 빛을 발하고 상승"하는 성스러움의 극에 속한다. 그쪽에서는 떠오르는 태양의 열기와 생명의 힘이 솟구친다. 반면 서쪽과 북쪽은 생명이 "하강하고 소멸"(80쪽)하는 불순함의 극에 속한다. 태양의 빛은 그쪽에서 사라져 축축하고 습한 죽음의 기운을 남긴다. 시신을 둘러싸고 에르츠가 언급한 뼈의 '건조함'과 살의 '축축함'도 같은 대조를 이룰 것이다. 이와 함께 "위와 아래, 하늘과 땅 사이에도 같은 대립이 나타난다. 하늘에는 죽음을 모르는 신들과 별들의 신성한 처소가 있고, 지상에는 대지가 집어삼키는 인간의 속된 영역이 있으며, 더 아래쪽에는 독사와 악마의 무리가 숨어 있는 어두컴컴한 지하세계가 있다."(80~81쪽)

에르츠는 오른쪽과 왼쪽의 대립 역시 이러한 종교적 양극성에서 유래했다고 주장한다. 실제로 인간 사회는 오래전부터 오른쪽에는 순수하고도 상서로운 요소들을, 왼쪽에는 불순하고 불길한 요소들을 배치해왔다. 이러한 좌우 비대칭성은 종교의식에서 일상의 예법에 이르기까지 다양한 방식으로 표현된다. 성소에 들어갈 때 오른발부터 내밀며 악령이 출몰하는 장소에는 왼발부터 들어간다. 신에게 제물을 바칠 때는 오른손을 사용하고 악령에게 공물을 제공할 때는 왼손을 사용한다. 중세 기독교는 오른쪽에 고귀함과 순수함, 신의 은총을 배치했고 왼쪽에는 천박함과 더러움, 악마와 죄악을 표시했다. 〈최후의 심판〉은 이러한 이원론에 단단히 뿌리박고 있다. 이 그림에서 예수는 "오른손을 들어 선택받은 자들에게 그들이 머물 천국을 가리키고 왼손을 내려 저주받은 자들에게 그들을 집어삼킬 지옥의 끔찍한 입구"(86쪽)를 가리키고 있다. 왼쪽은 또한 수동적이고 허약한 존재인 여성을 상징한다. "신은 이브를 창조하기 위해 아담의 왼쪽 갈비뼈 하나를 떼어냈다."(87쪽) 한편 로마인들은 오른손을 서약과 계약, 선의의 손으로 사용했고 왼손에는 부정과 배신, 사기의 혐의를 뒤집어씌웠다. 그러므로 인사를 나눌 때 그들은 각자가 가진 "최상의 것, 즉 오른손을 내민다." 반면 왼손은 수상쩍거나 비정상적인 일에 관계한다. 가령 "왼손으로 맺어진 혼인은 남몰래 숨어서 하는 불법적 결합"으로 "그런 혼인에서는 사생아만 나온다."(91쪽)

오른쪽과 왼쪽의 대립은 언어에서도 나타난다. 인도유럽어에서 오른쪽은 매우 안정적인 "단 하나의 어간으로 표현"된다. 반면 왼쪽은 극히 불분명한 어원을 지닌 단어들로, 게다가 "부자연스럽고 자의적인 성격을 지닌 단어들"(83쪽)로 표현된다. 이는 사람들이 왼쪽을 지칭하는 용어를 함부로 입에 담지 않았기 때문이다. 왼쪽은 그것을 우회적으로 환기하거나 암시하는 다른 단어들을 통해서만 가리켜졌다. 하지만 아무리 좋은 뜻을 지닌 단어라도 왼쪽을 가리키는 데 쓰이면 불길한 기운에 심각하게 오염되고 만다. 이러한 대립은 오른쪽과 왼쪽이라는 단어가 갖는 다양한 의미에도 그대로 반복된다. 오른쪽은 "표적에 곧바로droit 이르는 힘", 믿음을 불러일으키는 정확하고 올바른 덕성을 표현한다. 반대로 왼쪽은 표적에 이르지 못하거나 빗나가는 힘, 즉 "휘어지고 비스듬하고 서투른"(84쪽) 태도, 속되고 불순하며 허약하고 해로운 기운을 표시한다.

그러나 종교적 양극성을 이루는 두 범주가 적대적 원리로만 존재하지는 않는다. 그것은 상호보완적 특성도 함께 지닌다. 실제로 에르츠의 여러 텍스트에서 성과 속, 순수와 불순은 세계를 인지하고 평가하게 해주는 필수 불가결하며 상호보완적인 범주로 나타난다. 이는 불결하고 더럽고 이질적인 어떤 것—속죄해야 할 죄인, 부패한 시체, 서투른 왼손—이 겉으로는 무익해 보일지라도, 그 반대 축에 속하는 것을 정의하고 보완하면서 세계를 질서 있게 만드는 진정한 여건임을 말해준다. 그래서 오른쪽의 성스러움은 그것을 타락시켜 파괴할 수 있는 왼쪽의 불순함에 의해서만 성립한다. 왕의 '오른편'에서 명예를 누리는 자는 그를 하루아침에 '좌천左遷'시킬 수 있는 불순한 힘을 통해서만 그 자리를 유지할 수 있다.

오른쪽과 왼쪽을 갈라놓는 이원적 분류체계는 인간의 정신적 삶뿐 아니라 두 손에도 영향을 미친다. 에르츠는 "어떻게 인간의 몸, 이 소우주가 모든 것을 지배하는 양극성의 법칙을 피할 수 있겠는가"(82쪽)라고 되묻는다. 양극성의 법칙이 세계 구석구석까지 퍼지는 강력한 전파력을 지닌다면, 왜 인간의 몸까지 밀고들어와 두 손마저 비대칭적으로 분리하지 않겠는가.

에르츠는 만약 인간의 두 손에 비대칭성이 존재하지 않았더라도 인간이 이를 창조해냈을 것이라고 단언한다. 하지만 왼손과는 달리 오른손은 이미 약간의 생리적 이점을 누리고 있다. 보잘

것없어 보이는 바로 이 생리적 비대칭성만으로도 성/속의 양극성은 인간의 몸에 모종의 비대칭성을 충분히 새겨넣을 수 있다. 게다가 인간의 몸은 사회적 강제를 수용할 수 있는 유연성도 갖추고 있다. 결국 성스러움을 상징하는 오른손에는 능란하고 강한 속성이 덧붙여지며, 속됨과 불순함을 구현하는 왼손에는 진짜 폭력이 가해진다. 이렇게 해서 신체는 사회가 제시하는 이원적 가치의 대립이 새겨지는 장소가 된다. 에르츠는 다음과 같이 말한다. "오른손의 배타적인 발달은 때로 인간만의 속성이자 도덕적 탁월성의 표시로 여겨졌다. 어떤 의미에서 그것은 사실이다. 수세기 동안 왼팔이 체계적으로 마비된 것은, 다른 신체 손상과 마찬가지로, 성스러움이 속됨을 지배하도록, 집합의식이 불러일으키는 요구를 위해 개인의 욕망과 이익을 희생하도록, 그리고 가치의 대립과 도덕적 세계의 현저한 대조를 신체에 새겨넣어 신체 자체를 정신적인 것으로 만들도록 인간을 부추겼던 의지의 표현이었다. 이는 인간이 극도로 분화된 오른쪽과 왼쪽을 지닌 이중적 존재—호모 두플렉스homo duplex—이기 때문이다."(97쪽)



### 양손잡이를 향하여

이처럼 오랫동안 사회는 인간의 몸을 질료로 삼아 거기에 종교적 이원성의 윤곽과 형태를 부여해왔고, 역으로 사람들은 오른손잡이가 됨으로써 자신이 사회의 작품임을 인정할 수 있었다. 요컨대 사람들은 사회가 지정해준 올바름, 선, 뛰어남, 정확함의 가치를 오른쪽으로 흡수하는 법을 배웠고, 오른손이 담지하고 있는 우월성을 익혀 집단적 삶의 근간으로 삼을 수 있었다.

그런데 오늘날 오른손의 우월성을 떠받드는 사람은 거의 없다. 오른손의 우위를 창안했던 종교적 표상은 구시대의 낡은 유물로 전락했다. 에르츠는 수세기 동안 사회가 오른손에 특권을 부여하는 바람에 인간은 "일면적이고 생리적으로 손상된 존재"(98쪽)가 되었다고 단언한다. 그래서 오늘날까지 오른손의 배타적 특권을 학습하거나 강요하는 것은 실로 부조리한 일임을 역설한다. 오른손잡이로 일체화된 사회를 정상적으로 보는 사람은 이제 아무도 없다.

낡은 종교적 질서가 뒤로 물러나면 오른손과 왼손을 차별했던 관습은 어떻게 될 것인가? 좌/우의 집합표상에 커다란 변화가 생겨 마침내 두 개의 오른손을 가진 인류가 출현할 수 있지 않을까? 에르츠는 서구사회에 그런 인류가 나타나 양손의 가치와 기능이 차별 없이 고양되기를 기대한다. "한 손의 능란함과 다른 손의 서투름이 대부분 인간 의지의 소산이라면, 두 개의 '오른손'을 가진 인간을 꿈꾸는 것을 결코 몽상이라고 볼 수는 없다."(98쪽) 에르츠가 과감하게 양손의 평등을 꿈꾸게 된 배경에는 당시 그가 관심을 가졌던 양손잡이 교육이 자리잡고 있다. 그는 아이들의 두 손을 체계적으로 발달시키는 새로운 교수법을 알고 있었고 자기 아들에게 그 방법을 적용해보려고 했다. 에르츠는 두 손의 대등한 지위와 고른 발달이 신체 테크닉의 능란함을 넘어 선견지명을 갖춘 사회의 집합표상으로 이어지기를 원했던 것이다.

이러한 에르츠의 논점에서 꼭 짚어야 할 문제가 하나 있다. 두 개의 오른손을 가진 인류의 출현은 세계의 이원성에 균열과 혼란을 일으키는 힘으로 작용할 수 있을까? 에르츠는 부정적으로 답한다. 그는 두 손의 극성이 사라진다고 해서 좌우의 구분에 달라붙어 있던 선악의 대립마저 함께 사라지는 것은 아니라고 말한다. 양손의 평등함은 모든 가치의 균질화와는 아무 상관이 없다. 이원적 분류체계가 인간 존재를 차별적으로—오른손잡이와 왼손잡이로—'분류'하는 일은 사라져야 마땅하다. 그러나 이러한 당위로 인해 이원적 분류체계라는 세계의 기본 골격이 무너지지는 않는다. 종교적 양극성은 사라지더라도 양극성 자체의 문화적 지배력은 여전히 유효하기 때문이다. 에르츠의 「오른손의 우월성」은 해결해야 할 문제와 여전히 남아 있는 문제를 구분한다. 오른손잡이로 편향된 사회는 역방향으로 구부려야 마땅하지만, 세계가 양극으로 분류된다는 점은 건드릴 수 없는 항구적인 인류학적 사실에 속한다.

에르츠의 논문은 다양한 각도에서 비판적으로 수용되었다. 비판의 핵심은 무엇보다도 오른쪽과 왼쪽에 부여된 의미의 대립쌍이 보편적으로 관찰될 수 있는 현상이 아니라는 점을 밝히는 데 있었다. 마르셀 그라네는 고대 중국에서 오른쪽과 왼쪽은 절대적으로 대립하는 관계가 아니며 선과 악의 대립과 항상 대응하지도 않는다고 주장한다. "서구인들은 우를 받들고 좌를 혐오하여 악에 관한 모든 것을 좌에 귀속시킨다. 왼손잡이를 비난하는 서양인들은 오른손잡이다. 중국인들도 서구인들처럼 오른손잡이다. 그럼에도 그들은 좌를 경배했다."(마르셀 그라네, 『중국사유』, 유병태 옮김, 한길사, 2010, 364쪽) 그에 따르면, 중국의 사유에서 좌우는 상황에 따라 서로 번갈아가며 상반된 가치를 표현하는 상호교대적 범주를 구성한다. 한편 루이 뒤몽Louis Dumont은 오른쪽과 왼쪽의 대립을 위계를 이루는 '포함' 관계로 해석한다. 오른쪽은 왼쪽과 대립하는 하나의 극이 아니라 왼쪽을 포함하는 우월한 항이라는 것이다. 그는 에번스프리처드가 밝힌 누에르족의 상징체계를 예로 들면서, 오른손은 왼손과 대립하는 '뛰어난' 손이 아니라 '왼손을 포함해서 인간을 대표하는 손'으로 해석해야 한다고 주장한다.(*L'essai sur l'individualisme*, 1991, 247쪽) 다른 한편 에르츠가 제시한 일련의 이원적 대립(위/아래, 낮/밤, 동/서, 남성/여성, 빛/어둠, 오른쪽/왼쪽 등)이 지리적·역사적 배경과 실천적 맥락을 사상한 채 병렬적으로 제시된 분류일 뿐이라는 비판도 가능하다. 사실 우리가 알고 있는 모든 이원적 대립체계는 단 한 번에 석화된 채 인간의 정신 구조를 지배해온 보편적 사고 패턴이 아니다. 그것은 서로 다른 문화적 해석과 실천이라는 우여곡절을 통과한 개방적이며 역동적인 분류체계로 이해해야 한다.

다양한 비판과 해석상의 차이에도 불구하고 에르츠는 오른쪽/왼쪽에 부여된 지적이며 도덕적인 표상이 마치 참된 범주처럼 여러 사회에서 은밀히 작동한다는 점, 그리고 그러한 대립체계가 사회적 사유의 구조와 긴밀한 관계를 맺고 있다는 점을 밝힌 최초의 학자에 속한다. 그런 점에서 에르츠의 텍스트는 인류학적 탐색의 두 가지 축이 분기되는 지점으로 간주할 수 있다. 하나는 이원적 분류체계의 문화적 다양성과 역사적 변화 과정을 탐색하는 축이고, 다른 하나는 인간의 보편적인 이분법적 사고방식을 탐색하는 축이다. 다시 말해 에르츠의 글은 '비교'와 '구조'의 두 방향을 향해 동시에 개방되어 있다.



이 책에 번역된 두 논문은 에르츠의 사유가 아직 원숙기에 이르지 않은 20대 중반의 나이에 쓰였지만, 그가 몰두하게 될 연구 주제는 물론 방법까지도 앞질러 보여주는 대표작이라 할 수 있다. 에르츠를 비롯해 뒤르켐학파가 펼쳐낸 빛나는 사유의 결과물은 조르주 바타유George Bataille, 미셸 레리스Michel Leiris, 로제 카유아Roger Caillois가 결성한 '사회학 콜레주Collège de Sociologie'에서 피에르 부르디외Pierre Bourdieu의 비판적 사회학에 이르기까지, 20세기 내내 프랑스 사회학과 인류학을 이끌어준 사고의 출발점이자 안내자였다. 에르츠의 다른 저작들과 함께 뒤르켐학파가 남긴 지적 유산이 우리 학계에 계속 소개되기를 바란다.

끝으로 이 책의 번역에 많은 도움을 주신 문학동네 김영옥 편집자께 깊은 감사를 드린다.

**죽음과 오른손**

초판 인쇄 ¦ 2021년 11월 24일
초판 발행 ¦ 2021년 12월 13일

지은이 ¦ 로베르 에르츠
옮긴이 ¦ 박정호

책임편집 ¦ 김영옥
편집 ¦ 이경록
디자인 ¦ 슬기와 민 인진성
저작권 ¦ 박지영 이영은 김하림
마케팅 ¦ 정민호 이숙재 우상욱 정경주
홍보 ¦ 김희숙 함유지 이소정 이미희
제작 ¦ 강신은 김동욱 임현식
제작처 ¦ 상지사

펴낸곳 ¦ (주)문학동네
펴낸이 ¦ 염현숙
출판등록 ¦ 1993년 10월 22일 제406-2003-000045호
주소 ¦ 10881 경기도 파주시 회동길 210
전자우편 ¦ editor@munhak.com
대표전화 ¦ 031)955-8888
팩스 ¦ 031)955-8855
문의전화 ¦ 031)955-3578(마케팅) 031)955-1905(편집)
문학동네카페 ¦ http://cafe.naver.com/mhdn
문학동네트위터 ¦ @munhakdongne
북클럽문학동네 ¦ http://bookclubmunhak.com

ISBN 978-89-546-8389-0 93300

잘못된 책은 구입하신 서점에서 교환해드립니다.
기타 교환 문의 ¦ 031) 955-2661, 3580

www.munhak.com